湖南省教育厅科学研究项目（优青项目）（编号：21B0774）

| 光明学术文库 | 政治与哲学书系 |

政治话语的认知研究

尹铂淳 | 著

光明日报出版社

图书在版编目（CIP）数据

政治话语的认知研究 / 尹铂淳著. -- 北京：光明日报出版社，2022.6

ISBN 978-7-5194-6695-4

Ⅰ.①政… Ⅱ.①尹… Ⅲ.①政治—话语语言学-认知语言学—研究 Ⅳ.①D0-05

中国版本图书馆 CIP 数据核字（2022）第 104749 号

政治话语的认知研究

ZHENGZHI HUAYU DE RENZHI YANJIU

著　　者：尹铂淳

责任编辑：石建峰　　责任校对：阮书平

封面设计：中联华文　　责任印制：曹　净

出版发行：光明日报出版社

地　　址：北京市西城区永安路 106 号，100050

电　　话：010-63169890（咨询），010-63131930（邮购）

传　　真：010-63131930

网　　址：http://book.gmw.cn

E - mail：gmrbcbs@gmw.cn

法律顾问：北京市兰台律师事务所龚柳方律师

印　　刷：三河市华东印刷有限公司

装　　订：三河市华东印刷有限公司

本书如有破损、缺页、装订错误，请与本社联系调换，电话：010-63131930

开　　本：170mm×240mm

字　　数：230 千字　　印　　张：15.5

版　　次：2023 年 1 月第 1 版　　印　　次：2023 年 1 月第 1 次印刷

书　　号：ISBN 978-7-5194-6695-4

定　　价：95.00 元

前 言

当今世界正处于百年未有之大变局。新形势带来了新挑战，话语研究不能仅仅只围绕语言内部做文章。新形势下，话语研究者要有浓厚的家国情怀、强烈的社会服务意识以及高度的政治敏锐性，话语研究要朝着为人民服务、为民族服务、为国家服务这三个方向推动。

话语研究是语言学研究的重要内容之一。和语言研究不同，话语研究不仅关注语符本身，还关注语符背后的社会结构、意识形态、价值体系、叙事模式、认知方式等。话语在一定程度上构建了政治世界，同时又能在一定程度上反映政治议题并解决政治问题，具有天然的政治属性。政治维度不仅能为话语研究提供开阔的理论视野，还能为话语研究提供丰富的政治文本、搭建华美的政治舞台。话语与政治高度关联、相互影响、相辅相成，二者高度的相关性为政治话语研究的“诞生”奠定了重要基础。要高度重视话语研究的政治维度，努力打通话语研究的政治渠道，积极构建政治话语研究体系。

政治话语是政党、政府、军队等权力组织在治理国家、谋求国家利益过程中采用的言语方式。政治话语是政治世界的话语实践、话语描述或话语映射，能够有效揭示政治问题，深刻反映社会的变化与发展。政治话语的已有研究成果从多个维度、多个渠道、多个视角展开了积极有益的探讨，可谓建树颇丰，为后续研究奠定了坚实的理论和实践基础。政治话语研究是一个庞大系统的理论体系，该体系需要多个学科的内容和方法作支撑、作保障。遗憾的是已有成果未系统从认知语言学维度考察政治话语，既没有全面综合考察政治话语所蕴含的言者和理解者的经验基础、概念结构、思维逻辑及价值理念，更没有将政治话语的政治、语言、社会、文化等研究维度与认知维度统筹起来开展综合性全盘考察。在已有研究基础之上，本书进一步探究了政治话语所蕴含的言者和理解者的经验基础、概念结构、思维逻辑及价值理念，并着重探讨了政治话语的生成和理解的认知模式。

在认知语言学和话语分析等理论的指导下，本书完成了如下研究工作：系统阐释了政治话语的界定与主要研究议题；从修辞、认知和话语策略三个维度重点论述了亲属隐喻，并基于亲属隐喻重点探究了中国国家形象建构；在认知语言学和话语分析理论的指导下，集中考察了中国特色政治话语中的形式转喻和概述，并探讨了其英译；探究了人民话语的定义及特征，并阐释了人民话语的构建路径；集中讨论了在铸牢中华民族共同体意识的进程中，语言担当了怎样的角色、发挥了怎样的作用，回答了要采用怎样的语言举措铸牢中华民族共同体意识；阐释了人类命运共同体要义，并在共情话语实践视域下系统探讨了人类命运共同体的构建；重点探究了人与自然生命共同体的话语表征，并集中考察了人与自然生命共同体的话语构建；着重讨论了立足新形势如何将意识形态安全话语和应急语言服务话语融入高校语言类教材建设全过程；揭示了近十年海外英语媒体所塑造的长沙国际形象，基于海外英语媒体塑造现状，提出了未来长沙城市形象的国际传播策略；以张桂梅事迹宣传报道为例着重考察了平民英雄形象的媒体话语建构及其启示；以军事题材电影《长津湖》为例，集中探究了该电影的中国军人形象认知话语建构及启示；基于语料库语言学相关方法，对美国航天专业网站SPACE.COM关于“嫦娥五号登月”的新闻报道开展了批评认知话语分析；从话语分析和语言传播角度，着重探讨了北京冬奥会国际传播话语体系的构建；从符号传播学角度重点考察了北京冬奥精神的生成逻辑及弘扬路径；讨论了当前中国国家形象危机的特征与表现，并基于此研究制订了应对策略。

现如今，中国共产党团结带领中国人民正式踏上了实现第二个百年奋斗目标新的赶考之路。新形势带来了新挑战，政治话语研究任重而道远，要持之以恒地系统开展政治话语研究，让研究主动对接国家战略，融入国家战略，关注国家战略层面的核心问题，积极研究制订服务国家战略的话语方案，为实现中华民族伟大复兴的中国梦贡献话语的磅礴力量，尽最大努力向人民和历史交出一份优异的政治话语研究答卷。

目　录
CONTENTS

绪　论

一、研究缘起

语言是工具性的，用以沟通交流；语言是文化性的，承载丰富文化；语言是社会性的，能有效呈现社会结构，参与社会实践；语言是认知性的，能反映言者认知特征及方式；语言是政治性的，能构建政治世界，反映政治议题并解决政治问题。

语言与政治关系紧密，关联度高。早在古希腊古罗马时期，语言中的政治因素就是修辞学和论辩术的研究对象。① 语言是国家的重要资源，是国家软实力的重要组成部分，是提升综合国力的重要保障。当前，百年未有之大变局与新冠肺炎疫情相互交织。新形势带来了新挑战，语言研究不能仅仅只围绕语言内部做文章。新形势下，语言研究者要有浓厚的家国情怀、强烈的社会服务意识以及高度的政治敏锐性，语言研究要朝着为人民服务、为民族服务、为国家服务这三个方向努力推动。

话语研究是实现这一目标的重要途径。话语研究是语言学研究的重要内容之一。和语言研究不同，话语研究关注的对象不仅仅是语符本身，还

---

① 孙玉华，彭文钊，刘宏．语言的政治 VS. 政治的语言——政治语言学的理论与方法［J］. 外语与外语教学，2015（01）：1-7.

关注语符背后的社会结构、意识形态、价值体系、叙事模式、认知方式等。话语是一种由语言与言语结合而成的异常丰富和复杂的符号系统，是一种与社会权力关系相互缠绕的言语方式，是一种在人与人互动过程中呈现出来的具有强烈社会性的语符形态。① 话语在一定程度上构建了政治世界，同时又能在一定程度上反映政治议题并解决政治问题，具有天然的政治属性。政治维度不仅能为话语研究提供开阔的理论视野，还能为话语研究提供丰富的政治文本、搭建华美的政治舞台。话语与政治高度关联、相互影响、相辅相成，二者高度的相关性为政治话语研究的“诞生”奠定了重要基础。要高度重视话语研究的政治维度，努力打通话语研究的政治渠道，积极构建政治话语研究体系。

政治话语是政党、政府、军队等权力组织在治理国家、谋求国家利益过程中采用的言语方式。政治话语是政治世界的话语实践、话语描述或话语映射，能够有效揭示政治问题，深刻反映社会的变化与发展。在文本分析时，我们发现，政治话语的形式与概念的对应程度比较低，语言的体验性、认知性、经济性原则是导致政治话语概念与形式不对应的主要理据。政治话语的生成或理解是一个主观化过程，中间杂糅了话语生成者的体验和认知因素，此外生成或理解过程还要遵循诸如语言经济性等一系列人类普遍的认知原则。正因如此，政治话语往往和所指不会完全对应。相比传统话语分析，我们更提倡在话语分析时加入认知语言学的相关学说和理论。起源于 20 世纪末的认知语言学强调语言的体验性。人类的范畴、概念、推理和心智是基于涉身体验形成的，其最基本形式主要依赖于对身体部位、空间关系、力量运动等的感知而逐步形成，归根结底，认知、意义是基于身体经验的。语言符号也是这样，遵循着“现实—认知—语言”的认知路径。语言符号在很多情况下是有理可据的，认知语言学就是要解释

---

① 尹铂淳．突发公共事件新闻报道的应急话语策略［J］．青年记者，2021（08）：70-71.

语言符号背后的象似性认知机制。① 尹铂淳、廖光蓉认为，人们在体验客观世界后产生了事物、事件经验，这些经验通过概念化，即用形式单位进行表征后，成为了事物和事件概念，概念本质上是语符化的，存于人们的大脑之中。语言表达和理解都离不开语言的体验性，若缺乏相关体验基础和经验基础，语言表达和理解就难以实现。②

要大力提倡政治话语的认知分析，力求在政治话语分析时既考察话语的社会、政治等因素，还要在概念转喻、概念隐喻、概念框架等认知语言学理论的指导下，努力揭示政治话语生成者或理解者的体验和认知因素。总之，政治话语研究理据充分、颇具研究价值，从认知语言学角度构建政治话语研究体系更是意义重大，值得深入系统考察。

二、研究意义

政治话语认知研究的学术意义和应用意义主要有以下几点：

1. 学术意义

（1）丰富文本分析维度

本书主要采用认知语言学和批评话语分析的相关理论、方法与思路，此外还辅以框架、新闻叙事等传播学理论、方法与思路，在一定程度上丰富了文本分析维度，让文本分析跳出语言结构分析的单一模式，为文本分析提供更多元、更丰富的理论分析框架，有助于从文本中挖掘出更为丰富、更有价值的信息。

（2）揭示政治文本背后的社会文化认知因素

政治文本蕴含无穷的“宝藏”，涉及社会文化认知各方面，对政治文本进行认知语言学和批评话语分析就是要挖掘出这些“宝藏”，就是要揭

---

① 王寅．语言的体验性——从体验哲学和认知语言学看语言体验观［J］．外语教学与研究，2005（01）：37-43.

② 尹铂淳，廖光蓉．事件概念形式表征的语内和语际对比研究［J］．外国语文，2020，36（01）：107-116.

示政治文本所蕴含的社会结构、意识形态、价值体系、叙事模式、言者的认知方式及行事风格等。在认知语言学和批评话语分析视角下，对政治文本进行解读，有助于揭示政治文本背后的社会文化认知因素。

2. 应用意义

（1）维护国家安全

国家安全意义非凡，其事关政局稳定，事关中国特色社会主义事业兴衰，事关中华民族伟大复兴中国梦的实现。国家安全指国家政权、主权、统一与领土完整、人民福祉、经济社会可持续发展和国家其他重大利益相对处于没有危险和不受内外威胁的状态。语言是国家的重要战略资源，是国家软实力的重要组成部分，是综合国力提升的重要保障，是国家繁荣发展的重要基础。站在新的历史起点上，语言正逐渐成为维护国家安全的关键因素和重要议题。要高度重视国家安全中的语言力量，充分利用语言资源，保障社会稳定，维护国家安全。

（2）修复国家形象危机

当前，以美国为首的一些西方国家肆意诽谤、妖魔化、污名化我国，其话语严重损坏了我国国家形象，国家形象危机由此产生。国家是一个规模庞大、体系复杂的组织，特别是在大国竞争背景下，各国观念激烈碰撞，利益交错纷繁，难免会酿成国家形象危机。要高度重视并深入探究国家形象危机的特征和表现，并针对危机的特征和表现制定相应的话语修复方案。

（3）推动构建人类命运共同体

当前，世界处于百年未有之大变局，构建人类命运共同体有助于消除世界各国争端，提升世界各国凝聚力，开创世界各国合作共赢之局面。人类是一个休戚与共的命运共同体，构建人类命运共同体离不开国际合作，而国际合作需要语言铺路，因此要紧紧围绕话语做好文章、做实工作。有了话语的软支撑，人类命运共同体的构建与铸造才能更均衡完备。

（4）铸牢中华民族共同体意识

加强中华民族大团结，铸牢中华民族共同体意识的首要任务就是增强我国各民族本土文化自信。文化的载体是语言，那么文化认同的重任，民族团结的重任，铸牢中华民族共同体意识的重任就都落在了语言“肩”上。当前，世界多极化、经济全球化、文化多样化，小到人与人的沟通，大到国与国的合作，都离不开语言的参与。语言是思想的载体，是文明的标志，是民族精神的外在表征，是国家繁荣发展的根基。在铸牢中华民族共同体意识的前进道路上，语言担当了重要角色。

（5）提升我国国际话语权

提升国际话语权对于国际地位日益提升的中国具有重要的战略意义。长期以来，我国一直在致力于建设完善的对外政治话语体系。政治话语与意识形态、权力关系之间存在着密切的关系，政治话语在当前国际意识形态领域的斗争中发挥着关键作用。加强政治话语研究，深入了解政治话语与意识形态的逻辑关系，一方面能够帮助我们更好地理解国外政治话语中的意识形态、话语控制等问题；另一方面对于创新我国对外政治话语体系以及赢得意识形态领域斗争主动权同样具有重要意义。① 当前我国政治话语体系的建设与发展并不能够与我国国际地位相称。因此，构建更为严密、科学、创新并符合我国发展实际的政治话语研究理论体系，能有效提升我国国际话语权，具有重要战略意义。

三、研究对象及研究问题

（一）研究对象

本书的研究对象为政治话语。关于政治话语，有狭义和广义两种理解。狭义理解认为，政治话语是一种机构性言语，比如领导人的讲话和报告、政党纲要等带有鲜明政治性的语符材料。广义理解认为，政治话语也

① 尤泽顺，陈建平．政治话语的批判性分析研究及其对中国的启示［J］．解放军外国语学院学报，2008（05）：1-6.

可以是一种非机构性的言语，话语主体、话语受体和话语内容只要有一个要素与政治有关，那么这种话语就是政治话语。① 本书关于政治话语的界定更偏向于上述狭义理解。在我们看来，政治话语是政党、政府、军队等权力组织在治理国家、谋求国家利益过程中采用的言语方式。政治话语是政治世界的话语实践、话语描述或话语映射，能够有效揭示政治问题，深刻反映社会的变化与发展。政治话语必须和政治主题紧密关联，它既可以是一种机构性言语，也可以是一种非机构性言语。政治话语的认知研究是一套以政治文本的认知话语分析为中心，致力于揭示话语背后政治、社会、认知等因素，呈现政治议题，研判并解决政治问题的研究模式；政治话语的认知研究既关注话语主体的言语生成过程，也关注话语受体的概念理解过程。政治话语的认知研究主要涵盖了人类命运共同体、中华民族共同体、人与自然生命共同体“三大体系”的话语建设、国家形象的话语传播及塑造、人民话语体系的构建、政治术语批评话语分析等议题。

（二）研究问题

政治话语的已有研究成果从多个维度、多个渠道、多个视角展开了积极有益的探讨，可谓建树颇丰，为后续研究奠定了坚实的理论和实践基础。政治话语研究是一个庞大系统的理论体系，该体系需要多个学科的内容和方法作支撑作保障。遗憾的是已有成果未系统从认知语言学维度考察政治话语。认知语言学遵循“现实—认知—语言”的研究路径，强调人的经验基础、概念结构和认知方式，致力于揭示语言现象背后的认知方式，展现语言现象背后的经验基础和概念结构。政治话语的认知研究，即政治话语的认知语言学研究，致力于展现话语如何构建各类政治理念、价值观念，以及呈现话语蕴含的各种社会结构及其运行方式、认知方式、思维逻辑，并针对具体政治问题，提出语言学的解决方案。已有成果未系统从认

① 卢婷婷．政治语言学：理论与方法［M］．上海：上海人民出版社，2018：44-46.

知语言学维度考察政治话语，即没有全面综合考察政治话语所蕴含的言者和理解者的经验基础、概念结构、思维逻辑及价值理念，更没有将政治话语的政治、语言、社会、文化等研究维度与认知维度统筹起来开展综合性全盘考察。

针对研究现状研判不足后，本书提出两个研究问题：

一是政治话语体现了言者和理解者怎样的经验基础、概念结构、思维逻辑及价值理念？

二是政治话语的生成和理解的认知模式分别是什么？

四、理论工具

本书的研究方法和理论以语言学的研究方法和理论为主，与此同时还可根据研究需要吸纳其他学科的研究方法和理论。研究方法和理论的选取必须始终遵循实事求是原则，有怎样的研究对象和目标，就相应选择怎样的研究方法和理论。本书主要采用了知识结构理论、概念转喻理论、话语分析等理论工具。下文将对这些理论工具进行简介：

（一）知识结构理论

本节包含了形式单位概念框架和文化模式的介绍。

1. 形式单位概念框架理论

（1）词概念与形式单位概念

独立于语境的词义即词这种形式单位习惯上所表征的概念，可称为词概念。词只是最典型的形式单位，其他的形式单位，诸如词素、成语、俗语、谚语等，也有其习惯上所表征的概念（包括命题），因而产生形式单位概念这一术语。

（2）形式单位概念框架的界定

当一个形式被用来施指一个客体而获得理性概念意义，再通过语言社区的确认，最终成为音义结合的形式单位的时候，形式单位概念框架就已产生，随后逐步扩展。因此，我们把形式单位概念框架定义为：是以最初的那个理性概念意义为起点的知识结构，这个初始义也是框架里的中心元素；从这个起点出发，框架辐射式扩展、链条式延伸，且如此往复，结果形形色色、林林总总的元素就聚集在这个初始义的周围；这就是初始义即框架的中心的含义。框架里的元素包括事物和事件概念、命题与范畴，是经验图式化的结果。框架还包括形式单位的语音形式、书写形式、语法功能、附加色彩等，附加色彩包括情感、语体和象征色彩。事物可分为具体事物和抽象事物，抽象事物还包括关系；事件大致可分为行为事件、领有事件、存现事件和状态事件。关于它们的概念（包括命题）本身又是一个框架，也即知识结构。框架里的元素相互依存，相互联系，相互作用，相互激活；随着人类经验日趋丰富，里面的内容会逐渐地刷新和变化，人们在推理过程中利用框架获得新的论断；框架是知识表征的基本方式，结构层次逻辑，自成体系，稳定又变化。①

（3）凸显和基底

域矩阵里的必不可少的那部分叫作形式单位概念的理解范围，又分为两个部分：凸显和基底；凸显是形式单位所施指的事物或事件，而基底是理解凸显所需目标概念矩阵的必不可少的部分。斜边凸显或施指直角三角形的最长的边，基底是整个三角形，包括所有三条边；没有基底，也就无法凸显或施指；没有直角三角形，也就没有斜边。一个形式单位的语义值只能存在于基底和凸显的结合之中，其中任何一个都无法单独实现语义值。同一基底可支撑不同的凸显，基于“圆”可凸显“弧”“半径”“直径”“圆周”等。（廖光蓉，2009）

（4）激活带

表达时，受主观化、语境、主体间性等多因素制约，百科知识网络中

---

① 廖光蓉，刘嵩．“裸×”中“裸”意义重构的体认语言学探讨［J］．解放军外国语学院学报，2021，44（02）：33-39，159.

并非所有元素都被激活，仅部分元素被激活，这部分元素被称为激活带。激活带能使听说双方搜遍形式单位概念所激活的整个百科知识网络，然后选择符合语境的表达式和理解。① 例如“球员顶球”和“球员踢球”，前者的激活带是“球员的前额”，而后者是“球员的脚”，激活者是行为事件概念“顶”或“踢”。再如，在“笋鸡”中，“笋”被凸显，激活带是“鲜嫩”，激活者是中心成分“笋”。

（5）凸显和隐略

以系统里大于词素和单纯词的形式单位（如派生词、复合词等）为语言研究对象，回溯其概念化过程。在此过程中，主要使用语言来概括地、抽象地和经济地标记事物或事件。所使用的形式单位可能是一个隐喻、转喻或概念整合，或仿拟、类推的结果。我们发现，凸显和隐略是概念化的重要途径。更具体地说，用语言来标记事物或事件时，依靠关于它们的知识结构，凸显和隐略其组成部分，以尽可能遵循语言的经济原则，但同时也不可避免地要损害象似性。凸显的手段主要是转喻与概念整合。凸显受可理解性、经济性、目的、角度、事物或事件的最耀眼的部分、人的主观注意、认知模式、文化模式等制约。例如，“肌肉男”中的肌肉是一个转喻，依靠关于“肌肉”的知识结构，凸显了其中知识元素“标志强壮”，隐略了其他知识元素诸如“组织”“颜色”等，结果实现了经济性，当然也损害了象似性。

2. 文化模式理论

“文化”最初为“文”与“化”两个词在语句中的连用，而后结合为词组，最后固化为一个词语。“文”的基本义是“纹理”。在先秦的文献词义中，“文”的本义为阴阳两物交错、配合。《易·系辞传下》曰：“物相杂，故曰文”。《说文解字》九上·文部曰：“文，错画也。象交文。”《说

① 廖光蓉. 汉语转喻搭配超常及其典型性探讨［J］. 西北师大学报（社会科学版），2019，56（04）：71-79.

文解字》是用两两交错的笔画去表示阴阳相交。“化”的本字写作“匕”，本义为孕育、化生，《说文解字》解释为“变也”，即为“变化”义。“文化”的本义为阴阳交合以化生万物。而后，“文”逐渐引为“图案”“语言文字”“文物典籍”“文学艺术”“礼乐制度”以及“美善德行”等，“化”逐渐引申为“变易”“生成”“造化”“天地之化育”等表明事物变化向善之语义。《周易》最早将“文”和“化”的并连使用，其文曰：“观乎天文，以察时变；观乎人文，以化成天下。”此时“文”和“化”的意义为“以文教化”，指以人的人伦道德秩序等非武力手段征服未开化的人民，使之自觉按规范行动。①

（1）文化模式的界定

不同的民族生活在不同的社会环境与自然地理环境中，进而形成了不同的思维特点、行为方式、语言、世界观、价值观和道德规范等，并随之建立了与之相适应的制度与组织机构，文化自然也会相应变得纷繁复杂。文化包含了诸多相互联系的文化取向，除了信仰和价值观外，还涵盖了态度、规范、物质等，而这个能包容这些文化取向的就是文化模式。不同的民族或社会族群有不同的文化，不同的文化会呈现出不同的文化模式。地理环境、人文环境和后天环境是诱导文化模式形成的三大因素。②

廖光蓉指出，文化模式是关于人们生长所依赖的那个文化的知识网络，基于一个社会或群体的经验/知识元素集合。文化模式有两种类型：非专业的和专业的。前者基于非正规的观察、传统的信念、甚至迷信，而后者基于严格的科学数据和逻辑规则。③

（2）文化模式与语言

语言是文化模式的载体，双方联系紧密、持续互动、相互影响。文化

---

① 杨元刚．描写与解释并重：中国英汉对比语言学的发展和追求［J］．湖北大学学报（哲学社会科学版），2007（05）：76-82.

② 吴平．文化模式与对外汉语词语教学［D］．北京：中央民族大学，2006.

③ 廖光蓉．认知语言学与汉语研究［M］．长沙：湖南师范大学出版社，2016：61-65.

模式和语言存在以下几种关联：

①语言是文化模式的构成成分；

②语言是文化模式的载体和传播媒介；

③语言是文化模式的"活化石"；

④语言决定思维，从而也决定文化模式（语言决定论）；

⑤文化模式作用于语言，对语言产生深刻影响（文化决定论）。①

（二）概念转喻理论

概念转喻是认知语言学的一个重要理论，下面将从界定和应用两个层面进行具体阐释。

1. 概念转喻的界定

最早从认知语言学视角对转喻进行界定的学者是拉克夫（Lakoff）和约翰逊（Johnson）。他们认为，转喻是一种认知机制：以一个事物去指代另一个与之相关的事物。该界定虽然涉及了人们的认知，但似乎在现在看来还存在诸多可完善之处。②

Langacker 认为，转喻的理据为相对凸显原则，接着他进一步指出，认知上凸显的实体为认知层面的参照点。他将转喻界定为一种参照点现象：一个实体通过认知操作与另一实体建立关联的认知过程。③

廖光蓉在已有研究成果基础上，进一步指出，概念转喻是一个认知过程，在这个过程当中，基于事物或事件的组成部分的相关性或邻近性、或其最耀眼的部分或人的主观注意，在同一个事物或事件概念域或概念域矩阵中，通过凸显一个部分概念或一个事物或事件概念，为进入另一个部分

① 吴平．文化模式与对外汉语词语教学［D］．北京：中央民族大学，2006.

② LAKOFF G，JOHNSON M. Metaphors We Live By［M］. Chicago：The University of Chicago Press，1980：35.

③ LANGACKER R. Reference-point Constructions［J］. Cognitive Linguistics，1993（04）：1-38.

概念或另一个事物或事件概念提供心理入口。目的域义源自对源域义的比较详尽的阐释，源域义不会消失，相反会成为目的域义所依靠的概念结构的一部分。转喻可分为两大类：整体与其部分之间的转喻和整体中不同部分之间的转喻。整体与其部分之间的转喻主要包括整体指代部分和部分指代整体两种情况。整体可以是具体或抽象事物、范畴和事件（包括依据事件内容划分而来的行为、领有、存现、状态事件）甚至两个以上的事物组成部分、范畴成员或事件要素之和；部分则是事物的组成部分、范畴的成员和事件的部分/要素。事物的组成部分、范畴的成员和事件的部分/要素之间存在转喻关系。转喻还可分为单次转喻和连续两次以上的转喻；后者是指借源域先指代一个的域，然后再指代一个……可分为复合转喻（连续两次）和复杂转喻（连续两次以上）。①

2. 概念转喻的应用

Panther & Thornburg 从语用的角度去专门考察了转喻。他们将转喻分为了三类：指称转喻、谓词转喻和言外转喻。接着指出，指称转喻是最为常见的，是一种指称转换现象，并举例 the Withe House（白宫）。他们认为，上述表达通过转喻，可指美国政府各行政分支，政府发言人，甚至是总统本人。②

谓词转喻指以一个陈述来指称另一陈述，如：

例 1　General motors had to stop production.（通用汽车不得不停产）

其中，事件“不得不停产”激活了事件“已经停产”，即一个潜在的事件转喻地和实际发生的事件联系在一起。

言外转喻的基本观点是：一个言语行为是一个言语场景，其可分为若干个组成部分，每个组成部分皆可转喻地代表整个场景或言语行为。如：

---

① 廖光蓉．体认语言学观照下的汉语语义组构超常及其典型性［J］．中国外语，2019（06）：34-43.

② PANTHER K，THORNBURG L A Cognitive Approach to Inferencing in Conversation［J］. Journal of Pragmatics，1998，30（06）：755-769.

例 2 I would like you to close the window.（我想让你把窗户关上）

本例中，语言生成者想要听者“关上窗户”的愿望转喻地唤起了“关上窗户”的要求。

总之，Panther & Thornburg 的研究拓宽了转喻的研究路径，即从语用的角度研究转喻。

替换、增译、减译是三种常用的翻译技巧，这三种翻译技巧背后的认知成因为：翻译过程中，在译入语与源语对应项之间构成的一种语义上的转喻关联，而非语言形式层面的跨语言对比。（卢卫中、王帅、秦洪武 2014）翻译本质上是一种语码转换的活动，语码转换的主体是人，那么语码转换必然会涉及认知，自然也会涉及转喻思维方式，即通过概念转喻理论能较好地对翻译背后的认知理据、方式等进行探究，如：

例 3 The employer gave bonus to the employees at the end of the year.（雇主年底给员工们发了红包）

例 4 Please turn up the heat.（请打开电暖气）

第一个句子中的 bonus（奖金）若直译为“奖金”时，似乎稍微有违目标阅读群体的文化模式。于中国传统文化模式中，bonus 意译为“红包”可能稍好一些。那么，这种翻译的认知方式是什么？抑或是说，是什么思维方式导致了这种翻译方式的有效实现？卢卫中、王帅、秦洪武（2014）认为是转喻在起作用，即以“红包”去代 bonus（包裹物代包裹的内容）。同样，第二个句子中的 heat（加热）若直译为“加热”，似乎既不符合语法规则（一是动词前不能加冠词 the；二是动词不添加任何形态标记，直接作宾语），也不符合语言生成者真正欲表达的概念。卢卫中、王帅、秦洪武认为可选择意译为“电暖气”，这种意译背后的认知操作为转喻，即以设备代功能。①

---

① 卢卫中，王帅，秦洪武．翻译过程中语言转换的转喻机制［J］．中国翻译，2014，35（06）：14-18，128.

现代叙事学把叙事定义为：再现事件。叙事是人类与生俱来的能力，也是思维的重要途径，我们离不开叙事活动和叙事思维。Chatman（1978：28-29）指出，读者在读到 John got dressed（约翰穿好了衣服）和 He rushed to an air-port ticket counter（他匆忙地驶向了机场的售票台）这两个句子构成的语段时，会自然地推断出一些在逻辑上可能存在却未被表征出来的行为细节，如"抓起手提箱""从卧室走到起居室""打开车门""上车"等。反过来说，作者在叙事，在文本中对事件进行描写时，不可能将所有欲表达概念框架中的元素全部表征出来，依靠其与读者共享的知识结构，作者可采用转喻，抑或不自觉地使用了转喻，最终导致了上述表达的产生。①

卢卫中、刘玉华总结出了3点转喻之于叙事学的作用：

一是转喻为建立小说叙事空白的主要方式，既有助于实现语言表达的经济和简洁，又有利于提供解读空间，丰富读者对作品的阐释和理解。

二是凭借转喻，作者可以省略某些细节或过程，用以确保读者能将注意力分配于作者期待、关注的叙事内容上。

三是在解读叙事语篇时，转喻能确保叙事空白的可及性，使必要的含义推理成为可能，同时也成就了开放、多样的文本阐释。②

（三）概念隐喻理论

概念隐喻是认知语言学的一个重要理论，下面将从界定和应用两个层面进行具体阐释。

1. 概念隐喻的界定

长久以来，隐喻一直被视作一种修辞方式，属于修辞学研究范畴。最

---

① CHATMAN S. Story and Discourse：［M］. Ithaca：Cornell University Press，1978：28-29.

② 卢卫中，刘玉华 . 小说叙事的转喻机制［J］. 外语教学与研究，2009，41（01）：11-17，80.

早提出“隐喻”的学者是亚里士多德。亚里士多德在其所著《诗学》中指出，隐喻是基于类比原则所做的隐性比较。另一位古希腊思想家柏拉图认为，隐喻属于花言巧语，是修饰性语言，仅适用于表达感情；不宜使用隐喻进行政治辩论和科学论述。① 修辞学家普遍认为，隐喻是一种修辞手段，认知语言学家则更多地将其视为基于概念层面的一种认知操作或思维方式。Lakoff & Johnson 指出，隐喻不仅是一种修辞手段，还是一种认知机制，它的工作机制为借用相对熟悉、具体的源概念去阐释相对陌生、抽象、具有相似性的目标概念。②

例 5 We're hungry for a victory.（我们十分期盼胜利）③

文本层面，本例并非典型的隐喻构型“A is B”，而是在概念层面蕴含了隐喻“VICTORY IS FOOD（胜利是食物）”。抽象事物概念“胜利”和具体事物概念“食物”中存在诸多具备相似性的元素：对说话人有益，说话人渴望得到（饿了需进食，败后急需胜利）等。因此可将更具体的“食物”去概念化相对抽象的“胜利”，即将“食物”中与“胜利”具备相似性的元素映射至后者，让读者或听者能更好地理解更抽象的“胜利”。本例的生成可视作修辞的结果，还可视为认知操作所致。

2. 概念隐喻的应用

黄春芳基于具身认知观，考察了大量英汉翻译实例，系统探究了法律英语概念隐喻的具身性，探讨了其翻译策略和翻译方法，致力于通过概念隐喻理论拓展认知翻译学的应用研究。④ 王骞认为，隐喻的认知性、系统性、连贯性和民族文化性可以用来指导教学，有必要在法律英语翻译教学

① 林书武．国外隐喻研究综述［J］．外语教学与研究，1997（01）：14-22.

② LAKOFF G，JOHNSON M. Metaphors We Live By［M］. Chicago：The University of Chicago Press，2003：10.

③ EVANS V，GREEN M. Cognitive Linguistics：An Introduction［M］. Edinburgh：Edinburgh University Press，2006：305.

④ 黄春芳．法律英语概念隐喻汉译的具身认知取向［J］．上海翻译，2021（02）：41-45，94.

中引入概念隐喻理论。研究者从翻译教学实践出发，系统考察了在法律专业词汇、法律语篇和法律文化翻译过程中概念隐喻理论的具体应用，致力于为法律英语翻译教学提供一个新视角。①

袁风识将概念隐喻理论应用至教学领域。研究者运用隐喻归纳测验，考察了 522 名英语专业大学生的概念隐喻归纳能力。研究结果表明，我们应该对概念隐喻理论持谨慎态度，教学中不宜过分夸大其作用和价值。②梁晓晖以英语比较性文章为例，从类比与对比两种文章组织模式的内涵差异、使用准则和应用范围三个方面详述了隐喻对英语写作教学的启发和促进作用。③

陈子晨在概念隐喻理论的指导下，系统梳理了历史文化中常见的疾病隐喻，并分析了其社会心理效应。研究者认为，疾病的概念隐喻可以让人们更容易理解复杂的疾病现象，但也可能掩盖和扭曲真实的疾病体验而造成误解，而这些认知又会进一步影响人们对疾病的态度和行为。④ 谷浩荣、贾春华、谢菁将概念隐喻应用至中医藏象学说的考察。研究者认为五行藏象体系是一个基于人类经验体验构建的概念隐喻系统；是基于“可能世界”的类比；是一种“隐喻重描”；是一个“信念系统”。研究者提出中医藏象学说研究的重点不是寻找其客观物质基础，而是要对其特有的语言进行分析，要注重揭示中医脏腑概念在哪些层面是可核实的，以及隐喻认知在中医藏象学说的形成过程中扮演的重要角色。⑤

张薇以美媒对“一带一路”的建构为例，系统探讨了政治话语的批评

---

① 王骞．概念隐喻视角下的法律英语翻译教学［J］．上海翻译，2018（06）：57-62.

② 袁风识．英语专业大学生概念隐喻归纳能力研究［J］．外语教学，2014，35（05）：35-39.

③ 梁晓晖．多模态隐喻在英语写作教学中的应用——以比较性文章为例［J］．外语研究，2013（05）：24-31.

④ 陈子晨．疾病的概念隐喻及其社会心理效应［J］．广东社会科学，2020（06）：204-214.

⑤ 谷浩荣，贾春华，谢菁．基于概念隐喻理论的中医藏象学说考察［J］．世界科学技术（中医药现代化），2012，14（05）：2092-2095.

架构。研究者认为，美国主流媒体话语通过概念隐喻和概念整合两种主要的认知手段和架构方式，对我国所倡议的“一带一路”进行了消极地、负面地报道。① 孙淑芳、孙福庆以政治话语与政治隐喻概念阐释为切入点，以概念隐喻理论为指导，以政治话语腐败概念隐喻模式为研究对象，选取了2012—2014年度中俄两国媒体有关腐败主题的报道，自建小型语料库，同时运用定量与定性分析相结合的方法，从认知和文化视角阐释俄语和汉语腐败概念隐喻模式异同的深层原因，致力于揭示中俄腐败概念隐喻的共性与差异。② 汪少华、张薇以布什和奥巴马的四篇环保主题的演讲为例，在概念隐喻理论和架构理论的指导下，系统考察了其中的概念隐喻、表层和深层架构，研究发现：布什和奥巴马的演讲都使用了旅程隐喻和舞台隐喻，但前者更侧重单边外交、经济利益至上等架构，而后者侧重多边外交、经济和环保并重等架构，这与两党最根本的道德价值观吻合。研究者还归纳概括出了包括环保在内的诸多重大议题的隐喻架构模式：道德价值观→基本原则→议题蕴含的概念隐喻，深层架构→隐喻表达，表层架构→推论→叙事角色。③

（四）话语分析理论

本节首先阐释话语及话语分析，接着介绍话语分析的早期阶段以及功能语言学和认知社会语言学视角下的话语分析。

“话语”指使用中的言语，从语言学研究角度出发也称“语篇”。对话语的研究可追溯到两千年前的古典修辞学，但直到20世纪60年代末才进入语言学的研究领域。话语分析既为一种应用理论，也是一种研究

---

① 张薇．政治话语的批评架构分析——以美媒对“一带一路”的报道话语为例［J］．贵州社会科学，2019（06）：94-101．

② 孙淑芳，孙福庆．俄汉政治话语腐败概念隐喻模式探究［J］．外语学刊，2019（02）：56-63．

③ 汪少华，张薇．美国政治话语的隐喻架构模式建构研究——以布什和奥巴马的环保演讲为例［J］．中国外语，2017，14（02）：54-59．

方法，能使我们更加详细地了解话语究竟是如何被生成和理解的。它既涉及符号学和语言学的基本理论，又涉及文本意义和话语的深层意义，以及作为背景的规则、权力、社会语境等知识。话语分析被广泛应用于众多科学领域，如哲学、美学、政治学、社会学、心理学、文学、史学、传播学、文化学、国际关系学等，用以揭示话语对于社会关系、社会形象及信仰体系的建构性作用，并揭露隐含的意识形态，进行批判性反思。①

1. 话语分析早期阶段

Schiffrin（1994，转引自杨雪燕 2012）总结出了早期的六种话语分析理论，包括：（1）语言哲学视角下的言语行为理论，用以分析句子所承载的言语行为；（2）人类学和社会学视角下的社会语言学的互动理论，用以分析在面对面互动中语言以及社会两个层面上的意义；（3）人类学视角下的交际人种学理论，用以将语言交际当作文化行为来分析；（4）语言哲学视角下的语用学理论，用以分析说话人的交际意图及其推断路径；（5）社会学视角下的会话分析理论，用以分析会话结构，如何帮助社会成员建构社会秩序；（6）社会语言学视角下的变异分析理论，用以分析语言变异形式背后的社会以及语言本身的制约因素。②

2. 功能语言学视角下的话语分析

20 世纪 60 年代，韩礼德创立了系统功能语言学。韩礼德没有像索绪尔那样把“语言”和“言语”分开，而是将二者视作一个整体去观察并研究语境中的语言，即话语，韩礼德也称之为“语篇”。为了研究语境中的语言，韩礼德一改传统的语言学研究套路，不仅将话语视角纳入研究范畴，同时还采纳了认知和社会文化两大视角。具体来讲，韩礼德从这三大视角出发，重新诠释了词汇语法的功能，并称其为功能语法。他将词汇语

① 魏江楠．话语分析理论及方法概述［J］．新闻研究导刊，2018，9（02）：162-163.

② 杨雪燕．系统功能语言学视角下的话语分析［J］．外语教学，2012，33（02）：31-36.

法视作两个层面，其一为形式，其二为其功能，或称“语义”。可见，韩礼德在注重语篇内部的同时，还注意到语篇外部的认知和社会文化环境。采用系统功能语言学理论模型去分析话语，意味着可从词汇语法入手去发掘其语义特征，进而找到其语境特征；也可以从语境入手去推测其语义特征。①

3. 批评认知话语分析

系统功能语言学关注的是语言现象以及现存的社会结构是如何通过语言体现出来的，而认知社会语言学视角下的话语关注的则是话语背后蕴涵的认知机制和社会问题。Van Dijk 提出的“社会—认知”话语分析模式在话语分析中常被称为“话语—认知—社会三角”理论。该理论强调心智、话语与社会间的紧密联系，重点关注语境模型、知识机制、意识形态的相互作用。Van Dijk 的社会认知语言学是对传统理论的继承与发展，心理语言学、认知心理学和认知语言学都为其“社会—认知”话语分析模式提供了理论和方法论的支持，而他的“社会—认知”话语分析模式也对上述理论进行了补充和拓展。

Van Dijk 指出，无论是音调、词汇序列还是语篇衔接等都受制于人们的知识系统——通过知觉从外界获得信息，作为心理表征形式存储于人脑中。“知识”被界定为“一个认知共同体达成一致的那些信念”，其大致可分为个人知识、社会知识、团体知识、国家知识以及文化知识等。② 不同类型的知识具备各自的心理表征、记忆存储方式和使用形式。Van Dijk 进一步概括出了“社会—认知”话语分析模式：

---

① 杨雪燕. 系统功能语言学视角下的话语分析［J］. 外语教学，2012，33（02）：31-36.

② VAN DIJK T A. Discourse and Context：A Socio-cognitive Approach［M］. Cambridge：Cambridge University Press，2008：83.

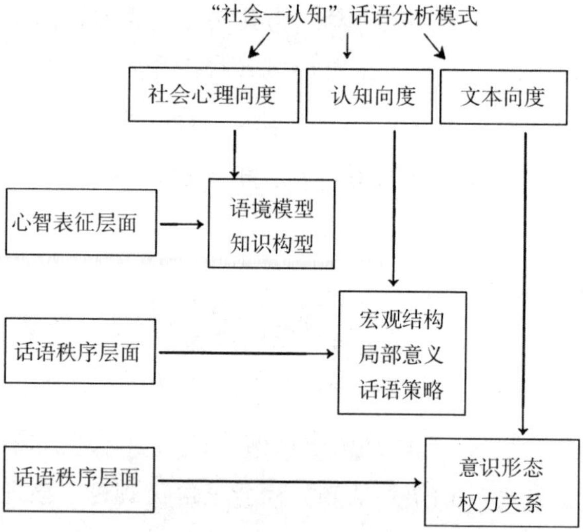

图1 "社会—认知"话语分析模式①

批评话语分析将语言学的话语理论与社会学的话语理论结合起来，视话语为知识建构的手段和社会实践的形式，进而探索话语与社会结构之间的辩证关系。② 批评话语分析的批评视角可以追溯至法兰克福学派的社会批判理论。社会批判理论的主要目的是对现实进行批判，以控制和压迫为主题，以人的自由解放为目标。③ 我们认为，只有将语言、社会和人的认知有机联系起来，才能开展有效的话语分析。批评认知话语分析理论借助认知语言学基本原理，有效弥补了批评话语分析缺乏考察人的认知结构这一缺陷。相比批评话语分析，批评认知话语分析不仅重视话语的社会属性，同时也关注人的认知维度。本研究旨在利用批评认知话语分析理论去揭示政治话语背后的意识形态、价值体系、叙事模式以及认知方式。

① 辛斌，刘辰. Van Dijk 的社会——认知话语分析［J］. 外语学刊，2017（05）：14-19.

② 郭松. 批评话语分析：批评与进展［J］. 北京第二外国语学院学报，2019，41（004）：34-47.

③ FAIRCLOUGH N. Critical Discourse Analysis：The Critical Study of Language［M］. London：Longman，1995.

（五）理论应用

人们在体验过客观世界后，获得了事物、事件和关系经验，接着对这些事物、事件和关系经验进行概念化、范畴化，进而获得了一个具备家族相似性、边界模糊、成员地位不一致的原型范畴。其本质也是一个概念结构，既然是概念结构，便需将其与一个形式单位进行匹配，即以一个形式单位去表征该概念结构，以便存储于大脑之中。这个形式单位所表征的概念结构就是形式单位概念框架，该框架还可进一步扩展，是一个历时、动态变化的系统。形式单位概念框架本质上是一个百科知识结构，其中包括了一般性的知识，还囊括了特殊的、民族性的、区域性的文化模式。有了铺底的基础——知识结构后，人们便可启用自身概念化能力（包括了概念隐喻、概念转喻等），对储存于大脑中的知识结构进行认知改造，进而生成各类语言现象。在本研究中，这些理论的具体应用模式为：形式单位概念框架理论被用以描写和分析形式单位所表征的概念结构，此外还负责对相关现象及规律进行解释；概念转喻理论用以考察话语背后蕴含的认知方式和概念结构；话语分析致力于揭示政治话语背后的意识形态、权力结构、价值体系和叙事模式。

五、研究方法

本书主要采用了基于语料的定性分析法和语料库语言学方法。

（1）基于语料的定性分析法。在大量、广泛搜集语料的基础上，对这些语料从句法、语义、语用、认知心理与文化维度开展多维地、逻辑地、详实地描写、分析和解释，进而概括出语言现象，接着对这些语言现象进行基于认知语言学相关理论的阐释。需注意的是，文本分析的维度多元，涉及语言学、传播学等多学科的理论、方法和思路，取百家之长，不局限于某一学科领域。

（2）语料库语言学方法。本研究通过 Python 程序和人工收集等方式获取相关语料，并结合 NOW、iWeb、GloWbE 等大型语料库，自建政治话语语料库。接着使用 AntConc、WordSmith 等软件对这些语料进行定量剖析，并采用 Rostcm 实现核心词语网络知识图谱可视化。本研究主要使用的语料库为 NOW（News on the Web）。该语料库收录了从 2010 年到现在源自网络报纸和杂志的 118 亿单词的数据。该语料库的数据量每月增长 1.8 亿至 2 亿字（约 30 万篇新文章），每年增长约 20 亿字。

第一章　政治话语的界定及主要研究议题

提升国际话语权对于国际地位日益提升的中国具有极其重要的战略意义。长期以来，我国一直在致力于建设完善的对外政治话语体系。政治话语与意识形态、权力关系之间存在着密切的关系，政治话语在当前国际意识形态领域的斗争中发挥着关键作用。加强政治话语研究，深入了解政治话语与意识形态的逻辑关系，一方面能够帮助我们更好地理解国外政治话语中的意识形态、话语控制等问题；另一方面对于创新我国对外政治话语体系以及赢得意识形态领域斗争主动权同样具有重要意义。但须指出的是，通过研读相关文献发现，当前我国的政治话语研究尚未形成较为完整和自成一体的理论体系。① 当前我国政治话语体系的建设与发展并不能够与我国国际地位相称。因此，加强政治话语研究，构建更为严密、科学、创新，符合我国发展实际的政治话语研究理论体系，具有重要战略意义。

政治话语权之争是意识形态之争，也是权力和利益之争。② 加强政治话语的研究有助于中国更好地在国际舞台上发声，进一步深入研究对外政治话语，加强我国对外政治话语体系建设，对促进我国讲好中国故事、传

① 尤泽顺，陈建平．政治话语的批判性分析研究及其对中国的启示［J］．解放军外国语学院学报，2008（05）：1-6.

② 权宗田．政治话语的意识形态逻辑［J］．武汉理工大学学报（社会科学版），2016，29（05）：776-781.

播中国政治理念、构建中国国际形象具有极其重要的现实意义。本章将深入讨论政治话语的界定及主要的研究议题，试图归纳出政治话语研究的特点，致力于总结当前研究值得借鉴之处以及存在的不足之处，在此基础上开展对中国政治话语以及具有中国特色政治话语体系构建的思考。

一、政治话语的界定

当今世界正处于百年未有之大变局。新形势带来了新挑战，话语研究不能仅仅只围绕语言内部做文章。新形势下，话语研究者要有浓厚的家国情怀、强烈的社会服务意识以及高度的政治敏锐性，话语研究要朝着为人民服务、为民族服务、为国家服务这三个方向推动。话语研究不应仅关注语符本身，还应关注语符背后的社会结构、意识形态、价值体系、叙事模式、认知方式等。

话语在一定程度上构建了政治世界，同时又能在一定程度上反映政治议题并解决政治问题，具有天然的政治属性。政治维度不仅能为话语研究提供开阔的理论视野，还能为话语研究提供丰富的政治文本、搭建华美的政治舞台。

1. 话语构建了政治世界。“语言的政治化”有两种不同的视角预设：建构论预设和反映论预设。建构论预设将语言视作本源，以此为起点塑造并建构社会网络、集体认同、行动等中微观议题。① 语言的尽头是思维的尽头，思维的尽头是世界的尽头。人类所感知的世界是一个庞大复杂的语符体系，它是主观的，是人类认知加工、主观建构的产物，而非客观现实的直接映射。政治世界是各种社会活动和社会关系总和的主观化产物，是各种社会活动和社会关系总和的语符表征。话语是通往这个世界的钥匙，是构建这个世界的原料，是认知这个世界的主要方式。某种程

① 郭台辉．语言的政治化与政治的语言化——政治学方法论的“语言学转向”问题［J］．政治学研究，2019（04）：66-76，127.

度而言，政治议题就是话语议题，政治实践就是话语实践，政治世界就是话语世界。

2. 话语反映了政治议题。反映论预设将语言视为介质，以此反映民族、国家、制度等方面的政治议题。言者在体验某项政治事件后将其概念化为相关政治议题，并标记以语符，储存于心智之中。语符是该政治议题的形式表征，该政治议题的方方面面深刻“烙印”于语符之中，通过话语分析能全面有效地呈现该政治议题。巩固拓展脱贫攻坚成果、增强国际话语权、塑造正面国家形象、铸牢中华民族共同体意识、构建人类命运共同体等政治议题与话语存在着天然逻辑以及密不可分的关联，以政治文本的话语分析为着力点，能有效展现这些议题中的语言因素、文化因素、社会因素、认知因素等，有助于全面深刻立体呈现这些政治议题。

3. 话语能研判并解决政治问题。政治世界是各种社会活动和社会关系总和的语符表征，话语不仅能建构政治世界、反映政治世界，还能研判政治问题并为政治问题的解决提供有效的思路和策略。要穷尽式收集相关政治材料，获取大量的、一手的政治文本，以话语分析为中心，通过语词分析、概念分析、批评话语分析等方式努力呈现政治议题，揭示话语在这些政治议题中所扮演的重要角色，研判这些议题中的既存政治问题，并为此积极研究制订有效的话语方案、寻找正确的话语出路、递交优异的话语答卷。

4. 政治话语研究和语言本体研究相互作用、相互完善。政治话语研究是语言学研究体系中的一个分支学科，它关注语言本体维度之外的政治领域。语言本体研究是政治语言学研究的基础保障和重要支撑，倘若缺乏一定语言本体研究基础，政治话语研究就难以做好做实。只有做足做强语言本体研究，触及语言深层，深谙语言规律后才能更好完成政治话语研究。反之，政治话语研究也能有效反哺语言本体研究。政治话语研究将巩固拓展脱贫攻坚成果、增强国际话语权、塑造正面国家形象等议题引入了语言本体研究范畴，为语言本体研究开辟了新的研究领域，丰富了研究对象，为语言本体研究的方法创新、理论创新奠定了坚实基础。因此，构建政治话语研究体系、深化政治话语研究能有效推动语言本体研究的发展和完善。

总之，话语与政治相互影响、辩证统一，话语研究与政治研究高度关联、相辅相成。要高度重视话语研究的政治维度，努力打通话语研究的政治渠道，积极构建政治话语研究体系。

施旭将话语概括为一种在特定的社会、文化、历史环境下的具体的语言交际事件。① 我们认为，话语具有多维属性，它不光是一种由语言与言语结合而成的异常丰富和复杂的符号系统，还是一种与社会权力关系相互缠绕的言语方式，也是一种在人与人互动过程中呈现出来的具有强烈社会性的语符形态。②

"政治话语"这一概念蕴含着丰富的内涵，它既可以是语言学层面的话语概念，又可以作为政治学领域研究的话语对象。政治话语能够深刻反映时代以及社会的变化发展，它是"政治世界或现实的话语实践、话语描述或话语映射"。③ 政治话语不仅可以放置于政治环境中去理解，从政治文本的角度来看，"凡是书面化了的政治话语都可以称之为政治文本。政治话语是政治文本语言化的、作为政治交际事件的言语活动，政治文本是政治话语的实体化结果"。④ 政治话语是政治语言学中的核心概念。

关于政治话语，语学界存在着不同的界定。在语言学领域，政治话语即为"机构政治话语"，包括了官方文件，政治演讲、新闻发布会等活动

---

① 施旭．究竟什么是"话语"和"话语研究"？［N］．社会科学报，2008-02-14（005）．

② 尹铂淳．突发公共事件新闻报道的应急话语策略［J］．青年记者，2021（08）：70-71．

③ 彭文钊．哲学阐释学视域下的政治语言学：哲学基础、语言观与政治观问题［J］．外语与外语教学，2017（02）：26-37，147．

④ 孙玉华，彭文钊，刘宏．语言的政治 VS．政治的语言——政治语言学的理论与方法［J］．外语与外语教学，2015（01）：1-7．

中所产生的话语，表达了政府或国家的政策，态度，立场。① 学界对政治话语的界定可以分为广义与狭义两个层面。从广义上来看，凡是语言都具有政治性。Lackoff 提出，政治就是语言，语言就是政治。② 这一观点可以从以下两个方面得以阐释：（1）语言是权力关系的创始者和解释者，就此而言政治就是语言；（2）语言学源于多个领域，语言的使用是为了达到一定的目的，从该意义上讲语言是政治。③ 因此，政治话语包罗万象，但需指出这种广义的定义对于政治话语的界定过于泛化。故而，一些学者提出从更具体的狭义视角对政治话语进行定义。Van Dijk 将政治话语限定为“主要是政治性”的话语。④ Van Dijk 指出，如果要使政治话语的研究理论和实践相关，那么这个话语结构就必须和政治结构、政治过程的特征关联。⑤

本书关于政治话语的界定更偏向于上述狭义视角的理解。在我们看来，政治话语是政党、政府、军队等组织在治理国家、谋求国家利益过程中产生的言语方式。政治话语能够深刻反映时代以及社会的变化发展，是政治世界或现实的话语实践、话语描述或话语映射。政治话语必须和政治主题紧密关联，它既可以是一种机构性言语，也可以是一种非机构性言语。

如今，随着国内政治语言学研究队伍的不断发展壮大，政治话语的研

① CHILTON P，SCHÄFFNER C. Politics as Text and Talk：Analytical approaches to political discourse ［M］. Amsterdam：Benjamins，2004：72.

② LAKOFF R. Talking Power：the Politics of Language in Our Lives ［M］. New York：BasicBooks，1990.

③ 贺梦依．政治话语的分析视角［J］. 贵州师范大学学报（社会科学版），2012（04）：20-24.

④ VAN DIJK T A. Critical Discourse Analysis ［C］//TANNEND，SCHIFFRIND，HAMILTONH. Handbook of Discourse Analysis. Oxford：Blackwell，2001：398-415.

⑤ VAN DIJK T A. Political Discourse and Political Cognition ［C］//CHILTON P，SCHÄFFNER C. Politics as Text and Talk：Analytical Approaches to Political discourse. Amsterdam：Benjamins，2002：204-236.

究，特别是具有中国特色的政治话语研究日益受到学界的广泛关注，并已经取得了丰硕成果。系统综述国内外政治话语研究很有必要，下一节我们将着重梳理国内外政治话语研究的主要议题，以期为国内政治话语理论建设和实践研究贡献力量。

二、政治话语研究的主要议题

（一）政治话语体系建设

政治话语体系的构建长期以来都是政治话语研究领域一个重要的热点话题。国内对于中国政治话语体系构建的研究主要集中于两方面：一方面是中国政治对外政治话语体系的建设，与其直接相关的就是中国政治文本文献的对外翻译；另一方面则是中国国内政治话语体系的建设以及完善，其核心就是进一步构建好中国特色社会主义话语体系。

加强对外政治话语体系建设，进一步做好政治话语对外翻译工作是回应国际关切以及正确引导国际话语的需要。① 随着中国综合国力和国际影响力的提升，中国政策、政治理念以及政治观点愈来愈受到国际社会的关注。为了进一步增强国际社会对中国政治话语的理解、构建中国国际形象、提升中国国际话语权，就需要格外认真对待政治话语的对外翻译，构建完善的对外政治话语体系。在构建对外政治话语体系的过程中，由于中国政治话语带有浓厚的中国特色，而“中国特色也是创建和翻译中国对外话语体系最大的挑战”。② 当前，对外政治话语传播存在着部分缺陷，如“政治话语传播的内容与外界关注的焦点和接受能力尚有错位的地方”③，

---

① 黄友义，黄长奇，丁洁．重视党政文献对外翻译，加强对外话语体系建设［J］．中国翻译，2014，35（03）：5-7.

② 贾毓玲．论对外政治话语体系的创建与翻译——再谈《求是》英译［J］．中国翻译，2017，38（03）：96-101.

③ 黄忠．论十八大后中国国际政治话语体系的构建［J］．社会科学，2017（08）：31-41.

中国的国际政治话语体系建设仍有很大的发展空间。政治话语体系构建是一项系统性的工程，在构建中国政治体系的策略方面，安丰存和王铭玉指出，我们应增强话语自信，利用中国特色社会主义话语自身的时间优势，积极主动推进中国话语的对外传播。①

诚然，中国政治话语体系中，国内的话语体系建设，尤其是特色政治话语体系的建设同样有着重要的意义。肖泳冰指出，毛泽东同志主导构建的中国现代政治话语体系成功经验带给我们的启示是，中国的政治话语体系建设应坚持自身的主体性，把握政治话语博弈的主动权，并且提升政治话语体系的行动力，“当中国政治话语体系在国内的主导性得以确立，中国在国际政治话语博弈过程中也就可以更主动”。② 因此，构建中国特色社会主义话语体系对当前政治话语体系构建来说尤为重要。现如今我国已步入中国特色社会主义新时代，为了促进中国政治话语体系与这一重要进展同步，增加国际文化软实力，我们需要“不断创新话语体系表达方式，从政治话语、学术话语、大众话语、国际话语等多个层面努力拓展话语体系的建设路径，大力提升中国话语权和影响力”。③ 中国特色社会主义政治话语体系的构建和发展对政治话语的相关理论和实践具有重要意义。

（二）政治话语的批评性分析

政治性是政治话语的基本特性。政治话语作为一种独特的话语体裁，与政治意识形态有着密切的联系。批评话语分析理论为政治话语分析提供了有力的工具。在这一领域中，借助批评话语分析理论框架展开政治话语批评性分析的研究占主导，这类研究借助批评话语分析理论来揭示政治话

---

① 安丰存，王铭玉．政治话语体系建构与外译策略研究［J］．外语教学，2019，40（06）：1-6.

② 肖泳冰．毛泽东对中国现代政治话语体系的贡献及其当代启示［J］．马克思主义研究，2013（12）：41-47.

③ 钟天娥．文化自信视域下中国特色社会主义话语体系建设路径研究［J］．重庆邮电大学学报（社会科学版），2018，30（03）：1-7.

语中所涉及的不平等的权力关系以及渗透的意识形态问题。①②③ 国内早期研究选择相对单一的文本进行话语分析研究。黄莹借助批评语音学理论与功能语言学理论分析比较了 1968 年与 2005 年《人民日报》元旦社论体现的人际意义，研究发现元旦社论中社会主体身份从多样性转换为统一性，突出对中华民族身份的认同，并且机构权威与公众间的权势关系由不对称关系转变为平等关系。④ 在近年的研究中，政治话语的批评性分析研究通常与语言学领域的其他理论或政治文本翻译研究相结合。王彦指出在政治语篇翻译中，译者对语言形式的选择会直接影响译文传达给读者的意识形态意义，因此“译者在翻译过程中能否用一种目的语读者可接受的方式有效地实现原文作者意识形态意义的传达，应该成为衡量翻译质量的一个重要标准”。⑤

此外，政治话语中的各类语用策略与语言背后的话语操纵以及意识形态倾向密切相关。相关研究多倾向于结合语言学理论来对政治话语的语用策略进行分析探究。支永碧在研究中重点分析了政治语篇当中的虚假语用预设，指出政治话语中虚假语用预设可分为主观性虚假语用预设与客观性虚假语用预设。在政治外交领域，这些语用预设，特别是不利于我方的虚假语用预设需要被识别且借助语用预设和语用策略进行回应，以此来维护我国政府形象。⑥ 支永碧随后在其研究中分析探究了名词化语用预设与权

---

① FAIRCLOUGH N. Critical Discourse Analysis: The Critical Study of Language [M]. London: Longman, 1995.

② CHILTON P, SCHÄFFNER C. Politics as Text and Talk: Analytical approaches to political discourse [M]. Amsterdam: Benjamins, 2004: 72.

③ VAN DIJK T A. Discourse and Manipulation [J]. Discourse & Society, 2006: 17 (3), 359-383.

④ 黄莹. 我国政治话语体裁中人际意义的变迁——基于《人民日报》元旦社论的个案研究 [J]. 广东外语外贸大学学报, 2006 (02): 42-45.

⑤ 王彦. 政治语篇翻译的批评性话语分析 [J]. 上海翻译, 2009 (03): 23-27.

⑥ 支永碧. 政治话语虚假语用预设的批评性分析 [J]. 社会科学家, 2011 (09): 154-158.

力、话语控制和意识形态的关系，并指出，名词化语法隐喻触发的语用预设不仅能模糊时间概念，删除情态成分，并达到非人格化策略，还能够调整语篇信息分布并且产生“被动互文性”。① 许静基于 Fairclough 提出的三维批评性话语分析框架对中美外交新闻发布会话语中的模糊限制语进行了对比研究，并进一步揭示中美所使用的模糊语的差异所反映出的意识形态差异。② 总体而言，国内学界对政治话语批判性分析的研究尚未形成相对成熟的体系，这类研究较为零散且分布不均。③

（三）政治话语翻译

中国政治话语的对外翻译和传播对中国国际形象建构和政治理念对外传播具有重要的战略意义。近年来，政治话语对外翻译的策略研究日益受到学界的关注。中国政治话语要更好地走向世界，做好外宣翻译工作是关键因素。要做好中国政治话语翻译须践行好“译有所为”的原则，这一原则主要体现在“对外宣传和展示真实全面的中国、维护中国的国际形象、对外传播中国传统文化的价值观等方面”。④ 为实现良好的翻译效果，在政治话语对外翻译过程中，译者需要采用适当的翻译策略。窦卫霖依据皮亚杰的发生认识论，以英语为母语的大学生和留学生为调查对象，选择了 10 个具有中国特色并且存在多种译法的“中国关键词”，通过问卷调查了解这些关键词对外翻译的接受程度。通过调查结果分析发现，当代中国政治话语对外翻译应采取以下的策略：“以我为主、重视差异、不断强化、渐

---

① 支永碧. 政治话语名词化语用预设的批评性分析 [J]. 社会科学家，2013（09）：141-147.

② 许静. 中美外交新闻发布会话语中模糊限制语的对比研究——批评性话语分析路径 [D]. 南京：南京师范大学，2017.

③ 尤泽顺，陈建平. 政治话语的批判性分析研究及其对中国的启示 [J]. 解放军外国语学院学报，2008（05）：1-6.

④ 杜丽娟，张健. 中国政治话语翻译的“译有所为” [J]. 江西师范大学学报（哲学社会科学版），2019，52（05）：133-139.

被接受”。① 此外，基于中国国际形象建构视角，谢莉和王银泉强调了中国政治话语翻译的重要性，指出提升中国话语权在中国国际形象的塑造过程中起决定性作用，而提升话语权，就需要实现对外传播方式创新，对外传播创新则需要话语创新，而话语创新需要话语的内容及其翻译创新。② 语料库语言学的发展为政治话语翻译研究提供了新的分析视角，通过大型政治话语语料库的建设以及话语分析能够促使话语分析变得更为宏观、更为客观。李涛通过语料库的分析方法，分析探究了 2000 年至 2015 年中国政治话语中评价修饰语的英译特征，并考察了翻译中译者对评价修饰语的翻译迁移导致的对我国和对他国立场转变。③

（四）政治隐喻研究

隐喻在政治文本中被频繁地运用。政治话语中隐喻的使用能够起到引导大众意识形态的作用。政治隐喻以及对其背后的意识形态与权力关系的研究具有重要的意义，对政治语篇中的隐喻进行分析能够帮助读者进一步揭示演讲者的政治立场与信念。文旭提出政治话语中的隐喻大体可分为两类，即等同于日常生活中的隐喻的“意向图式”隐喻以及基于“文化模型”的隐喻。④ 黄敏对 1997 年至 2004 年《人民日报》元旦社论中的隐喻模式进行考察，指出元旦社论的隐喻模式运用与中国改革开放以来社会政治的变迁是契合的，这些隐喻反映出中国共产党政治思想和执政理念的发展。⑤ 王维民和黄娅对 1978 年至 2011 年中国《政府工作报告》中的概念

---

① 窦卫霖．政治话语对外翻译传播策略研究——以“中国关键词”英译为例［J］．中国翻译，2016，37（03）：106-112.

② 谢莉，王银泉．中国国际形象建构视域下的政治话语翻译研究［J］．外语教学，2018，39（05）：7-11.

③ 李涛．中国政治话语中的评价修饰语英译研究［D］．上海：上海交通大学，2016.

④ 文旭．政治话语与政治隐喻［J］．当代外语研究，2014（09）：11-16.

⑤ 黄敏．隐喻与政治：《人民日报》元旦社论（1979—2004）隐喻框架之考察［J］．修辞学习，2006（01）：15-23.

隐喻进行了分析，对政治语篇中的隐喻进行历时研究可以看出政府在意识形态和执政理念上与时俱进的变化。在关于政治隐喻研究中也有涉及其他国家政治文本的研究。① 梁婧玉和汪少华对美国两党医保国情咨文（1946—2015）中的隐喻进行历时分析，研究发现商业隐喻、战争隐喻和旅程隐喻在其中占主导地位，且两党在隐喻的使用上呈现不同的特点。② 孙淑芳和孙福庆指出，政治隐喻是隐喻思维对政治现实进行概念化和范畴化的重要工具，同时也是透视文化独特性的棱镜，政治隐喻研究对了解政治家们的治国之道和文化理念具有重要的学术价值。他们选取 2012—2014 年中俄两国媒体有关腐败主题的报道，自建小型语料库，运用定量与定性分析相结合的方法系统揭示了中俄两国媒体有关腐败主体的报道中的腐败概念隐喻模式的异同：在拟人隐喻和战争隐喻方面两国腐败政治隐喻具有很大相似性，但两国腐败政治隐喻中也同样存在各自独具特色的隐喻模式。③

总体来看，我国的政治话语研究近年来取得了丰硕的研究成果，但仍有很大的发展空间，相关研究议题较为分散，且整体研究尚未形成一个完整、科学的研究体系。政治话语研究对当前中国政治话语体系建设具有重要的现实意义。一方面，我们要加强中国特色社会主义话语体系建设，增强文化自信，提升国家软实力，主动在国际话语权竞争中占据主动地位；另一方面我们要进一步做好对外政治话语翻译的理论研究以及实践工作，努力构建与我国当前综合国力以及国际地位相称的对外政治话语体系，加强国际话语影响力，掌握更多国际话语权。

---

① 王维民，黄娅．从概念隐喻看政府的意识形态与执政理念——以国务院《政府工作报告》（1978—2011）为例［J］．西南交通大学学报（社会科学版），2012，13（3）：40-45.

② 梁婧玉，汪少华．美国两党医保国情咨文（1946—2015）架构隐喻的历时对比研究［J］．外语研究，2018，35（01）：19-26.

③ 孙淑芳，孙福庆．俄汉政治话语腐败概念隐喻模式探究［J］．外语学刊，2019（02）：56-63.

政治话语的已有研究成果从多个维度、多个渠道、多个视角展开了积极有益的探讨，可谓建树颇丰，为后续研究奠定了坚实的理论和实践基础。政治话语研究是一个庞大系统的理论体系，该体系需要多个学科的内容和方法作支撑作保障。遗憾的是已有成果未系统从认知语言学维度考察政治话语。认知语言学遵循“现实—认知—语言”的研究路径，强调人的经验基础、概念结构和认知方式，致力于揭示语言现象背后的认知方式，展现语言现象背后的经验基础和概念结构。政治话语的认知研究，即政治话语的认知语言学研究，致力于展现话语如何构建各类政治理念、价值观念，以及呈现话语蕴含的各种社会结构及其运行方式、认知方式、思维逻辑，并针对具体政治问题，提出语言学的解决方案。总之，政治话语的已有成果未系统从认知语言学维度考察政治话语即没有全面综合考察政治话语所蕴含的言者和理解者的经验基础、概念结构、思维逻辑及价值理念，更没有将政治话语的政治、语言、社会、文化等研究维度与认知维度统筹起来开展综合性全盘考察。在已有研究基础之上，本书将结合认知语言学相关理论学说，系统探究政治话语所蕴含的言者和理解者的经验基础、概念结构、思维逻辑及价值理念，并着重探讨政治话语的生成和理解的认知模式。

第二章　亲属隐喻：一种国家形象建构的话语策略

国家形象是国家“软实力”的重要组成部分，能间接反映一个国家的综合实力及影响力。在全球化时代国际竞争中，如何建构良好的国家形象，增强国际社会对中国崛起的认同，有效地避免被包围遏制，从而为国家和平发展谋取更为稳定、友好、合作的外部环境，对正在崛起的中国具有重大的现实意义。话语不仅能反映社会实在，还能建构社会实在。国家形象建构，在某些方面，就是话语建构。① 要以话语为抓手，系统探究国家形象建构相关问题，旨在助力我国塑造良好国家形象，谋求更多国际话语权。

一、国家形象的相关研究

为了从宏观上把握国内外军事话语研究现状，本研究分别以 SU=（“国家形象”）和 TS=（“country Image” OR “national image”）为检索式（主题检索，检索字段涵盖标题、摘要及关键词），在 CNKI 与 Web of Science（WOS）数据库中进行检索，搜寻到国内研究文献 3361 篇、国外

① 陈世阳．“国家形象战略”研究综述［J］．南京政治学院学报，2009，25（04）：119-122.

研究文献 1323 篇。

表 1　国内外研究学科领域分布

国内研究		国际研究	
学科领域	篇数（所占比例）	学科领域	篇数（所占比例）
新闻传播学	1228（34. 15%）	商业经济学	412（31. 14%）
政治学	846（23. 53%）	社会科学及其他	262（19. 803%）
影视学	446（12. 40%）	人文艺术科学及其他	120（9. 07%）
语言学	183（5. 09%）	国际关系	107（8. 09%）
文化	141（3. 92%）	科技及其他	89（6. 73%）
体育	132（3. 67%）	心理学	74（5. 59%）
美术	78（2. 17%）	广播电视学	73（5. 52%）
公共管理	67（1. 86%）	行政学	66（4. 99%）
文学	53（1. 47%）	传播学	60（4. 54%）
工商管理	49（1. 36%）	区域研究	59（4. 46%）

数据源自 CNKI 和 WOS

根据国家形象相关研究所属的学科领域对文献进行梳理，国内外文献数量最多的 10 个领域如表 1 所示。数据显示，国内涉及新闻传播学、政治学、影视学、语言学等领域的相关研究成果最为丰富，涉及文化、体育、美术、公共管理领域的研究紧随其后。而国外涉及商业经济学、社会科学及其他、人文艺术科学及其他、国际关系等领域的相关研究成果最为突显，涉及心理学、广播电视学、行政学等领域的研究紧随其后。

国外研究特别关注商业视角下的国家形象建构研究。如 Fan 和 Shahani①、

① FAN Y，SHAHANI A. Country Image of Pakistan：A Preliminary Study［J］. International Journal of Tourism Research，2016.

Nisco 和 Mainolfi① 等都是从商业角度审视国家形象建构问题，并探究了商业视角下国家形象的建构模式。而语言学视角下的国家形象建构研究成果不多。

和国外研究不同，国内研究特别关注了语言学视角下的国家形象建构。

党兰玲认为，语言作为人类最重要的交际工具和认知工具，对广大普通受体而言，主要通过话语来获取作为认知客体的国家行为体的相关信息，并建立起关于认知客体国家行为体的表象，进而表象形成国家形象。同时，通过话语建构的国家形象经过广大受体的认知而又不断得到建构与再造，并反过来对认知客体国家行为体的国家形象构筑发生反馈作用，促使其不断进行话语调整与建构。总之，国家形象的形成过程其实是一个话语过程。②

梁晓波于认知语言学视角下发现，国家形象很大程度上依托于语言表达，概念隐喻可在表达简洁、形象突显、认知创新、语言鲜活四个方面对国家形象塑造发挥作用。国家形象存在民族性、稳定性、两面性、多维性以及变化性五个方面特点。通过分析发现，当前在国家形象新闻报道话语建构中，概念隐喻对国家形象的塑造主要体现在四个方面：动物化和人格化、固化性和临时性、民族性以及意识形态性。③

尤泽顺将领导人外访演讲置于国家形象修辞的言语行为框架中，通过对习近平主席 8 篇外访演讲进行分析，发现习近平主席外访演讲使用了平民化的隐喻、名人名言、习语、叙事及其他平民化话语方式进行构建。分析表明，习近平主席平民化的话语拉近了中国领导人和西方普通公众的距

① NISCO A, MAINOLFI G, MARINO V, et al. Effect of Economic Animosity on Consumer Ethnocentrism and Product-country Images. A Binational Study on Perception of Germany during the Euro Crisis [J]. European Management Journal, 2016, 34 (1): 59-68.

② 党兰玲．国家形象之话语建构手段 [J]. 中州大学学报, 2018, 35 (05): 99-103.

③ 梁晓波．国家形象的概念隐喻塑造研究 [J]. 湖北大学学报（哲学社会科学版），2013, 40 (02): 113-117.

离，构建了正面的中国形象。①

刘卫红以《平易近人——习近平的语言力量》为语料来源，从善用形象比喻、巧用俗文俚语和活用诗文古语三个方面分析了习近平主席讲话的语言特点，从语源、语义、思想内涵、理论价值、现实意义等方面对习近平主席讲话中的重要引文进行了阐释。最后发现，作为典型的政治话语，习近平讲话中处处充满了政治隐喻，且这些政治隐喻不仅帮助他有效传达了观点，亮明态度，也有助于向世界讲好中国故事，建构出良好中国国家形象。②

周凡凡以系统功能语言学为理论框架，以习近平主席在70届联大上的演讲为语料，探讨习近平主席如何通过话语构建出中国的国家形象。研究表明，习近平主席将中国构建成“世界和平的建设者、全球发展的贡献者、国际秩序的维护者”的国家形象。③

尹怡怡基于多模态隐转喻理论，对中国国家形象宣传片《中国一分钟》中多模态隐喻、转喻的认知构建进行了阐释，并以此来分析其所塑造的中国形象。她发现，宣传片建构出了一个发展迅速、不断发展、包容发展的中国国家形象。④

语言学视角下的已有成果颇丰，从话语和多模态角度，对国家形象建构进行了多维探讨，为日后研究打下了坚实基础。隐喻不仅是一种修辞手段和认知机制，还是一种话语策略。目前来看，隐喻视角下国家形象建构的相关成果不多。接下来，我们还可从话语策略角度，探究亲属隐喻对国

---

① 尤泽顺．批评性语篇分析：具有人文主义倾向的语言研究［J］．中国社会语言学，2013（02）：59-70.

② 刘卫红．政治隐喻与国家形象的话语建构——《平易近人——习近平的语言力量》评介［J］．中原工学院学报，2017，28（02）：39-41，90.

③ 周凡凡．系统功能语言学视角下国家形象构建研究［J］．汉字文化，2018（S1）：1-2.

④ 尹怡怡．国家形象宣传片中多模态隐喻与转喻的认知构建——以中国国家形象片《中国一分钟》为例［J］．阜阳师范学院学报：社会科学版，2018，186（06）：47-52.

家形象建构的作用机制。

在已有成果基础上，本研究拟解决的主要问题有二。一是亲属隐喻作为一种话语策略，如何定义？如何将其应用于国家形象建构？二是国家形象建构亲属隐喻途径有哪些？未来还存在哪些研究方向？

二、修辞、认知、话语维度下的亲属隐喻

下文将重点阐释三个维度下的亲属隐喻，及其作为一种话语策略，在国家形象建构中的作用。

（一）亲属隐喻：一种修辞手段和认知机制

长久以来，隐喻一直被视作一种修辞手段，属于修辞学研究范畴。最早提出“隐喻”的学者是亚里士多德。亚里士多德在其所著《诗学》中指出，隐喻是基于类比原则所做的隐性比较。另一位古希腊思想家柏拉图认为，隐喻属于花言巧语，是修饰性语言，仅适用于表达感情；不宜使用隐喻进行政治辩论和科学论述。①

认知语言学家更多将其视为一种认知机制。Lakoff & Johnson 指出，隐喻不仅是一种修辞手段，还是一种认知机制，它的工作机制为借用相对熟悉、具体的源概念去阐释相对陌生、抽象、具有相似性的目标概念。②

认知语言学视角下，亲属隐喻指源概念为“亲属”的隐喻，它的工作机制为：用“亲属”去阐释具有相似性、非亲属类目标域概念。具体过程为：通过亲属隐喻，挪用“亲属”框架，将框架内“亲近”“和谐”“友好”等元素映射至目标概念，致使目标概念中这些元素显现。下面举一例进行阐释。

---

① 林书武．国外隐喻研究综述［J］．外语教学与研究，1997（01）：14-22.

② LAKOFF G，JOHNSON M. Metaphors We Live By ［M］. Chicago：The University of Chicago Press，2003：10.

例 1 We're hungry for a victory. （我们十分期盼胜利）①

文本层面，本例并非典型的隐喻构型“A is B”，而是在概念层面蕴含了隐喻“VICTORY IS FOOD（胜利是食物）”。抽象事物概念“胜利”和具体事物概念“食物”中存在诸多具备相似性的元素：对说话人有益，为特定情境中之必需品（饿了需进食，败后急需胜利）等。因此可将更具体的“食物”去概念化相对抽象的“胜利”，即将“食物”中与“胜利”具备相似性的元素映射至后者，致使读者或听者能更好地理解更抽象的“胜利”。本例的生成可视作修辞的结果，还可视作人类认知所致。

从修辞层面来看，亲属隐喻旨在将亲属作为喻体去修饰、表述本体；从认知机制层面来看，亲属隐喻旨在将人们心智中的“亲属”知识结构中的部分元素映射至目标概念结构，致使后者中相似元素的显现。

（二）亲属隐喻：一种话语策略

隐喻不光只是一种修辞方式与认知机制，还是一种话语策略。

“话语”指使用中的言语，从语言学研究角度出发也称“语篇”。对话语的研究可追溯到两千年前的古典修辞学，但直到 20 世纪 60 年代末才进入语言学的研究领域。20 世纪 60 年代，韩礼德创立了系统功能语言学。韩礼德没有像索绪尔那样把“语言”和“言语”分开，而是将二者视作一个整体，去观察、研究语境中的语言，即话语。韩礼德称之为“语篇”。为了研究语境中的语言，韩礼德一改传统的语言学研究套路，不仅将话语视角纳入研究范畴，同时还采纳了认知和社会文化两大视角。具体来讲，韩礼德从这三大视角出发，重新诠释了词汇语法的功能，并称其为功能语法。②

系统功能语言学关注的是语言现象，以及现存社会结构是如何通过语言体现出来的，而认知社会语言学视角下的话语研究关注的则是话语背后蕴涵

---

① EVANS V，GREEN M. Cognitive Linguistics：An Introduction［M］. Edinburgh：Edinburgh University Press，2006：305.

② 杨雪燕. 系统功能语言学视角下的话语分析［J］. 外语教学，2012，33（02）：31-36.

的认知机制及相关社会问题。Van Dijk（2008：83）提出的“社会—认知”话语分析模式在话语分析中常被称为“话语—认知—社会三角”理论。该理论强调心智、话语与社会间的紧密联系，重点关注语境模型、知识机制、意识形态的核心作用。① Van Dijk 的社会认知语言学是对传统理论的继承与发展，心理语言学、认知心理学和认知语言学都为其“社会—认知”话语分析模式提供了理论和方法论的支持，而他的“社会—认知”话语分析模式也对上述理论进行了补充和拓展。无论是音调、词汇序列还是语篇衔接等都受制于人们的知识系统——通过知觉从外界获得信息，作为心理表征形式存储于人脑中。“知识”被界定为“一个认知共同体达成一致的那些信念”，其大致可分为个人知识、社会知识、团体知识、国家知识以及文化知识等。②

不同类型的知识具备各自的心理表征、记忆存储方式和使用形式。Van Dijk 进一步概括出了“社会—认知”话语分析模式：

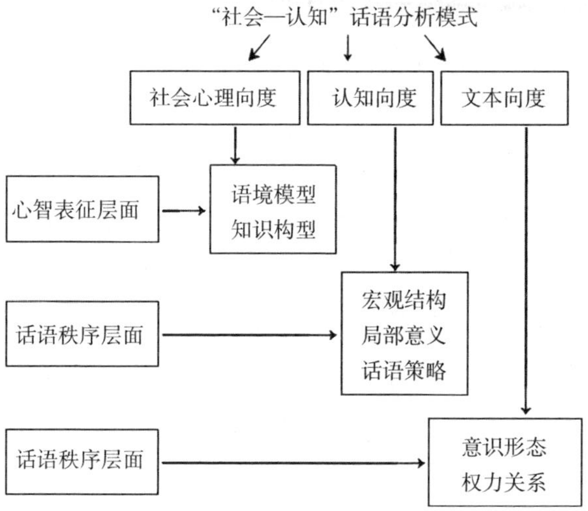

图 1 “社会—认知”话语分析模式③

① VAN D T A. Discourse and Context: A Socio-cognitive Approach [M]. Cambridge: Cambridge University Press, 2008: 83.

② 辛斌，刘辰. Van Dijk 的社会——认知话语分析 [J]. 外语学刊，2017 (05): 14-19.

③ 辛斌，刘辰. Van Dijk 的社会——认知话语分析 [J]. 外语学刊，2017 (05): 14-19.

有机哲学强调，客体间存在千丝万缕、错综复杂的有机联系。著名有机哲学家怀特海认为，人们不应关注客体本身，而应关注体验该客体的一系列行为过程。① 换句话说，客体间存在千丝万缕、错综复杂的有机联系，这些有机联系构成了关于该客体的关系网络。只有依附于该网络，客体才有意义，因此关系网络第一性，客体第二性。

话语不仅能反映社会实在，还能建构社会实在。国家形象建构，在某些方面，就是话语建构。综合上述学说可得，客体所处网络是该客体在社会、文化、心理等领域的相关百科知识结构，我们对该客体的印象和评价基于该百科知识结构。换句话说，客体形象建构的基础是该客体所处关系网络，缺乏关系网络，客体形象难以成功建构。在建构客体形象时，基于建构者语用目的，依靠客体所处关系网络，可采用直陈话语策略，也可采用隐喻、转喻话语策略。

直陈为一种表述方式，即直接陈述。直陈在常识和默认范围内，会造成形式与内容同构，这种同构是相对的，并非绝对。直陈目的是为了致使欲表达内容或信息更直接、翔实。基于省力原则，语言生成者不可能将关系网络中的所有元素都表征出来，仅是将自己主要欲表达的元素直接、详实地表征出来。非直陈也是一种表述方式，即非直接陈述，迂回表述。非直陈在常识和默认范围内，会造成形式与内容不对应（形式扭曲内容），表现为关系网络中元素的隐略或转换。隐略指语言生成者出于对语言经济性或其他因素的考量，直接将关系网络中的元素进行隐匿或省略。转换指基于一定的语用目的，语言生成者调用了自己的知识结构或文化模式对目标关系网络进行认知改造，即以一个或一些新的关系网络去建构目标关系网络。非直陈包括了转喻、隐喻、隐转喻杂合、整合等手段。② 选用隐喻时，交际主体会借用另一具备相似性的关系网络，去建构目标关系网络。

① 王寅．有机教育与语言科研［J］．当代外语研究，2017（03）：8-13，110.

② 尹铂淳，廖光蓉．事件概念形式表征的语内和语际对比研究［J］．外国语文，2020（01）：107-116.

亲属隐喻是隐喻的一个次类，机制为：挪用“亲属”关系网络去建构“非亲属”关系网络，即将非亲属“亲属化”，旨在“亲近化”。

国家形象是国内外公众对该国政治、经济、文化、社会、生态等各方面的综合印象与评价，它是被建构出来的，而非客观现实的直接映射，不能简单将其等同于国家实际状况。媒体传播力度大、普及度高、影响深远，在舆论宣传引导、国家形象建构方面扮演着极为重要的角色。国内媒体要不断改革创新国家形象建构方式：从他塑为主转为我塑为主。充分发挥主流媒体引领作用的同时，还要充分利用民间媒体资源。在重大突发事件、重大国际关切和热点问题上，媒体要主动发声、快速发声、及时发声，第一时间传播事实、表达观点，积极主动自塑能充分展示我国优势和特色的国家形象。外国公众对我国的了解认识主要依靠本国媒体的宣介，从该实际情况出发，要善于借助目标国家媒体，主动发声、快速发声、及时发声，讲好中国故事，传播好中国声音，增强我国在国际上的话语权，进一步深化我国国家形象的海外自塑。

媒体通过外交活动、纪念仪式、运动会等渠道，获取相关材料。接着从某个视角切入，将这些材料主观化，进而建构出媒体主观世界中的国家形象。借助媒体平台，该国家形象被广泛传播，最终成为具备一定认可度的国家媒体形象。在获取国家媒体形象后，公众基于自身知识结构、文化模式和价值体系等，对该国家形象进行再次主观化，最终建构出国家公众形象。

图 2　国家形象建构过程

公众对国家形象建构的过程，在语言层面，就是一个话语建构过程。亲属隐喻除了是修辞手段和认知机制，还是一种能有效拉近交际双方心理距离，营造和谐友好高质量交际环境，建构积极正面国家形象的话语策略。国家形象亲属隐喻建构机制为：

交际主体启用“亲属”关系网络，去塑造中国与其他国家、国内各民族间身份关系，具体反映为将“亲属”关系网络中“亲近”“和谐”“友好”等元素映射至“其他国家”“国内各民族”关系网络，造成后者“亲近”“和谐”“友好”等元素显现。亲属隐喻的话语功能为：拉近中国与其他国家、国内各民族间心理距离，营造和谐友好高质量交际环境，进而建构出积极正面的国家形象。

国家形象亲属隐喻建构机制如下图所示：

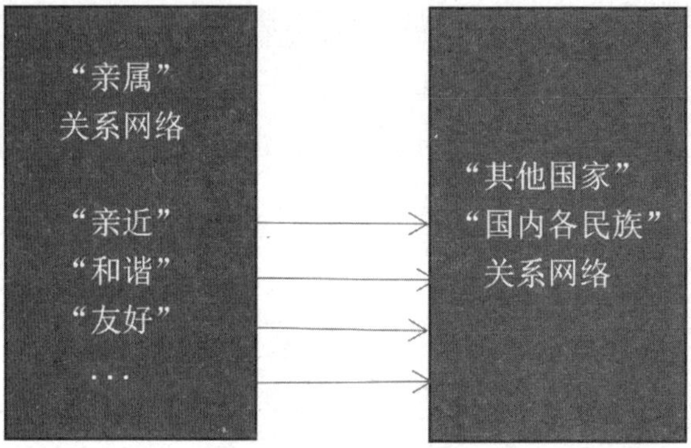

图 3　亲属隐喻工作机制

国家形象亲属隐喻建构过程中，交际主体不光要考虑主体性，还需考虑交际双方的主体间性。近代西方哲学主要讨论的是主体和客体的关系，或思维和存在的关系。于很长一段时间内，西方哲学将主体理性推向了神圣殿堂，并认为，主体性是世界的根源和精神力量的来源。发展到最后，造成了西方哲学界普遍产生了唯我和怀疑主义。为了解决这一危机，主体间性应运而生。简单来说，主体间性即主体对其他主体知识结构、文化模式、意图等之推测与判定，本研究中反映为交际双方在知识结构、文化模式、语言能力、意图等方面的相互推测与判定。国家形象建构这一过程，发生在交际受体的心智之中，所谓国家形象只是交际受体脑中关于国家的形象。因此，交际主体在使用话语建构国家形象过程中，需着重对交际受体的知识结构、文化模式、语言能力、意图等进行多元考量，以输出最合适的话语，进而保障国家形象的有效建构。

总之，隐喻蕴含了文本、认知和社会三个维度：文本维度，是一种修辞手段；认知维度，是一种认知机制；社会维度，是一种客体形象建构的话语策略。本研究将隐喻视作一种话语策略，应用于国家形象建构研究之中。

三、国家形象建构的亲属隐喻模式

张坤认为，国家形象就是特定国家于国内外公众心目中的综合印象，或者说是国内外公众基于特定国家的客观存在和现实行为的一种认知与主观评价。① 一般而言，国家形象具有对内和对外两个面向，对内，即国内公众对自己国家的综合认知或评价；对外，则是国外公众对特定国家的总体印象，也是一种认知与主观评价。

根据“亲属”的概念类型，亲属隐喻可分为“大家庭”“父母子女”“夫妻”“兄弟姐妹”隐喻等次类。研究发现，我国国家形象亲属隐喻建构目前采用较多的是“大家庭”隐喻和“兄弟姐妹”隐喻。下文将详述这两类亲属隐喻及其国家形象建构途径。

（一）“大家庭”隐喻模式

“大家庭”隐喻的工作机制为：采用“大家庭”关系网络建构国家形象，即将交际主体和受体置于“大家庭”关系网络中，最终致使主体和受体互为“家人”，以实现相关语用目的。以下语料均选自习近平主席讲话。

① 张昆．理想与现实：40 年来中国国家形象变迁［J］．人民论坛·学术前沿，2018（23）：84-91.

例 3 中华民族是一个大家庭，一家人都要过上好日子。没有民族地区的全面小康和现代化，就没有全国的全面小康和现代化。（2019 年 9 月 27 日，习近平主席在全国民族团结进步表彰大会上的讲话）

交际主体通过亲属隐喻，将 56 个民族视作一个大家庭。有效拉近了 56 个民族的心理距离，进一步提升了彼此的亲密度，营造了和谐友好的高质量交际环境。最终，建构出我国各民族团结互助、和谐友好的国内形象。

例 4 两岸同胞是一家人，两岸的事是两岸同胞的家里事，当然也应该由家里人商量着办。和平统一，是平等协商、共议统一。（《人民日报》2019 年 01 月 03 日）

处理两岸关系时，“大家庭”隐喻能发挥一定功效。交际主体通过亲属隐喻，将两岸同胞视作一个大家庭，将台湾同胞视作我们的家人。有效拉近了两岸同胞的心理距离，进一步提升了彼此的亲密度，营造了和谐友好的高质量交际环境。最终，建构出两岸同胞手足同心的国内形象。

例 5 中国愿在和平共处五项原则基础上，发展同所有“一带一路”建设参与国的友好合作。中国愿同世界各国分享发展经验，但不会干涉他国内政，不会输出社会制度和发展模式，更不会强加于人。我们推进“一带一路”建设不会重复地缘博弈的老套路，而将开创合作共赢的新模式；不会形成破坏稳定的小集团，而将建设和谐共存的大家庭。（2017 年 5 月 14 日，习近平主席在北京举行的“一带一路”国际合作高峰论坛开幕式上的讲话）

除了能建构国内形象，“大家庭”隐喻还能被用以建构国外形象。交际主体通过亲属隐喻，将世界各国视作一个大家庭，将他们视作我国的家人。有效拉近了我国与世界各国的心理距离，进一步提升了彼此的亲密度，营造了和谐友好的高质量交际环境，开启了合作共赢模式。最终，建构出我国渴望和世界各国合作共赢、和谐共存的国际形象。

（二）“兄弟姐妹”隐喻模式

“兄弟姐妹”隐喻的工作机制为：采用“兄弟姐妹”关系网络建构国家形象，即将交际主体和受体置于“兄弟姐妹”关系网络中，最终致使主体和受体互为“兄弟姐妹”，以实现相关语用目的。

例 6　事实再次证明，中巴两国是患难与共的真朋友、同甘共苦的好兄弟。我们将像对待本国公民一样，照顾好在华巴基斯坦兄弟姐妹。（2020 年 2 月 20 日，习近平主席同巴基斯坦总理伊姆兰·汗通电话）

交际主体通过亲属隐喻，将巴基斯坦“血亲化”，视作兄弟。有效拉近了两国心理距离，进一步提升了两国亲密度，营造了和谐友好高质量交际环境，塑造了两国相互扶持、相互信任、同甘共苦的兄弟情谊。最终，建构出我国重情义、有担当的国际形象。

例 7　谈到中国和塞内加尔友谊，习近平在文章中用了“路遥知马力，日久见人心”。他举例说，当年，桑戈尔总统看到中国援助塞内加尔的农业专家同当地人民一样劳动、一样满手泥巴，非常感动。今天，中国专家仍在田间地头，同塞内加尔兄弟姐妹一起切磋水稻和蔬菜种植技术。（《人民日报》海外版 2018 年 12 月 12 日）

交际主体通过亲属隐喻，将塞内加尔人民“血亲化”，视作中国人民的兄弟姐妹。有效拉近了两国人民心理距离，进一步提升了两国及两国人民亲密度，营造了和谐友好的高质量交际环境，塑造了两国相互扶持、相互信任、同甘共苦的手足情谊。最终，建构出我国重情义、有担当的国际形象。

例 8　中秘是相互信任的好兄弟。双方各层级交往频繁，对话深入，共识广泛。（2016 年 11 月 21 日，习近平主席在秘鲁国会的讲话）

交际主体通过亲属隐喻，将秘鲁“血亲化”，视作中国的兄弟。有效拉近了两国心理距离，进一步提升了两国亲密度，营造了和谐友好高质量交际环境，塑造了两国相互信任、共识广泛的兄弟情谊。最终，建构出我国重情义、谋求全球合作共赢的国际形象。

总之，作为一种话语策略，亲属隐喻巧用亲属关系，去塑造中国与其他国家、国内各民族间身份关系，能有效拉近中国与其他国家、国内各民族间心理距离，营造和谐友好高质量交际环境，建构出我国各民族团结互助、和谐友好、手足同心的国内形象，以及重情义、有担当、相互扶持、相互信任、同甘共苦、谋求全球合作共赢的国际形象。可见，亲属隐喻之于积极正面国家形象的建构作用显著，效果较好。

（三）研究展望

2020年9月15日，由当代中国与世界研究院主办的《中国国家形象全球调查报告（2019）》发布会在京举行。《中国国家形象全球调查报告（2019）》显示，海外受访民众对中国的整体印象呈现持续上升趋势。中国在科技、经济、文化、安全、政治、生态等各领域参与全球治理表现的认可度均获提升。虽然我国整体形象正逐步优化，但也要清醒认识到不足和差距，要做到居安思危，未雨绸缪。接下来还可从以下几点持续推进：

一是进一步有意识系统探究国家形象建构的亲属隐喻途径，待完善后力求将其纳入国家形象建构研究大体系之中；

二是日后还能基于亲属隐喻，去阐释中华民族共同体和人类命运共同体建构的学理理据，以及建构模式；

三是目前，我国国家形象亲属隐喻建构采用较多的是“大家庭”隐喻和“兄弟姐妹”隐喻，其他亲属隐喻次类应用不多。日后，还可重点关注其他次类的理论及实践，助力建构更优质国家形象。

随着我国综合实力、国际地位、国际影响力的不断提升，一些西方国家千方百计要遏制我国发展势头，妄想以此达到打断我国实现中华民族伟大复兴进程之目的。应该清醒地认识到，我们越是强大，这样的阻力就会越大，实现中华民族伟大复兴中国梦的道路绝不平坦。建构良好的国家形象，事关政局稳定，事关中国特色社会主义事业的兴衰，事关中华民族伟大复兴的中国梦的实现。国家形象建构肩负着重大历史使命，话语建构作为其中一个分支，责任重大，对其研究亟待深化。

此外，全球化趋势下，没有哪个国家能够独自应对人类面临的各种挑战，也没有哪个国家能够退回到自我封闭的孤岛。面对接下来的一系列全球挑战，世界各国不宜单打独斗，应秉持人类命运共同体理念，同舟共济，勠力同心，携手共赢。亲属隐喻能有效建构积极正面国家形象，拉近世界各国心理距离，优化世界各国关系，未来还可进一步系统深入探究亲属隐喻，及其在促进世界各国协同合作、携手共赢方面存在哪些应用领域及价值。

第三章　中国特色政治话语中的形式转喻和概述

中国特色政治话语是一种高度凝练，概括、蕴含了丰富政治内涵的中国特色术语。学界对中国特色政治话语的研究主要集中于翻译领域，如叶俊梅①、杨美玲②、杨照航③等。从术语学角度微观探究中国特色政治话语并基于此探讨其英译的相关研究比较稀缺，这引起了我们的研究兴趣。传统术语学过分追求“标准化”和“单义性”，认为“术语”与所表征的“概念”之间必须一一对应，但这明显与语言的经济原则背道而驰。④除了语言的经济原则，语言的认知性也是导致概念与形式不对应的重要理据。术语的产生是一个主观化的过程，中间杂糅了命名者的体验和认知因素，因此术语往往与所指不会完全对应。相比传统术语学，笔者更提倡在传统术语学基础上加上认知语言学相关理论和学说，以确保对术语的考察是比较综合、全面、科学的。我们建议，除了关注构词等传统术语学问题

① 叶俊梅．生态翻译学视角下中国特色政治词汇的英译［D］．成都：西华大学，2020.

② 杨美玲．顺应论视角下《习近平谈治国理政》中中国特色政治词汇英译研究［D］．兰州：西北师范大学，2018.

③ 杨照航．功能加忠诚原则下政论文本中中国特色词汇翻译［D］．长沙：湖南科技大学，2015.

④ 蒋向勇，邵娟萍．认知术语学主要理论与术语生成：以新冠肺炎命名为例［J］．中国科技术语，2020，22（05）：15-23.

外，还要关注命名者的体验因素和认知因素。在认知语言学看来，语言的生成路径是：现实—认知—语言。尹铂淳、廖光蓉将这一路径做了比较翔实的阐释：在体验客观世界后，人们产生了事物、事件经验，这些经验通过概念化，即用形式单位进行表征后，成为了事物和事件概念，概念本质上是语符化的，存于人们的大脑之中①。形式转喻和概述是中国特色政治话语的两种主要认知方式。

在认知语言学和话语分析的指导下，本研究尝试解决以下两个问题：一、中国特色政治话语中形式转喻和概述的定义分别是什么？发生理据有哪些？二、中国特色政治话语中形式转喻和概述的英译策略有哪些？

一、中国特色政治话语中形式转喻和概述的界定及发生理据

（一）中国特色政治话语中形式转喻和概述的界定

1. 中国特色政治话语中形式转喻的界定

中国特色政治话语是一种高度概括的术语，是一种凝结了中国共产党人的表述特点、认知特征和行事风格的表达，它的形成受到了隐喻、转喻、概述等认知操作的影响，其形式与概念内容对应程度较低、语言经济性较强、明晰性较弱。

中国特色政治话语中转喻的对象有两种——语言形式及其表征的概念。语言形式即语言的形式结构，可分为词、句子；词可分为简单词、复合词、派生词；句子可分为简单句和复句。语言形式表征的概念是一个知识结构，廖光蓉教授称其为形式单位概念框架，并界定为：形式单位概念框架是以最初的那个理性概念意义为起点的知识结构，这个初始义也是框架里的中心元素；从这个起点出发，框架辐射式扩展、链条式延伸，且如

① 尹铂淳，廖光蓉．事件概念形式表征的语内和语际对比研究［J］．外国语文，2020（01）：107-116.

此往复，结果形形色色、林林总总的知识元素就聚集在这个初始义的周围；这就是初始义即框架中心的含义。形式单位概念框架可分为事物概念框架和事件概念框架。事物概念框架可分为具体事物概念框架和抽象事物概念框架；事件概念框架可分为行为、领有、存现和状态概念框架。下面以最典型的行为事件概念框架为例。其逻辑结构第一层次一般有两个要素：施事和行为（另可加受事/对象），第二层次有关于施事、行为和受事的知识元素（施事和受事的属性特征等，行为的构成要素：行为本身、目的、时点、时段、场所、方式、工具、过程、状态、伴随事件、结果、起点、终点等），第三层次是关于诸如行为构成要素的知识元素：目的具体内容、场所的种类、伴随事件的构成要素等。理论上，层次很难穷尽。

根据转喻的对象，转喻可分为概念转喻和形式转喻。最早从认知语言学视角对概念转喻进行界定的学者是 Lakoff 和 Johnson。Lakoff & Johnson 认为，概念转喻是一种认知机制：以一个事物去指代另一个与之相关的事物。该界定虽然涉及了人们的认知，但似乎在现在看来还存在诸多可完善之处。① Langacker 指出，概念转喻的理据为相对凸显原则，接着他进一步指出，认知上凸显的实体为认知层面的参照点。他将转喻界定为一种参照点现象：一个实体通过认知操作与另一实体建立关联的认知过程。②

例 1　至今弄得要人办事的时候，人手又太少了。（瞿秋白《赤都心史》）

例 2　没有人手干活，日子实在不好过。（吕剧《李二嫂改嫁》第四场）

“人手”表征的显然不是字面义“人的手”，意义建构过程经历了概念转喻。基于概念的邻近性（部分和整体），“人的手”同“劳作的人”建

---

① LAKOFF G, JOHNSON M. Metaphors We Live By [J]. Ethics, 1980, 19 (02): 426-435.

② LANGACKER R. Reference-point constructions [J]. Cognitive linguistics, 1993 (04): 1-38.

立起联系，进而用前者代后者，可见，“人手”表征的概念是“劳作的人”。从语言生成的角度来看，基于一般经验可知，劳动人民最为突显的特质便是劳作，与劳作直接关联的身体部位是手，故语言生成者会选用“手”来代“劳作的人”，而非其他。

形式转喻是一种非直陈认知方式，基于邻近性（包括语言单位层面、语音层面等），用语言单位的一部分代其整体或用一个语言单位代另一语言单位，整个过程需要对语言单位所表征的概念进行充分考究。

例 3　《上海市青少年发展“十四五”规划》的政策解读。（上海市人民政府官网 2021 年 08 月 05 日）

“‘十四五’规划”表征了抽象事物概念框架“第十四个五年规划纲要”。“‘十四五’规划”是一个定中结构，其中“十四五”是限定成分，“规划”是中心成分。“‘十四五’规划”中的“十四五”和“规划”都经历了形式转喻：一是以“十四五”代“第十四个五年”；二是以“规划”代“规划纲要”。经历了多次形式转喻的“‘十四五’规划”是一个极度凝练、形式与概念内容对应程度较低、语言经济性较强、明晰性较弱的形式表征。

例 4　“三四五”工作法打造高素质干部队伍。（人民网 2016 年 05 月 16 日）

“‘三四五’工作法”表征了抽象事物概念框架“突出三个导向确保选贤任能、严把四道关口提高能力水平、做实五项工作夯实执政基础的工作法”。其中，“三四五”是一个缩略词，从整体来看其用以对“工作法”进行限定，故“‘三四五’工作法”可被视作定中式复合词。限定成分“三四五”经历了多次形式转喻：先以“三”代“三个导向”，“四”代“四道关口”，“五”代“五项工作”，再以“三个导向”“四道关口”“五项工作”分别代“突出三个导向”“严把四道关口”“做实五项工作”，最后再分别代“突出三个导向确保选贤任能”“严把四道关口提高能力水平”“做实五项工作夯实执政基础”。显然，经历了多次形式转喻的“三四五”

是一个极度凝练、形式与概念内容对应程度较低、语言经济性较强、明晰性较弱的形式表征。

2. 中国特色政治话语中概述的界定

直陈是一种认知方式：用形式单位直接表征事物和事件概念。在常识和默认范围内，直陈会造成形式结构与概念结构同构，这种同构是相对的，并非绝对。直陈旨在致使欲表达内容或信息更直接和翔实。基于语言经济性原则，语言生成者不可能将概念框架中所有元素都表征出来，仅是将主观上欲表达的元素直接、翔实地表征出来。语言生成者主要欲表达的内容可通过查证对应形式单位的语义，或对语言生成者进行访谈得以确定。非直陈也是一种认知方式：用形式单位非直接表征事物和事件概念。在常识和默认范围内，非直陈会造成形式结构与概念结构不对应（形式结构扭曲概念结构），具体表现为概念框架中元素的隐略或转换。非直陈包括了转喻、隐喻、隐转喻杂合、整合、概述等手段。概述是一种对概念或形式的数量进行概括并描述的非直陈认知方式。

例 5 “三观”不正，何以从政。(《人民日报》2019 年 09 月 02 日)

“三观”表征了一个抽象事物概念框架“世界观、人生观、价值观”，它的概念化的方式为概述+转喻：首先以三个“观”分别代“世界观”“人生观”“价值观”；接着对“观”的数量进行概括、描述，生成“三观”。相较于冗长详细的“世界观、人生观、价值观”，“三观”的语言的经济性显然要高得多，间接反映出语言生成者对经济性的追求。需注意的是，中国特色政治话语中概述一般不会独立发生，往往伴随着转喻。

抽象事物概念“世界观、人生观、价值观”具有显著的中国特色，英译该表述时我们可选择直译，即以“三观”的直译形式单位 the Three Outlooks 去表征“世界观、人生观和价值观”，其概念化过程和“三观”的基本一致。但 the Three Outlooks 添加了专有名词标记 the 且实词首字母大写，故 the Three Outlooks 的明晰性要强于“三观”，即 the Three Outlooks 的非直陈程度要弱于“三观”。除了“三观”，英语中还存在其他类似的非直陈形式表征，如英语以 the Four Maxims 指语言学家格莱斯提出的合作原则，即量的准则（the Maxim of Quantity）、质的准则（the Maxim of Quality）、关系准则（the Maxim of Relation）和方式准则（the Maxim of Manner）。其概念化的方式为转喻，即先以 Maxim 分别代 the Maxim of Quantity、the Maxim of Quality、the Maxim of Relation 和 the Maxim of Manner（中心成分代整个定中结构），接着再对 Maxim 的数量进行概述，最终进行英语词法编码（专有名词前加定冠词 the，且首字母大写），生成 the Four Maxims。可见，无论是汉语还是英语，都存在转喻+概述这类概念化模式，且这类概念化模式的主要成因为语言生成者追求语言经济性。

例 6 市经信委“四明确一承诺”推动整改落实。（黄冈市人民政府 2011 年 11 月 7 日）

“四明确一承诺”表征了一个复合行为事件概念框架“明确整改落实项目、明确整改落实目标和时限要求、明确整改落实措施、明确整改落实责任，对各项整改落实工作作出承诺”，五个子行为事件概念的逻辑关系为并列。“四明确一承诺”的概念化方式为复杂转喻+概述：首先以四个“明确”分别代“明确整改落实项目”“明确整改落实目标和时限要求”“明确整改落实措施”和“明确整改落实责任”（行为事件概念框架“明确某事”中的行为“明确”代行为“明确”+受事“某事”），以“承诺”代“作出承诺”（行为事件概念框架“作出承诺”中的受事“承诺”代行为“作出”+受事“承诺”），再代“对各项整改落实工作作出承诺”（行为事件概念框架“作出承诺”中的行为“作出”+受事“承诺”代行为“作出”+受事“承诺”+行为的对象“各项整改落实工作”）；最后，对重复次数比较多、比较凸显的“明确”和“承诺”的数量进行概述，进而生成“四明确一承诺”。

需注意的是，英语中也存在这样类似的认知方式，如 the Rules of 3Rs（3R 原则），其是一个由 Russell 和 Burch 于 1959 年提出的循环绿色经济术语。该术语概念化方式为转喻+概述，首先，以 3 个 R 分别代 reduce（减量)、reuse（再使用）和 recycle（再循环），方式为形式转喻（首字母代整体)；再对 R 的数量进行概述，生成 3R。基于英语语法中的复数规则，R 还需要在后面添加复数标记 s。

（二）中国特色政治话语中形式转喻和概述的发生理据

1. 语言经济性原则

Zipf 重点探究了词长与词频之间的关系，并发现词长与词频呈负相关，即相比冗长的词，人们更偏爱使用简短的词。① 在这一研究结论的基础上，Zipf 提出了省力原则。省力原则指以最小劳动代价获取最大收益。省力原则在多个领域影响深远，语言学家马丁内沿用了这一观点，并将其称之为语言经济性原则，用以探究语音演变。② Evans & Green 认为，语言经济性原则指以最小认知努力，获取最大信息量，即以一个精简的语符去表征一个复杂庞大的概念结构。③ 在语言经济性原则的指导下，语言生成者更倾向于产出比较凝练的表达，而非冗长繁杂的表达。转喻和概述结果都是致使表达更精炼简约，而实现这一切的指导思想是语言经济性原则。

2. 语言生成者的主观注意

人的注意力是有限的，在识解一个事物或事件时往往不能注意到所有元素，一般只能注意到部分吸引眼球的元素。在概念形式表征过程中，也并非全部元素都能出现在形式层面，仅部分元素引起了语言生成者主观注意的元素才能出现在形式层面，才能被表征，即语言生成者的主观注意深刻影响着语符表征。例如，在表达“突出三个导向确保选贤任能、严把四道关口提高能力水平、做实五项工作夯实执政基础的工作法”时，语言生

---

① ZIPF G K. Human Behaviour and Principle of Least Effort [M]. Cambridge Mass: Addison-Wesley Press, 1949: 306.

② VICENTINI A. The economy principle in language [J]. Mots Palabras Words, 2003 (03): 37-57.

③ EVANS V, GREEN M. Cognitive Linguistics: An Introduction [M]. Edinburgh: Edinburgh University Press, 2006: 255.

成者主观注意到了该冗长表达的特征：三个述宾结构都有数字，且这些数字是连着的。语言生成者紧紧抓住这一特点，用“三”“四”“五”分别转喻它们所属的述宾结构，进而产出表达“‘三四五’工作法”。显然，语言生成者的主观注意是上述转喻发生的重要理据。

3. 语境

语境是交际双方所处的语言或非语言环境。上下文可称作语境，交际过程中交际双方的行为也可以称之为语境，甚至一些在交际过程中作为背景出现的花草树木和建筑也能称之为语境。交际有效进行的前提是，信息在交际双方之间的有效传递。倘若缺少语境的支持，交际效果会大打折扣。交际双方为了保障交际信息的有效传递，自然不会采用隐晦度较高的表达。经历过转喻和概述的中国特色政治话语的语言经济性较强，但明晰性较弱，即这种表述在交际时能字面提供的信息量比较有限，容易在一定程度上造成听者或读者的理解障碍。但事实上，经历过转喻和概述的中国特色政治话语并不会出现这样的问题，究其原因便在于语境的强有力支撑。

4. 交际双方共享的知识结构

Langacker 指出，侧显（profile）是基底（base）中的“认知浮现物”，它在人们认知过程中比较凸显，比较容易受到注意，基底则是我们理解或生成侧显的基础。① 换言之，侧显是基底中被凸显的事物或事件，侧显的凸显必须倚仗基底，而基底本质上是一个背景知识结构。交际的有效实现除了需要语境做支撑，还需要交际双方的共享知识结构。交际双方的共享知识结构是基底，是交际有效进行的坚强保障。特别是当交际话语的非直陈程度较高时，交际双方的共享知识结构便会在理解时发挥较大作用。例如，倘若交际双方未共享知识结构“明确整改落实项目、明确整改落实目

---

① LANGACKER R W. Foundations of Cognitive Grammar, Volume I: Theoretical Prerequisites [M]. Beijing: Peking University Press, 2005: 183.

标和时限要求、明确整改落实措施、明确整改落实责任，对各项整改落实工作作出承诺”，即便有语境的支撑，听者或读者也很难知晓“四明确一承诺”究竟为何意，交际沟通会因此受阻，人们也会慢慢弃用转喻和概述。因此转喻或概述发生的重要条件是交际双方拥有共享的知识结构，只有这样，交际信息才能有效传递，交际才能正常进行。

二、中国特色政治话语中形式转喻和概述的认知话语分析

语言与政治关系紧密，关联度高。早在古希腊古罗马时期，语言中的政治因素就是修辞学和论辩术的研究对象。① 语言是国家的重要资源，是国家软实力的重要组成部分，是提升综合国力的重要保障。语言在一定程度上构建了政治世界，同时又能在一定程度上反映政治议题并解决政治问题，具有天然的政治属性。政治维度不仅能为语言研究提供开阔的理论视野，还能为语言研究提供丰富的政治文本、搭建华美的政治舞台。当今世界正处于百年未有之大变局，语言研究者要有浓厚的家国情怀、强烈的社会服务意识以及高度的政治敏锐性，语言研究要朝着为人民服务、为民族服务、为国家服务这三个方向推动。政治语言学是一门以政治文本的语言分析为中心，致力于呈现政治议题、研判并解决政治问题的学科。话语分析是政治语言学的重要理论工具。话语分析不光要对语言本体进行分析，还要重点挖掘语言背后的权力结构、意识形态、价值体系、叙事模式、言者的认知方式及行事风格。

形式转喻和概述是两种具有显著中国特色的政治话语表达方式，中国共产党人的表述特点、认知特征和行事风格凝结于此。如“两学一做”“‘三四五’工作法”“四个自信”“三高四新”“两个维护”“四个意识”“‘十四五’规划”等。

---

① 孙玉华，彭文钊，刘宏．语言的政治 VS. 政治的语言——政治语言学的理论与方法［J］．外语与外语教学，2015（01）：1-7.

“两学一做”中的“两学”是对“学党章党规、学系列讲话”进行概述的结果，“一做”是对“做合格党员”进行概述的结果。相比“学党章党规、学系列讲话，做合格党员”，“两学一做”更简约、韵律感更强，能有效反映出中国共产党人经济简约、强调韵律的表述特点，能间接折射出中国共产党人条理清晰、逻辑缜密的认知特征以及干练高效、主次分明的行事风格。“突出三个导向确保选贤任能、严把四道关口提高能力水平、做实五项工作夯实执政基础的工作法”，内涵丰富、内容繁杂。这样冗长的表述不利于精神的传播以及工作的推进，为了更有效传达精神和推进工作，中国共产党人将其形式转喻为“三四五”工作法。“三四五”工作法是一个极具中国特色的政治话语，其中凝结着中国共产党人经济简约、强调韵律的表述特点、条理清晰、逻辑缜密的认知特征以及干练高效、主次分明的行事风格。

中国共产党人的认知特征有其深厚的理论基础。习近平总书记深刻指出：“辩证唯物主义是中国共产党人的世界观和方法论。”辩证唯物主义认为，万事万物都处于普遍联系和永恒发展中，联系具有客观性、普遍性和条件性，孤立和静止的事物是不存在的，要求我们要用联系和发展的眼光看问题。这样的世界观和方法论造就了中国共产党人条理清晰、逻辑缜密的认知特征。认知是统领性的，行事风格受制于认知。换言之，一个人有什么样的认知，就有什么样的行事风格。因此，中国共产党人条理清晰、逻辑缜密的认知特征直接塑造了其干练高效、主次分明的行事风格。

中国共产党人的认知特征和行事风格在国家“五年规划”的制定和实施上体现得淋漓尽致。中国从 1953 年开始制定并实施第一个“五年计划”①，到 2020 年结束已经圆满完成了十三个“五年规划”。在这期间中国共产党人雷厉风行、目标明确、稳扎稳打、步步为营，团结带领人民群众创造了一个从一穷二白到世界第二大经济体的世所罕见的发展奇迹，久

① 从“十一五”起，“五年计划”改为“五年规划”。

经磨难的中华民族也即将迎来伟大复兴的光明前景。理论和实践无不显示，通过研究中国特色政治话语能有效揭示中国共产党人的表述特点、挖掘中国共产党人的认知特征、管窥中国共产党人的行事风格。

中国共产党团结带领中国人民取得巨大成功绝非偶然，具有较强的理据性。要高度重视中国特色政治话语的研究，努力钻研中国特色政治话语，构建中国特色政治话语知识结构，锻造中国特色政治话语知识链条，着力探索凝结于中国特色政治话语的中国共产党人的表述特点、认知特征和行事风格，致力于回答“中国共产党为什么能团结带领中国人民取得巨大成功”。现如今，中国共产党团结带领中国人民正式踏上了实现第二个百年奋斗目标新的赶考之路，在此呼吁更多专家学者从语言学角度研判政治问题，解决政治问题，为实现中华民族伟大复兴的中国梦贡献语言力量，尽最大努力向人民和历史交出一份优异的政治语言学答卷。

三、中国特色政治话语中形式转喻和概述的英译

为加强中国时政术语对外译介的标准化和规范化，助力提升国家翻译能力建设的精准性和实效性，当代中国与世界研究院、中国翻译研究院汇总梳理了 2012—2018 年中国时政术语，从政治、经济、文化、社会、生态文明、外交、全球化等七方面分类遴选 450 余条汉英对照关键词汇，经中国翻译协会国家重大翻译项目审定工作委员会和中国翻译研究院重点翻译任务统筹工作机制研商审定，对外发布。其中，不乏许多形式转喻和概述产物，如下表所示：

表 1　形式转喻型、概述型中国时政术语及其英译

原文	译文
四个自信	the “Four Matters of Confidence” (Confidence in the path, theory, system, and culture of socialism with Chinese characteristics)

续表

原文	译文
两个维护	the "Two Upholds" (Upholding General Secretary Xi Jinping's position as the core of the CPC Central Committee and the whole Party, as well as the authority of the CPC Central Committee and its centralized, unified leadership)
四个意识	the "Four Consciousnesses" (maintain political integrity, think in terms of the big picture, follow the leadership core, and keep in alignment with the central Party leadership)
"三严三实"专题教育	the Special Education Program of the "Three Stricts and Three Earnests" (three guidelines for ethical behaviour and three basic rules of conduct)
"两学一做"学习教育	the "Two Studies and One Action" Education Campaign
反对"四风"	oppose the "Four Forms of Decadence" (formalism, bureaucratism, hedonism, and extravagance)
"五位一体"总体布局	the Five-Sphere Integrated Plan
"四个全面"战略布局	the Four-Pronged Comprehensive Strategy
"十三五"规划	the 13th Five-Year Plan
九二共识	the 1992 Consensus
"两个一百年"奋斗目标	the "Two Centenary" goals

显然，译者采用的翻译方式是直译。直译即直接翻译原文，尽可能在译文中既保持原文的形式，又保留原文的修辞方式、语用功能、文化模式等。针对具有中国特色的政治话语，我们赞同采用直译，只有这样才能最大化保留原文的原汁原味，让外国读者充分领略中国特色政治话语的独特魅力，帮助外国读者深度了解中国共产党人的表述特点、认知特征和行事风格。

值得注意的是，当代中国与世界研究院、中国翻译研究院采用的虽是直译，但译文和原文也并非绝对对应。不同于汉语原文，英语译文中添加了定冠词 the，专有名词英译本选择对每个单词的首字母进行了大写。这反映为英语更重视语法逻辑，其形态标记系统相对复杂丰富。另外，部分译文做了注释，即对原文进行了详细阐释，给出了原文中的重要信息点，但部分译文没有采用注释。我们认为，政治术语本就具有强烈的简约性和概括性，再加之这些政治术语还经历过形式转喻和概述的加工，它们的所指会变得更加抽象模糊。

翻译的目的在于更好、更准确地帮助外国读者理解。因此，中国特色政治话语建议采用直译+注释的英译方法。直译是为了尽可能保留原文的认知和文化“味道”，能有效帮助读者充分领略汉语之美、全面了解共产党人表述、认知、行事的风格；此外，作注释是为了帮助读者更好、更准确理解原文。

本章在认知语言学和话语分析理论的指导下，首先界定了中国特色政治话语中的形式转喻和概述，并阐释了二者的发生理据，接着通过话语分析有效揭示了凝结于其中的中国共产党人的表述特点、认知特征和行事风格，最后对二者的英译进行了探讨。本章属于思辨性研究，未对中国特色政治话语中的形式转喻和概述进行定量考察。日后还可运用语料库语言学方法，基于大量文本对中国特色政治话语中的形式转喻和概述进行定量考察，以支撑和佐证我们现阶段的结论。

第四章　人民话语的界定特征及构建

过去一百年，中国共产党向人民和历史交出了一份优异的答卷。现如今，中国共产党团结带领中国人民又踏上了实现第二个百年奋斗目标新的赶考之路。在这场考试中，时代是出卷人，人民是阅卷人，人民话语是应考最大的底气！人民话语强调用大白话阐释深刻的道理，用生活气息浓郁且朴实纯粹的民间话语去表达复杂抽象的思想和理论，让复杂抽象的思想和理论找到人民的落点，让人民真正听得懂、愿意听、喜欢听。人民话语是极具中国特色的马克思主义话语体系，其特色鲜明、内涵丰富、理论养分浓郁、指导意义深厚。为学之实，固在践履。学习人民话语固然重要，但更重要的是将所学运用于实际工作中，坚持知行合一，努力提升实干本领。

一、人民话语的界定及特征

（一）人民话语的界定

话语是一种由语言与言语结合而成的异常丰富和复杂的符号系统，是一种与社会权力关系相互缠绕的言语方式，是一种在人与人互动过程中呈现出来的具有强烈社会性的语符形态。①

① 尹铂淳．中华民族共同体和人类命运共同体要义及话语建构［J］．理论与当代，2020（09）：10-11.

人民话语是一种交际主体通过语言符号构建的动态变化又稳定存在的关于人民群众的概念系统，是一种能主动构建和谐友好交际环境、努力拉近领导干部与人民群众心理距离的符号表征，是一种人民群众喜闻乐见、修辞性强、生动形象、接地气的表述方式，是一种严谨却不失灵动、感性与理性并举的思维逻辑，是一种始终以人民为中心、坚持人民立场、将人民利益放在第一位的价值理念。人民话语是话语技巧，是概念系统，是思维逻辑，是价值理念。人民话语问题不仅是一个表述问题，还是一个概念问题，更是一个思维逻辑和价值理念问题。

关于人民话语的范围界定存在微观和宏观两个维度。一种是比较微观的界定：人民话语是将人民概念（一种关于人民群众的知识结构）隐喻化的语符产物，如习近平总书记强调的“江山就是人民，人民就是江山”；另一种是比较宏观的界定：人民话语是将相关政治理念或概念隐喻化的语符产物，如习近平总书记在讲话中将信仰迷茫、精神迷失比作“软骨病”。无论是微观还是宏观，隐喻化的目的都在于让表述更加生动形象、通俗易懂，让人民群众更容易领悟并接受。

（二）人民话语的特征

1. “人民”被镌刻在旗帜上、植根于意识里、烙印在各种表述中

习近平总书记强调：“我们党来自于人民，为人民而生，因人民而兴，必须始终与人民心心相印、与人民同甘共苦、与人民团结奋斗。”自我们党成立之日起，“人民”便被镌刻在旗帜上、植根于意识里、烙印在各种表述中。1948 年 9 月 8 日，在中共中央政治局会议的报告中，毛泽东同志提出：“各级政府都要加上‘人民’二字，各种政权机关都要加上‘人民’二字。”此外，在庆祝中国共产党成立 100 周年大会的重要讲话中，习近平总书记 86 次提到“人民”。这些都充分反映出我们党对人民饱含深情，心中时刻装着人民，始终坚持人民立场。“人民”还被深刻烙印在人们生活中常见的各种名称上，如人民政府、人民解放军、人民警察、人民

教师、人民银行、人民医院、人民日报、人民出版社、人民广场、人民路、人民币等。这些最常见的名称是我们党最直接、最显性、最有力量的人民话语。

2. 人民是我们党最大的政治，人民话语是我们党执政最大的底气

我们党始终把人民当作最大的政治，把人民话语作为执政的最大底气。在庆祝中国共产党成立一百周年大会上，习近平总书记强调："江山就是人民，人民就是江山。"人民的拥护或反对直接关系我们党的生死存亡，只有赢得人民的信任，获得人民的支持，我们党才能够无往而不胜。"江山就是人民，人民就是江山"这十二个字道出了中国共产党之所以能够发展壮大、中国特色社会主义之所以能够不断前进的秘诀。这十二个字就是人民话语最好的缩影。习近平总书记深刻指出："历史是人民书写的，一切成就归功于人民。只要我们深深扎根人民、紧紧依靠人民，就可以获得无穷的力量，风雨无阻，奋勇向前。"人民话语强调服务人民、依靠人民、尊敬人民、信任人民、爱护人民，具有浓厚的人民性、强烈的为民意识、坚定的人民立场和为民初心。理论和实践无不显示，依靠人民，使用人民话语，我们党赢得了人民的广泛支持和拥护，取得了举世瞩目的非凡成就。

3. 人民话语是言者将相关政治理念或概念隐喻化的结果

Van Dijk 指出，无论是话语的音调、词汇序列还是语篇衔接等都受制于人们的知识系统。"知识系统"被界定为"一个认知共同体达成一致的那些信念集合"。① 这里的"知识系统"实则就是概念框架，也就是说，话语构建需要高度依赖知识系统或概念框架。概念框架是以最初的那个理性概念意义为起点的知识结构，这个初始义也是框架里的中心元素；从这个起点出发，框架辐射式扩展、链条式延伸，且如此往复，结果形形色色、林林总总的知识元素就聚集在这个初始义的周围；这就是初始义即框

① VAN DIJK T A. Discourse and Context: A Socio-cognitive Approach [M]. Cambridge: Cambridge University Press, 2008: 83.

架中心的含义。① 简单来说，概念框架就是一个由原型概念衍射扩展形成的动态变化又稳定存在的知识结构。概念本质上就是一个系统，就是一个框架，因此概念框架可简称为“概念”。

从认知语言学角度看，话语构建本质上是言者将自身经验概念化、主观化的心智加工过程。人民话语构建是言者将心智中相关政治理念或概念（关于某些政治理念的知识结构）进行隐喻处理的心智过程，即人民话语是言者将相关政治理念或概念隐喻化的结果。构建人民话语时，言者首先要对客观世界进行充分体验，进而获得相关经验并将其储存于心智之中，最终形成丰富多元的经验库。在表述某个抽象的关于人民的命题时，为了避免生硬晦涩难以理解，言者会主动启用经验库中相关内容，通过隐喻加工，最终产出相关修辞感强、生动形象、通俗易懂的人民话语。需注意的是，言者经验库中的经验可以是客观真实经验，即客观世界中真实存在的经验，也可以是主观想象经验，即对客观真实经验进行主观认知加工后形成的经验。

4. 人民话语是真挚朴素、人民群众听得懂、愿意听、喜欢听、直指人心、理论滋养深厚的大实话

人民话语不是高谈阔论的空话或空洞煽情的套话，而是真挚朴素、人民群众听得懂、愿意听、喜欢听、直指人心、理论滋养深厚的大实话。习近平总书记将中国革命历史形象比喻为营养剂，以此告诫共产党人必须高度重视中国革命历史的“营养”价值，务必要从中国革命历史中汲取初心使命、理想信念、品格品质的丰富滋养，让红色基因充分融入共产党人血脉，让信仰之火在共产党人心中熊熊燃烧。习近平总书记在庆祝中国共产党成立100周年大会上强调：“过去一百年，中国共产党向人民、向历史交出了一份优异的答卷。现在，中国共产党团结带领中国人民又踏上了实现第二个百年奋斗目标新的赶考之路。”总书记将中国共产党生动比喻为

① 廖光蓉，尹铂淳．汉语ABB与AABB超常典型性探讨［J］．湖南科技大学学报（社会科学版），2018，21（06）：112-120.

一位赶考的学生，目的在于要求和鞭策共产党人必须常怀强烈的忧患意识，务必拥有清醒的头脑、不断学习的态度以及将革命事业不断推向前进的决心，同时还要时刻保持不断接受挑战的精神状态。共产党人必须牢记总书记这些生动形象、理论滋养深厚的教诲，真正做到铭记历史、不忘初心、牢记使命、谦虚谨慎、风雨无阻、砥砺前行！

5. 人民话语是一股能有效促使共产党人和人民群众统一思想、凝心聚力、协同合作的磅礴力量

话语是一种符号表征，是一种表述方式，更是一种执政理念。人民话语为共产党人提供了一套优质的执政理念。人民话语要求共产党人主动拜人民为师，虚心向人民请教，放下架子，俯下身子，真正走到群众中去，学习人民的表述方式；人民话语要求共产党人坚决杜绝高高在上、指手画脚、照本宣科、高谈阔论、官话连篇。人民话语是人民群众表述方式、思维逻辑、价值理念的集合体，我们共产党人只有充分掌握了这样的话语，才能真正实现想人民之所想、急人民之所急，才有可能真正站在人民的立场为人民办实事。此外，面对人民群众使用人民话语，能有效帮助人民群众切身感受共产党人话语所蕴含的亲民朴实以及始终以人民为中心的坚定信念。总之，使用人民话语有利于营造和谐友好的交际环境，有助于拉近共产党人与人民群众的心理距离，让共产党人真正走进人民群众、融入人民群众，帮助人民群众解决实际困难，为人民群众办实事、谋福祉；让人民群众真正理解共产党人的理念和想法，愿意主动支持并配合工作。最终促使共产党人和人民群众统一思想、凝心聚力、协同合作，共同为实现中华民族伟大复兴的中国梦贡献磅礴力量。

二、人民话语的构建

人民话语是一种层级分明的话语体系，是一个内涵丰富的话语范畴。人民话语的构建不仅仅是建设一种表述方式，还是一种逻辑思维和价值理念。人民话语的构建首先要解决理论理念问题，而后确定属性特征，最后

打造具体话语模式。

1. 举旗帜，注灵魂

旗帜是灵魂，是目标，是动力，是根本指南。举旗是坚定信念，是凝心聚力，是立心固魂，是勇往直前。举不起旗、不敢举旗、不愿举旗、举错旗会导致信仰缺失、灵魂涣散、价值观扭曲、战斗力丧失。构建话语体系首先要确立底层逻辑、思想基础和理论依据，因此举什么旗、怎么举成为构建人民话语的根本性问题。关于这一问题习近平总书记在全国宣传思想工作会议上给出了精辟的解答："举旗帜，就是要高举马克思主义、中国特色社会主义的旗帜，坚持不懈用习近平新时代中国特色社会主义思想武装全党、教育人民、推动工作。"① 每种话语体系都少不了价值理念的指引，都少不了思想理论的领航，都少不了精神力量的支撑。缺少这些，话语体系就会缺失灵魂、迷失方向、丧失目标、游离散漫。要始终旗帜鲜明地高举马克思主义、中国特色社会主义的旗帜，坚持不懈用习近平新时代中国特色社会主义思想为人民话语的构建提供理论指导，奠定思想基础，贡献精神力量。这是构建人民话语成败与否的关键。通过举旗帜为人民话语立心固魂，引领人民话语的构建，夯实人民话语的思维基础，搭建人民话语的理论架构，照亮人民话语前进的方向，增强人民话语的说服力、感召力、影响力及公信力。

2. 充分彰显人民性，同时兼顾国家性和民族性

习近平总书记深刻指出："人民立场是中国共产党的根本政治立场，是马克思主义政党区别于其他政党的显著标志。"党的根基在人民，党的力量在人民。要扎根基层，紧紧依靠人民，发挥人民的主体性作用，践行群众路线，真正实现"一切为了群众，一切依靠群众，从群众中来，到群众中去"。人民话语要充分彰显人民性，锻造人民情怀，坚定人民立场，坚持为民初心，铸牢为民意识。要将服务人民、依靠人民、尊敬人民、信

---

① 王永贵，路媛．新时代宣传思想工作的意识形态逻辑——学习习近平在全国宣传思想工作会议上的重要讲话［J］．当代世界与社会主义，2018（06）：10-17.

任人民、爱护人民等核心要素融入人民话语，呈现在具体的话语表述中。要将是否具备人民性作为人民话语构建的根本标尺，作为人民话语构建成功与否的试金石。

毛泽东同志的人民情怀深厚且浓郁，不仅体现在他的平民气质上，还体现于他的话语体系之中。他对于人民有若干个绝妙的比喻：将人民比作共产党人的“先生”，要求广大党员向人民虔诚请教；将人民比作共产党人的“上帝”，要求广大党员对人民有敬畏之心；将人民比作共产党人的“眼睛”，要求广大党员像爱护眼睛一样爱护人民；将人民比作“水”，将共产党人比作“鱼”，要求广大党员珍爱他们的生命之源——人民；将人民比作“土地”，将共产党人比作“种子”，要求广大党员常怀感恩之心，回报人民的养育之情。

习近平总书记的话语体系同样蕴含了丰富的人民性以及坚定的为民立场。习近平总书记强调：“江山就是人民，人民就是江山。”在这段话语中，习近平总书记将“江山”比作“人民”，接着又将“人民”比作“江山”，充分彰显了新时代共产党全心全意为人民服务的根本宗旨，充分展现了共产党人不忘初心、牢记使命、坚持以人民为中心的坚定决心。

这些生动形象的比喻充分表明人民性在毛泽东同志的话语体系中占据着举足轻重的位置，他要求广大党员始终践行群众路线，与人民心连心、同呼吸、共命运，坚持人民至上，将人民利益放在第一位，全心全意为人民服务。

人民话语最显著的属性特征是人民性，以此为立足点，同时还要兼顾国家性和民族性。习近平总书记强调：“实现中华民族伟大复兴的中国梦，就是要实现国家富强、民族振兴、人民幸福。”人民话语构建的根本目标在于帮助实现中华民族伟大复兴的中国梦，而这一目标的实现主要体现在国家、民族和人民三个方面：国家富强、民族振兴、人民幸福。人民幸福是国家富强、民族振兴的出发点和根本目标，国家富强、民族振兴是人民幸福的坚强基石和根本保证。国家、民族和人民是一个有机整体，三者相互关联、辩证统一、相辅相成、缺一不可。要将国家、民族和人民的命运紧密地、有机地联系在一起，形成命运共同体，在强调人民的同时，也不能忽视国家和民族。因此，构建人民话语要充分彰显人民性，但从普遍联系、有机关联的宏观格局来看，也要兼顾国家性和民族性，最终实现国家性、民族性、人民性在人民话语中的有机统一。

3. 打造符合人民群众表述方式、思维逻辑、价值理念的话语

合格的话语体系首先要做到受众能基本接受，若受众的接受度不高，话语体系内涵即便建设得再出色也无济于事。因此话语体系的构建要对受众进行充分考察。构建人民话语要主动了解人民群众的表述方式、思维逻辑、价值理念，努力打造符合人民群众表述方式、思维逻辑、价值理念的话语，尽可能提升人民群众对人民话语的接纳度，强化人民话语的表达效果。构建一种话语体系，就是革新一种思想观念。领导干部要通过构建人民话语进一步优化执政理念，拜人民为师，向人民学习，放下架子，俯下身子，真正走到群众中去，学习人民的表述方式，使用人民的话语，而不是高高在上，指手画脚，照本宣科，高谈阔论，官话连篇。

人民话语不是高谈阔论的空话或空洞煽情的套话，而是真挚朴素、饱含大智慧、群众听得懂、愿意听、喜欢听、直指人心、理论滋养深厚的大实话。构建人民话语就是要打造这样的大实话，下文将举例阐释什么是优质的人民话语，这些话语具有什么属性特征，这些话语怎么深入浅出地有效传递信息。

毛泽东同志的话语形象生动、意味深长，人民气息非常浓厚，他擅长用身边熟悉常见的物和事打比方进而构建人民话语。井冈山时期，茅坪的群众捕获了一条狗鱼送给毛泽东同志，接着，毛泽东同志就将“狗鱼”比喻嵌入到自己的讲话中，他说：“我们穷人要翻身，就必须把地主、土豪劣绅打倒！水中的鱼要求得解放，就必须打倒水中的恶霸！”① 毛泽东同志

① 王柳芳，孙伟．井冈山时期毛泽东如何用活语言艺术［N］．学习时报，2020-06-26（005）．

巧妙地将人民群众比作被“水中的恶霸”狗鱼欺辱的其他鱼类，将剥削和压迫人民群众的土豪劣绅比作狗鱼。首先，这样的话语所蕴含的概念内容与“人民”息息相关，其次这样的话语经历了隐喻加工。狗鱼是一种生性凶残的肉食鱼，以鱼、虾、蛙、鼠等为食；捕食时行动迅速、异常凶猛，号称“水中恶霸”。可见，狗鱼与剥削和压迫穷人的土豪劣绅确实有不少相似之处。该比喻充分展现出毛泽东同志丰富的生活阅历以及高超的人民话语技巧，既准确表达了自己的意思，又不乏生动形象，真正实现了让人民群众听得懂、愿意听、喜欢听。

习近平总书记同样高度重视并精通人民话语。在各种场合的讲话中，总书记经常使用“撸起袖子加油干”“拍苍蝇”“开小灶”“吃偏饭”“切蛋糕”“缺钙”“鞋子合不合脚，自己穿了才知道”“让我们的‘朋友圈’越来越大”等日常民间话语。2012 年 11 月 17 日，习近平总书记在第十八届中央政治局集体学习时的讲话中指出：“理想信念就是共产党人精神上的‘钙’，没有理想信念，理想信念不坚定，精神上就会‘缺钙’，就会得‘软骨病’。一些党员、干部出这样那样的问题，说到底是信仰迷茫、精神迷失。”① 习近平总书记将“钙”和“软骨病”从生理领域引入政治领域，将理想信念比作“钙”，将缺乏理想信念比作“缺钙”，将信仰迷茫、精神迷失比作“软骨病”，以此阐释理想信念对于共产党人的重要意义，以及缺乏理想信念对于共产党人的危害性。在中央人才工作会议上，习近平总书记特别指出：“不要都用一把尺子衡量。”这段话语言简意赅、通俗易懂、内涵丰富，是人民群众听得懂、愿意听、喜欢听的人民话语。通过这段话语，总书记巧妙地将复杂的人才工作理念隐喻为人民群众熟悉的概念，让抽象的观点生活化、通俗化，以此深入浅出地传递出“人才工作要实事求是，要具体问题具体分析”“人才评价及选拔的标准要多元”“对待急需紧缺的特殊人才，要有特殊政策”“不要求全责备，不要论资排辈”

---

① 陈锡喜. 平易近人——习近平的语言力量［M］. 上海：上海交通大学出版社，2015：65.

“让有真才实学的人才有用武之地”等信息。这样的表述方式既有效传递了自己的理念观点，又生动形象、通俗易懂，令人印象深刻；此外，这样的话语更符合人民群众的表达习惯，能有效提升人民群众对这些话语的接纳程度，拉近领导干部与人民群众的心理距离。

构建人民话语要打造符合人民群众表述方式、思维逻辑、价值理念的话语。首先要学会做一个生活的有心人，积极观察生活中的点点滴滴，主动积攒生活经验，不断丰富生活阅历与知识储备；其次还要不断锤炼思维能力，努力提高联系对比能力，主动培育形象思维能力和隐喻能力，学会用生动有趣、生活气息浓厚、人民群众熟悉的日常民间话语去表达艰涩无味、抽象复杂、人民群众难以理解的思想和理论。让这些艰涩抽象的思想和理论找到人民的落点，让人民听得懂、愿意听、喜欢听，确保这些思想和理论真正深入人心、落地生根。

要高度重视打造符合人民群众表述方式、思维逻辑、价值理念的话语，让人民话语真正实现从民间话语体系向官方话语体系的转换，让人民话语在领导干部与人民群众的沟通交流语境中成为“主角”，坚决杜绝那些艰涩难懂、复杂抽象、贫乏空洞的官话表述。领导干部要向人民群众虚心请教人民话语，熟练掌握并坚持使用人民话语，加强与人民群众的沟通交流，及时了解人民群众的真需求、真难处，积极解决人民群众面临的问题，努力让人民群众获得更多、更直接、更实在的幸福感和安全感，实现人民对美好生活的向往。

语言是国家的重要资源，是国家软实力的重要组成部分，是提升综合国力的重要保障。当今世界正处于百年未有之大变局，语言研究者要有浓厚的家国情怀、强烈的社会服务意识以及高度的政治敏锐性，语言研究要朝着为人民服务、为民族服务、为国家服务这三个方向推动。要高度重视语言研究的政治维度，努力打通语言研究的政治渠道。人民话语这种贯穿语言学和政治学的研究理应被看好，这一系列研究亟待进一步深化。

第五章　铸牢中华民族共同体意识的语言担当与举措

2019年10月，中共中央办公厅、国务院办公厅印发的《关于全面深入持久开展民族团结进步创建工作铸牢中华民族共同体意识的意见》指出，“中华民族共同体意识是国家统一之基、民族团结之本、精神力量之魂”。

“中华民族共同体”指历史上中国境内各民族所构成的民族共同体，现指新中国建立后56个民族共同构成的民族共同体。考古学家夏鼐在其1962年发表的《新中国的考古学》文章中较早提出了“中华民族共同体”。而后，“中华民族共同体”多次出现在不同学者的表述之中。“中华民族共同体”逐渐上升为学术术语，但也仅作为表述性名词，尚不具备对象性研究和系统性分析的概念内涵。“中华民族共同体”逐渐成为内涵丰富和外延稳定的概念，引起学界广泛关注，是在党的十八大之后。“中华民族共同体”是一个复合概念结构，由“中华民族”和“共同体”整合而成。“中华民族”这一概念最早由梁启超在其著作《论中国学术思想变迁之大势》中提出，而后每个时期有其特定内涵，现指中华人民共和国境内各民族。中国各民族与中华民族的关系，并非简单的部分与整体关系，而是有机的“多元一体”关系。一体包含多元，多元组成一体，一体离不开多元，多元也离不开一体，二者辩证统一。“共同体”指人们就某一共同点结成的组织群体。“中华民族”与“共同体”整合后，构成了一个内涵丰富的全新概念。不同于“中华民族”，“中华民族共同体”更强调中国各民族存在状态：并非静止的机械式聚合，而是动态的、有机的彼此互利共存、共担共享、协同发展。①

站在新的历史起点，中华民族比历史上任何时期都更有信心，更有能力实现中华民族的伟大复兴。实现中华民族的伟大复兴的坚实基础和坚强保障是铸牢中华民族共同体意识。现如今，铸牢中华民族共同体意识成为学界共同关注的重大课题。

一、中华民族共同体的相关研究

“中华民族共同体”是一个专属我国的政治术语，研究它的主力军、影响力最大的学者及论著都在国内，因此本文选择对国内相关研究进行综述。本研究分别以 SU=中华民族共同体为检索式（主题检索，检索字段涵盖标题、摘要及关键词），在 CNKI（中国知网）数据库中进行检索后，搜寻到 2664 篇文献。

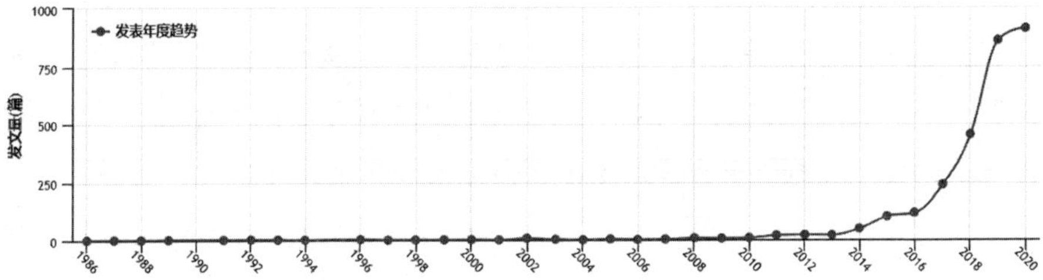

图 1　研究成果出版时间分布

数据和图源自 CNKI

“中华民族共同体”的研究时间跨度大，早在 20 世纪 80 年代就出现了讨论的声音。CNKI 有记录的最早文献是李林 1986 年在《中央民族学院学报》上发表的《试论“复合民族”》。文章提到了“多民族共同体”这

① 尹铂淳. 中华民族共同体和人类命运共同体要义及话语建构［J］. 理论与当代，2020（09）：10-11.

一概念，并指出，复合民族是一个由两个或两个以上民族结合而成的多民族共同体。该文提出的复合民族是中华民族共同体的概念雏形，该文是讨论中华民族共同体最初的声音。①

从出版时间分布图来看，在 2014 年后，“中华民族共同体”相关研究数量迅速增长，呈现出每年快速增长不息的趋势，直至今日仍未达顶峰。

“中华民族共同体”文献数量最多的 10 个来源如图 2 所示。数据显示，相关文献主要源自《中国民族报》和《中国民族》，二者刊登的文章占到了总数的 50%以上。

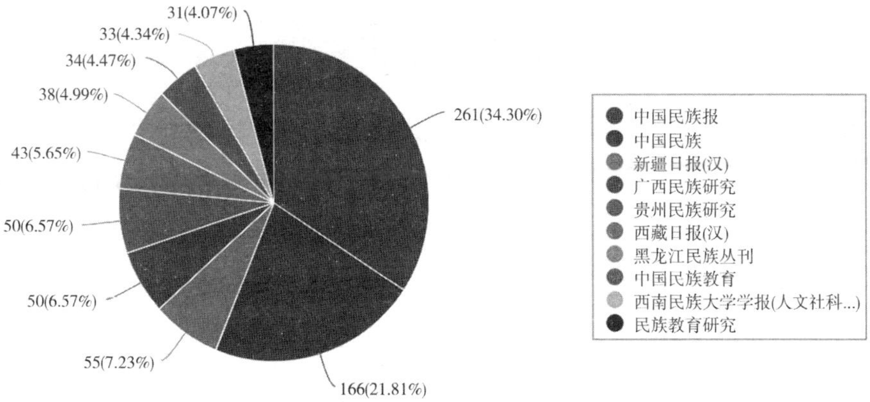

图 2　文献来源分布

数据和图源自 CNKI

“中华民族共同体”文献数量最多的 10 个来源如 3 所示。数据显示，行政学及国家行政管理学科的文献数量最为丰富，占到了总数的 65.03%，远远超过了其他学科。

“中华民族共同体”相关研究的时间跨度大，涉及领域多元，涉及主题丰富，产出成果丰硕。但从 CNKI 提供的数据来看，系统地从语言角度探讨中华民族共同体的研究非常稀缺，仅 29 篇，占总数的 0.94%。这些文章大多是从推广普及国家通用语言文字的角度出发，去通识地谈如何铸

① 李林．试论“复合民族”[J]．中央民族学院学报，1986（03）：8-12.

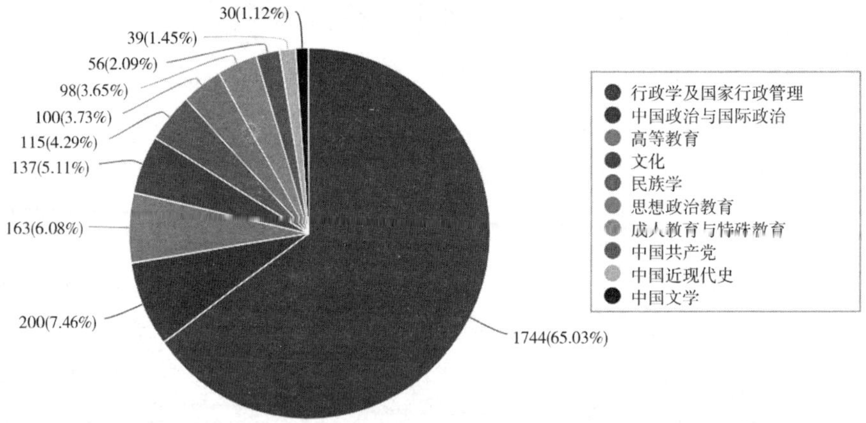

图3 学科分布

数据和图源自 CNKI

牢中华民族共同体意识，且多是短文社评形式，研究型论文不多。语言既能反映客观实在，还能建构主观世界。可见，语言在铸牢中华民族共同体意识过程中扮演了极为重要的角色，绝不能忽略铸牢中华民族共同体意识的语言研究视角。

基于“中华民族共同体”研究现状，本文提出两个研究问题：一是在铸牢中华民族共同体意识过程中，语言担当了怎样的角色？二是铸牢中华民族共同体意识可以采用哪些语言举措？

二、铸牢中华民族共同体意识的语言担当

加强中华民族大团结，铸牢中华民族共同体意识的首要任务就是增强我国各民族本土文化自信。文化的载体是语言，那么文化认同的重任，民族团结的重任，铸牢中华民族共同体意识的重任就都落在了语言“肩”上。当前，世界多极化、经济全球化、文化多样化，小到人与人的沟通，大到国与国的合作，都离不开语言的参与。语言是思想的载体，是文明的标志，是民族精神的外在表征，是国家繁荣发展的根基。在铸牢中华民族共同体意识的前进道路上，语言担当了重要角色。

（一）语言是维护社会稳定的坚强基石，是保障国家安全的关键力量

铸牢中华民族共同体意识首先要保证社会稳定与国家安全，缺少这样的大环境，铸牢中华民族共同体意识这项事业就难以有效推进。

站在新的历史起点上，语言正逐渐成为维护国家安全的关键因素和重要议题。要高度重视国家安全中的语言力量，充分利用语言资源，保障社会稳定，维护国家安全。

文化是一个国家的灵魂，一个国家文化崩塌，意味着这个国家的衰败。语言是文化的主要载体和重要组成部分，文化为语言输送原料，并制约语言的生成，二者相互依赖、相互影响、相辅相成、辩证统一。文化安全指一个国家的民族精神、意识形态、价值理念等要素的存在与发展不受外部威胁的状态，文化安全是国家安全的重要组成部分。维护国家安全必须要保障文化安全，保障文化安全就要守好语言这道闸门。语言是文明的标志，是民族精神、意识形态、价值理念的外在表征，消灭了语言，就相当于瓦解了一个国家的文明、民族精神、意识形态以及价值理念。近代列强在大肆侵略过程中，无一例外会选择通过语言渗透，实现文化渗透，以侵蚀、同化和瓦解被侵略国家的文明、民族精神、意识形态以及价值理念，最后实现殖民该国之目的。

拥有平等和谐的语言生态环境是维护国家安全的先决条件和坚实基础。历史上，不少民族矛盾、地区冲突、政治危机，甚至国家分裂，都在一定程度上和语言有着密切关联。语言除了具备交际功能以及文化传承功能外，还具有强大的身份认同功能。国家本质上就是一个“语言共同体”，语言是该国民众的心理黏合剂，是维系该国民众情感的纽带，是该国民众身份的象征。某些图谋不轨的人或群体会利用、夸大渲染甚至捏造某个国家内部的语言矛盾，以此造成语言冲突，最终酿成重大国家安全隐患。要消除语言矛盾，避免语言冲突，努力构建和谐的语言生态环境，维护国家安全。

国家安全离不开经济实力、军事装备、情报系统等核心要素，同时也离不开人这一基础保障，而语言正是人的认知核心组成部分。植根于心智中的语言影响着人最基本的认知能力、知识结构、价值体系以及行为判断，而这些正是人作为主体维护国家安全的必备能力和知识储备。

维护国家安全要高度重视人才培育工作，人才培育的重点在于语言能力的培育。语言能力是一种有效利用语言资源处理各类问题的核心能力，语言能力在一定程度上关乎国家安全。军事方面，维护国家安全需要强大的语言能力。无论是情报搜集、加密通讯还是军事谈判，语言能力都在其中扮演着非常重要、不可或缺的角色。高度重视语言教育，进一步提高国民语言能力，培育更多高水平语言人才，讲好我国在各领域的故事，主动设置正面的舆论议题，提升国家文化竞争力，增强我国国际话语权。高度重视语言教育，打造高水平语言人才队伍，通过语言渠道加强对别国政治、经济、文化、军事等领域的深入了解，及时做好危机预判与应对措施，维护国家安全。

（二）语言是维系全国各族人民情感的核心纽带，是促进全国各族人民协同合作的重要桥梁

铸牢中华民族共同体意识不光要依靠经济、科技、军事等硬实力，还要紧紧围绕语言做好文章、做实工作。通过语言的软支撑，中华民族共同体的构建与铸造才能更均衡完备。

语言是人类交际沟通的主要工具，是打破沟通壁垒的制胜法宝，是文化文明的重要载体。语言相通是世界各国贸易相通、民心相通、文化相通的基础，是文化交融的前提，是情感提升的基石，是协同合作的保障。语言不通交际就无法有效开展，缺乏有效交际心灵就难以相通，自然彼此的认同感也会相应降低；认同感低就难以构建友好和谐的交际环境，而友好和谐的交际环境是铸牢中华民族共同体意识的首要前提与坚强保障，因此语言相通是铸牢中华民族共同体意识的首要条件和牢固基石。

我国幅员辽阔，是一个统一的多民族国家，国家语言体系庞大，各民族语言资源丰富，民族文化和风俗习惯各异，价值体系和观念理念差异较大，这些都容易造成各民族沟通不畅以及沟通壁垒的形成。沟通有障碍，各民族就难以相互了解，容易形成误会，情感难以维系，不利于协同合作，这务必会给民族团结和国家统一带来一定负面影响，会给铸牢中华民族共同体意识工作的推进造成一定阻力。

语言是维系全国各族人民情感的核心纽带，是促进全国各族人民协同合作的重要桥梁。要高度重视并充分认识语言的重要性，以语言为抓手，加快推进全国各族人民交流交融，增进彼此了解，发现彼此亮点，升华彼此情感，领略各自民族语言文化所蕴含的独特魅力。这有利于全国各族人民欣赏彼此文化底蕴，提升彼此文化包容度，尊重彼此文化差异，有助于全国各族人民增信释疑，求同存异，增进情感，协同合作，携手为铸牢中华民族共同体意识做出贡献。

（三）语言是增强全国各族人民国家认同感和民族认同感的强大武器，是提升民族凝聚力和向心力的制胜法宝

语言除了具备沟通交际功能和文化传承功能外，还具有身份认同功能。身份认同是一个人在某个社会集体中对自己或他人社会角色、社会功能和社会价值的认同。语言的身份认同功能指说话人能通过语言，加强对自身身份的认同以及他人对其身份的认同。例如，随着城市化进程的持续推进，城市外来人员越来越多。这些外来人员不少将户口迁入，在这座城市买房并娶妻生子，长久定居于此。但即便如此，倘若没有掌握本地方言，这些外来人员依旧很难完全被本地人接受，自己也很难将自己完全认定为本地人。

关于身份认同与语言的关系，我们做了一个问卷调查，设置了三个问题，如下图所示：

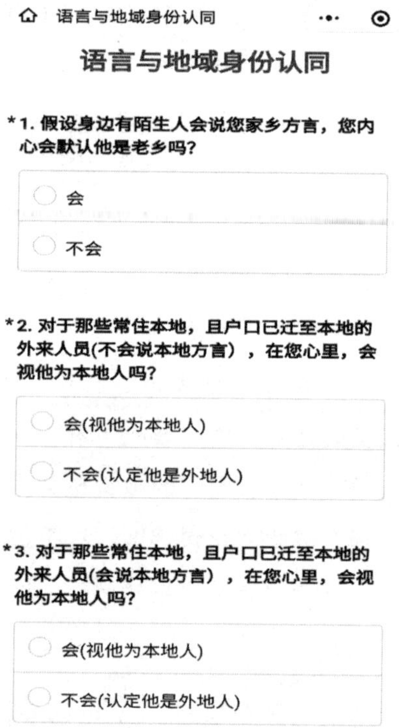
语言与地域身份认同

语言与地域身份认同

*1. 假设身边有陌生人会说您家乡方言，您内心会默认他是老乡吗?

- 会
- 不会

*2. 对于那些常住本地，且户口已迁至本地的外来人员(不会说本地方言），在您心里，会视他为本地人吗?

- 会(视他为本地人)
- 不会(认定他是外地人)

*3. 对于那些常住本地，且户口已迁至本地的外来人员(会说本地方言），在您心里，会视他为本地人吗?

- 会(视他为本地人)
- 不会(认定他是外地人)

图 4　问卷调查中问题与选项的设置

问卷于 2020 年 10 月 25 日通过“问卷星”公众号以电子版形式向笔者身边的亲朋好友以及学生发放。实际回收问卷 210 份。三道题的结果分别呈现如下：

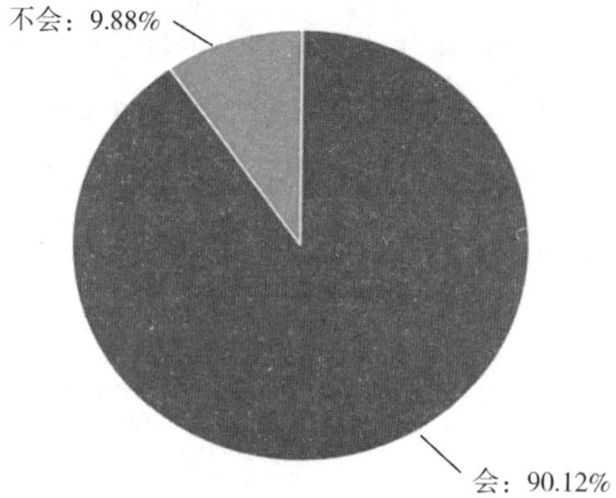

图 5　第 1 题结果

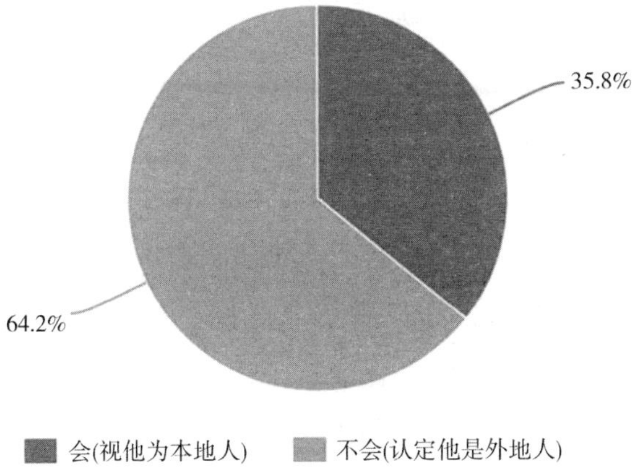

图6 第2题结果

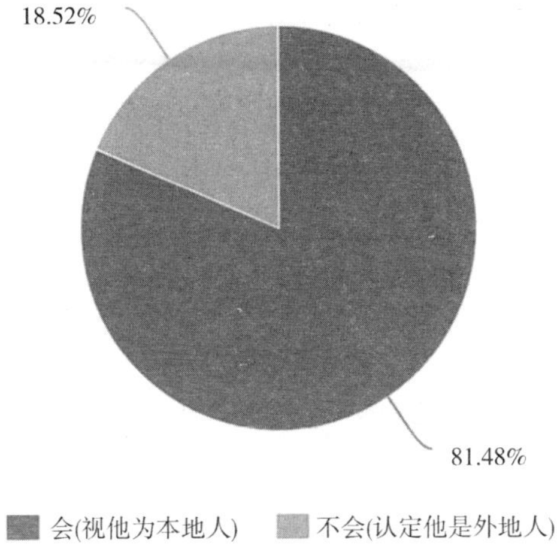

图7 第3题结果

据数据显示，第一题有90.12%的人选择“会”，他们认为假如身边有陌生人会说自己的家乡方言，内心会默认对方为老乡。第二题有64.20%的人选择“不会（认定他是外地人）”，第三题有81.48%的人选择“会（视他为外地人）”。数据显示，人们普遍会视那些常住本地、户口已迁至本地、会说家乡方言的人为老乡，将常住本地、户口已迁至本地、但不会说家乡方言的人视为外地人。

上述数据和结论能在一定程度上佐证方言是人们判定对方身份、认同对方身份的重要依据之一，是人们无形的“身份证”，有时候方言甚至比真正的身份证更能代表一个人的身份。方言是同一社区成员所持有的共同语言，因此可以说共同语言是社区成员的身份标签，是社区成员的归属感所在，是社区成员“根”和“归宿感”概念的外在形态。

铸牢中华民族共同体意识的核心词是“共同”：共同团结奋斗，共同繁荣发展，而实现这些的前提和保障是拥有共同语言。共同语言是一个社区所有成员共同持有且共享的一种语言，是社区成员的身份标签，是维系社区所有成员的纽带和黏着剂。坚定不移推广共同语言能有效增强全国各族人民的国家认同感和民族认同感，有利于提升民族凝聚力和向心力，有助于铸牢中华民族共同体意识。

三、铸牢中华民族共同体意识的语言举措

铸牢中华民族共同体意识的语言举措可从宏观和微观两个维度去谈，宏观举措是一种政策性的、纲领性的举措，微观举措是一种应用于具体情景的、指导性强的举措。

（一）宏观举措：坚定不移推广全国通用语言文字，并注意保护民族语言文字和方言

《中华人民共和国宪法》第十九条规定：“国家推广全国通用的普通话。”普通话是国家通用语言，它以北京语音为标准音，以北方话为基础方言，以典范的现代白话文著作为语法规范。国家通用语言文字是我国宪法规定的共同语言，推广国家通用语言文字是铸牢中华民族共同体意识的基本要求。

我国是一个由 56 个民族组成、人口超过 14 亿、汉语方言和民族语言种类颇多的大国，倘若缺乏一种通用语言文字，务必会在一定程度上造成人们交际障碍，不利于各地民族文化的沟通交流，有碍于各地经济发展与

社会进步。在一些国家通用语言文字普及度不高的地区，客观上存在人们交流不便、流动困难等问题，这些地区的人们无法外出务工，导致收入不足，生活困难。推广国家通用语言文字是大势所趋，民心所向，是加强全国各族人民沟通交流、团结奋斗、共荣发展的先决条件，是促进全国各族文化交往交流交融、互鉴互助、博采众长的坚强保障，是增强全国各族人民对祖国认同、对中华民族共同体认同、对中国特色社会主义认同的根本动力。

国家通用语言文字承载着中华民族源远流长且极其庞大的文化体系，只有全国范围内深度推广通用语言文字，少数民族群众才能真正得以进入中华文化体系，感受中华文化的博大精深，领略中华文化的独特魅力，增强对中华文化的认同感，最终实现接受中华文化、主动融入中华文化、铸牢中华民族共同体意识之目的。

据 2004 年国家批准发布的《中国语言文字使用情况调查》显示，在当年全国能用普通话进行交际的人口比例仅为 53.06%，而如今，全国范围内普通话普及率达到了 80.72%，可谓成效显著。但仍要清楚看到我国“三区三州”的普通话普及率仅为 61.56%，推广国家通用语言文字任重而道远，任务依旧艰巨繁杂，还需持之以恒、扎实稳健地走好接下来的每一步，做实做好接下来的每一项任务。

推广国家通用语言文字事关国家统一和民族团结，事关经济发展与社会进步，事关文化传承与文化认同，其意义非凡，是新时代语言文字工作的重中之重。要坚定不移推广国家通用语言文字，与此同时还要高度重视并兼顾好民族语言文字和方言的保护。国家通用语言文字与民族语言文字和方言并非对立关系，而是统一关系。推广国家通用语言文字不能以破坏民族语言文字和方言为代价，要将国家通用语言文字的推广与民族语言文字和方言的保护有机统筹起来，两手都要抓，两手都要硬。实际上，保护民族语言文字和方言也是在推动铸牢中华民族共同体意识。

民族语言文字和方言承载着深厚的民族文化和区域文化，推广国家通用语言文字的同时要特别注意保护民族语言文字和方言，确保中华语言文化的多样性。推广国家通用语言文字的初衷是为了消除交际隔阂，有利于各地经济文化交流，而绝不是用一种通用语言文字去替代其他民族语言文字或方言，更不是要破坏中华语言文化多样性。中国幅员辽阔，民族众多，语言文化丰富多元。语言文化多样性充分彰显了中华文明海纳百川的包容性和源远流长的历史积淀，是中华文明的宝贵财富之一。破坏语言文化多样性就是在破坏中华文明的完整性和连续性。推广国家通用语言文字绝不能以破坏语言文字多样性为代价，推广过程中要特别注意保护民族语言文字和方言。

语言生态环境是否和谐直接影响民族团结、社会稳定以及国家统一。要正确处理不同民族语言关系，构建平等和谐语言生态环境。历史上不少国家因未处理好语言生态问题进而激发社会矛盾，最后引发社会动乱。在少数民族地区推广国家通用语言文字，要特别注意保护少数民族的“话语权”。要部署和开展多种形式的共建工作，推进“双语”教育。在推广普通话的同时，也要加强民族语言文字教育。要强调多言多语能力，少数民族学生既要学会国家通用语言文字，还要熟练掌握当地民族语言文字。《中华人民共和国民族区域自治法》第三十七条规定：“招收少数民族学生为主的学校，有条件的应当采用少数民族文字的课本，并用少数民族语言讲课；小学高年级或者中学设汉文课程，推广全国通用的普通话。”推广国家通用语言文字的同时还要注意保障各民族“话语权”，确保各民族都有使用和发展本民族语言文字的自由，以此构建平等和谐的语言生态环境。

此外，民族语言和方言还拥有强大的身份认同功能。说话人能通过民族语言和方言加强对自身身份的认同以及他人对其身份的认同。民族语言和方言不仅仅是一类交际工具，也不仅仅是一块承载着地区历史文化的“活化石”，它还是说话人的“身份证”。通过民族语言和方言，人们能有效建构自己的身份，强化自己的归属感。缺失民族语言和方言，相当于失去了自己的“身份证”，弱化了自己的归属感。

与此同时，民族语言和方言还是最亲切的沟通方式。在国家通用语言文字推广过程中，不能完全弃用民族语言和方言。要做到实事求是、具体问题具体分析，避免过于教条主义。在一些偏远的农村地区或少数民族地区，本地居民特别是年长的居民，很大一部分都听不懂普通话，如果不使用当地方言或本地民族语言，便很难向他们准确传达信息，进而造成沟通障碍。因此，要大力保护好民族语言和方言，充分利用好民族语言和方言。在向偏远的农村地区或少数民族地区居民传达信息时，要用当地方言或本地民族语言和他们交流，以此提升信息传达的有效性和完整性，优化交际效果。例如，在新冠肺炎疫情期间，不少农村干部通过村里的大喇叭，用当地方言广播疫情防控知识，因地制宜地将疫情防控知识有效传播至千家万户，真正实现了让当地居民听得懂、愿意听、信得过，疫情防控知识很快就普及开来，这一“看似很土”的举措为乡村疫情防控作出了卓越贡献。

和国家通用语言文字一样，民族语言文字和方言同样重要。国家通用语言文字要推广，民族语言文字和方言要保护，二者辩证统一、相辅相成、缺一不可。要将两件事统筹起来一起抓一起办，坚决避免顾此失彼，努力在国家通用语言文字的推广与民族语言文字和方言的保护上都交出优异答卷，为铸牢中华民族共同体意识、促进国家统一和民族团结、实现第二个百年奋斗目标和中华民族伟大复兴的中国梦贡献磅礴力量。

（二）微观举措：在涉及国内各民族相关表述时合理使用亲属隐喻

长久以来，隐喻一直被视作一种修辞方式，属于修辞学研究范畴。最早提出“隐喻”的学者是亚里士多德。亚里士多德在其所著《诗学》中指出，隐喻是基于类比原则所做的隐性比较。另一位古希腊思想家柏拉图认为，隐喻属于花言巧语，是修饰性语言，仅适用于表达感情；不宜使用隐喻进行政治辩论和科学论述。① 修辞维度的亲属隐喻是一种将亲属作为喻体去表达本体的修辞过程。

认知语言学家更多将其视为一种认知机制。Lakoff & Johnson 指出，隐喻不仅是一种修辞手段，还是一种认知机制，它的工作机制为借用相对熟悉、具体的源概念去阐释相对陌生、抽象、具有相似性的目标概念。认知维度的亲属隐喻是一种将亲属概念作为源域去概念化目标域的心智加工过程。②

值得注意的是，隐喻不光只是一种修辞方式与认知机制，还是一种话语手段。话语是在人与人的互动过程中呈现出来的，具有强烈的社会性。话语是一种语言与言语结合而成的更丰富和复杂的形态，是一种与社会权力关系相互缠绕的言语方式。话语手段指为了实现某种语用目的，而采用的话语方面的技巧方式。

Van Dijk 强调，无论是音调、词汇序列还是语篇衔接等都受制于人们的知识系统。“知识”被界定为“一个认知共同体达成一致的那些信念”，大致可分为个人知识、社会知识、团体知识、国家知识以及文化知识等。③

而这些知识在有机哲学看来都可以算作一种关系网络。有机哲学强调，客体间存在千丝万缕、错综复杂的有机联系。著名有机哲学家怀特海认为，人们不应关注客体本身，而应关注体验该客体的一系列行为过程。④换句话说，客体间存在千丝万缕、错综复杂的有机联系，这些有机联系构成了关于该客体的关系网络。只有依附于该网络，客体才有意义。因此，话语建构的首要前提是交际主体需充分掌握该客体所处关系网络。

作为一种话语手段，亲属隐喻的工作机制可概括为：基于一定的语用

---

① 林书武．国外隐喻研究综述［J］．外语教学与研究，1997（01）：14-22.

② LAKOFF G，JOHNSON M. Metaphors We Live By［M］. Chicago：The University of Chicago Press，2003：10.

③ VAN DIJK T A. Discourse and Context：A Socio-cognitive Approach［M］. Cambridge：Cambridge University Press，2008：83.

④ 王寅．有机教育与语言科研［J］．当代外语研究，2017（03）：8-13，110.

目的，依靠客体所处关系网络，交际主体启用“亲属”关系网络去表述客体，即将“亲属”关系网络中“亲近”“和谐”“友好”等元素映射至客体关系网络，致使客体的非亲属属性“血亲化”，旨在塑造客体与交际主体亲密友好的形象，有利于拉近交际双方心理距离，增强彼此好感。亲属隐喻工作机制如下图所示。

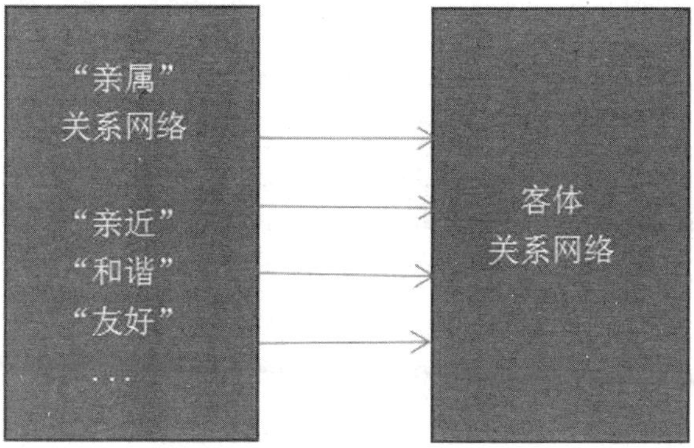

图 8　亲属隐喻工作机制

下面将举两个例子，对铸牢中华民族共同体意识过程中的亲属隐喻工作机制进行具体阐释：

例 1　两岸同胞是一家人，两岸的事是两岸同胞的家里事，当然也应该由家里人商量着办。和平统一，是平等协商、共议统一。(《人民日报》2019 年 01 月 03 日)

交际主体通过亲属隐喻，视两岸同胞为血亲，即将“亲属”关系网络中“亲近”“和谐”“友好”等元素映射至“两岸同胞”关系网络，造成后者中上述元素的显现。这段话有效营造了和谐友好高质量交际环境，拉近了两岸同胞心理距离，塑造了两岸同胞和谐友好、团结互助、手足同心的血亲之情，进一步提升了两岸同胞亲密度及凝聚力，有助于铸牢两岸同胞的中华民族共同体意识。

例 2　五十六个星座，五十六枝花，五十六族兄弟姐妹是一家。(歌曲《爱我中华》)

词作者通过亲属隐喻，视 56 个民族为兄弟姐妹，即将“亲属”关系网络中“亲近”“和谐”“友好”等元素映射至“56 个民族”关系网络，造成后者中上述元素的显现。歌词有效拉近了 56 个民族的心理距离，进一步提升了彼此的亲密度，营造了和谐友好的高质量交际环境，有助于铸牢听众的中华民族共同体意识。

由于篇幅有限，不再对所有语料的分析过程进行逐一展示。铸牢中华民族共同体意识的亲属隐喻机制可概括为：

交际主体启用“亲属”关系网络，接着将该关系网络中“亲近”“和谐”“友好”等元素映射至“国内各民族”关系网络，造成后者“亲近”“和谐”“友好”等元素显现。以此塑造国内各民族间身份关系，进而营造和谐友好高质量交际环境，拉近国内各民族间心理距离，提升国内各民族间亲密度，消除争端，加强沟通，促进合作，最终铸牢交际双方心智中的中华民族共同体意识。亲属隐喻工作过程中，交际主体不光要考虑其主体性，还需要考虑交际双方的主体间性。简单来说，交际主体需着重对交际受体的知识结构、文化模式、语言能力、意图等进行多元考量，以输出最合适的话语，提升交际受体的接受度，进而有效铸牢中华民族共同体意识。需注意的是，话语建构存在文本、认知与社会三个维度，铸牢中华民族共同体意识过程中，三个维度应有机联动，互通互融，坚决避免机械地着眼于某一维度。

亲属隐喻作为一种话语手段，在铸牢中华民族共同体意识方面能发挥关键作用。主要启示为：在关涉民族问题、涉及民族表述的文学作品、影视作品、演讲说辞中，可考虑合理使用亲属隐喻，即在上述表述中将全国各族人民“血亲化”，旨在营造和谐友好高质量交际环境，拉近全国各族人民心理距离，提升全国各族人民亲密度，铸牢全国各族人民的中华民族共同体意识。

本文集中讨论了在铸牢中华民族共同体意识进程中，语言担当了怎样的角色，发挥了怎样的作用，铸牢中华民族共同体意识要采用怎样的语言举措。当今世界正处于百年未有之大变局，语言研究领域也正发生着复杂且深刻的变化。当前，语言治理、语言扶贫、语言抗疫等研究领域正逐渐成为国家治理伟大事业中的关键因素和重要议题。要高度重视语言研究，充分利用语言研究成果，维护社会稳定，保障国家安全，铸牢中华民族共同体意识，推动构建人类命运共同体，为实现中华民族伟大复兴的中国梦提供坚强保障。

第六章　人类命运共同体要义及其共情话语实践

当前，世界处于百年未有之大变局，构建人类命运共同体有助于消除世界各国争端，提升世界各国凝聚力，开创世界各国合作共赢之局面。构建人类命运共同体是一项综合全面的事业，需要多点开花、多方共同参与并作贡献，要深刻把握人类命运共同体要义，尝试从多个领域探索人类命运共同体的构建。构建人类命运共同体事关政局稳定，事关中国特色社会主义事业兴衰，事关中华民族伟大复兴中国梦的实现，具有重大战略意义。对人类命运共同体的构建开展研究迫在眉睫、刻不容缓、亟待纳入议程。

一、人类命运共同体的相关研究

以 SU=人类命运共同体为检索式（主题检索，检索字段涵盖标题、摘要及关键词），在 CNKI（中国知网）数据库中进行检索，截至 2021 年 7 月 10 日共搜寻到相关文献 10894 篇。

具体出版时间分布如图 1 所示。数据显示，最早的文献为杨运忠发表于《文物》1994 年第 10 期的《走向 21 世纪的国际关系》。[①] 人类命运共

① 杨运忠．走向 21 世纪的国际关系［J］．世界经济与政治，1994（10）：52-56，25.

同体研究起步早，但中间一直未受到足够重视。从 2015 年开始，文献数量开始迅速增长，在 2020 年达到顶峰。

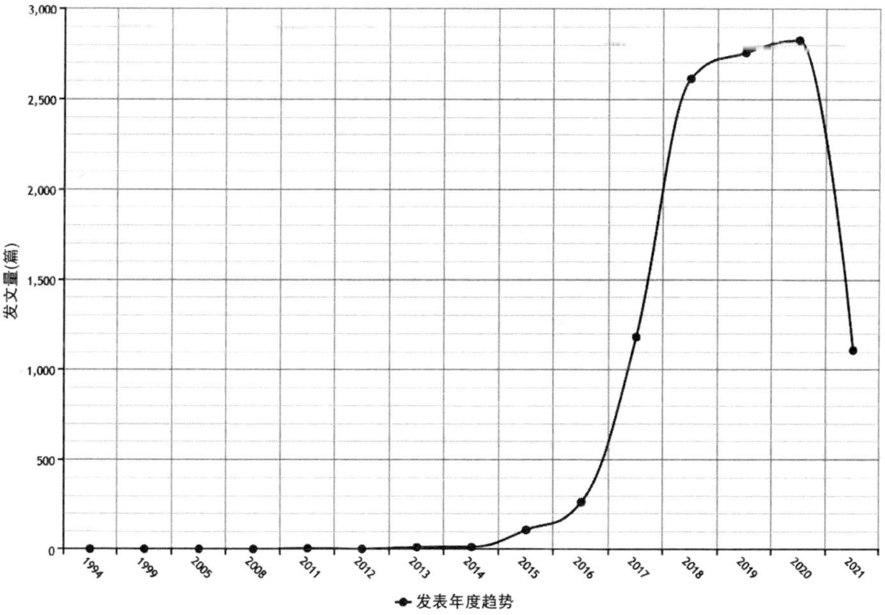

图 1　文献出版时间分布

人类命运共同体相关文献数量最多的 10 个领域如图 2 所示。数据显示，涉及中国政治与国际政治的相关研究成果最为丰富，如刘建飞发表于《当代世界与社会主义》的《构建人类命运共同体中的文明交流互鉴》①以及康渝生、陈奕诺发表于《学术交流》的《人类命运共同体：马克思“真正的共同体”思想在当代中国的实践》②。经济、文化、马克思主义、教育、哲学、新闻与传播等学科领域紧随其后。

---

① 刘建飞．构建人类命运共同体中的文明交流互鉴［J］．当代世界与社会主义，2021（03）：152-158.

② 康渝生，陈奕诺．人类命运共同体：马克思“真正的共同体”思想在当代中国的实践［J］．学术交流，2016（11）：11-15.

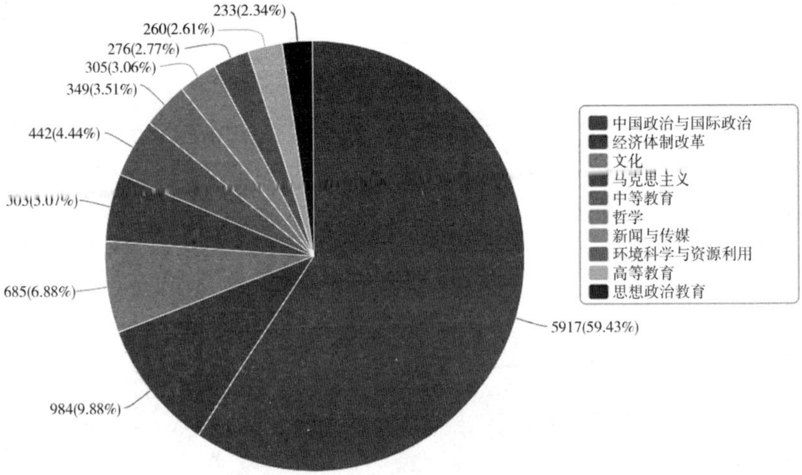

图 2　文献学科分布

人类命运共同体相关研究的时间跨度大、领域多元、主题丰富、成果丰硕。汪明义认为，大学能够成为构建人类命运共同体的重要力量。新时代的大学需要从人类学出发，立足全球视野，探求新知，培养具有全球责任意识及能力的国际化人才，服务国际社会，积极推进国际间的文化交流与传播，承担起人类命运共同体建设的伟大历史使命。① 陈伟军从新闻传播学角度系统探究了人类命运共同体的构建与中国价值观的国际传播。研究强调，中国价值观的国际传播，需要精心构建与国际话语融通的对外话语体系，运用大数据工具分析全球的涉华舆情，采用国际化叙事策略进行文本创新、讲好中国故事，通过系统协同传播主体、传播内容和传播渠道等要素形成传播合力。② 沈骑、魏海苓基于语言规划和语言战略理论，系统考察了外语战略规划的概念内涵和基本特征，分析了外语战略规划在构建人类命运共同体进程中的作用与价值，提出了中国外语战略规

① 汪明义．大学推动人类命运共同体构建的使命及实践方式［J］．中国高教研究，2021（07）：35-41.

② 陈伟军．人类命运共同体构建与中国价值观的国际传播［J］．新闻界，2019（03）：92-100.

划的基本任务。①

既有成果主要从政治、经济、文化、马克思主义、教育、哲学、新闻与传播等角度切入，语言学领域的成果非常稀缺，据统计仅 5 篇，且这些成果中没有话语相关成果。总之，语言学特别是话语视角下人类命运共同体的相关研究成果非常匮乏，如何以话语为抓手有效构建人类命运共同体、铸牢人类命运共同体意识值得深入思考和考察。本研究拟在已有成果基础上，在话语分析理论指导下尝试解决如下问题：如何从话语视角更好更有效构建人类命运共同体？

二、人类命运共同体要义

当今世界面临着百年未有之大变局，政治多极化、经济全球化、文化多样化，各国间时空距离逐渐缩小，交往日益频繁，共同挑战愈发增加。疾病流行、环境污染、资源短缺、气候变化等全球性安全问题层出不穷，对国际秩序和人类生存构成了严峻挑战。当前，没有哪个国家能独自应对人类面临的各种挑战，也没有哪个国家能退回到自我封闭的孤岛。

2013 年 3 月，习近平主席在莫斯科国际关系学院的讲话中首次提出了“命运共同体”的概念。他深刻指出：“各国相互联系、相互依存的程度空前加深，人类生活在同一个地球村里，生活在历史和现实交汇的同一个时空里，越来越成为你中有我、我中有你的命运共同体。”而后，习近平主席在国内国际多个场合阐释人类命运共同体理念，赢得了广泛的支持与赞同，“人类社会是一个共荣共存的共同体”逐渐成为共识。构建人类命运共同体是习近平新时代中国特色社会主义思想的重要内容，是中国特色大国外交的努力方向，也是全人类的共同事业。

中华民族历来讲求的“天下为公”，与人类命运共同体有异曲同工之

① 沈骑，魏海苓．构建人类命运共同体视域下的中国外语战略规划［J］．外语界，2018（05）：11-18.

妙。《礼记·大同·礼运》指出："大道之行也，天下为公"意思是在大道施行的时候，天下是人们所共有的。此外，中华民族讲究"和"的思想。作为中华优秀传统文化的继承者和弘扬者，中国共产党从成立之日起就继承了中华民族文明血脉中热爱和平、追求和平的基因。正如习近平总书记所言"和平、和睦、和谐是中华民族5000多年来一直追求和传承的理念，中华民族的血液中没有侵略他人、称王称霸的基因"。"和"是实现全球和谐发展的重要渠道，国与国间唯有坚持"和"才可能实现共同发展。① 我国倡导构建的人类命运共同体继承并发扬了"和"的智慧，我们追求和平、和睦、和谐，强调全球和平和睦共处、和谐发展共赢。除了与中国先哲智慧一脉相承，人类命运共同体理念与马克思主义哲学"自由人的联合体"有着深厚的理论渊源。马克思通过对资本主义以前的各种所有制形式的历史考察，认为只有自由人联合体才是"真正的共同体"，人才能得到全面的发展和真正掌握自己的命运，才有社会的真正进步和文明的发展。② 可以说，人类命运共同体有着深厚的理论渊源以及丰厚的理论滋养，是对中外先贤智慧的延续和进一步发展。

党的十八大报告特别提出要倡导构建人类命运共同体，自此，还相继提出了中非双边命运共同体、中拉命运共同体、中巴命运共同体、亚洲命运共同体、亚太命运共同体等多层次、全方位共同体理念。虽名目繁多，但都与人类命运共同体同源，属于人类命运共同体的引申概念。人类命运共同体强调追求本国利益时兼顾他国合理关切，在谋求本国发展中促进各国共同发展。人类命运共同体蕴含了相互依存的国际权力观、共同利益观、可持续发展观以及全球治理观。人类命运共同体关注人类命运的有机整体性，追求世界和平，致力于构建合作共赢的新型国际秩序观。人类命

① 刘桂珍．推动构建人类命运共同体：新时代中国共产党的使命担当［N］．中国社会科学报，2021-07-21（008）．

② 石云霞．马克思恩格斯的社会共同体思想研究［J］．马克思主义理论学科研究，2016，2（01）：45-55．

运共同体是一种理论创新、制度创新和道路创新，这一理念承载了对人类共同命运的思考，是对全球治理的现实回应，也是我国在新时代基于经济全球化、国际政治经济新秩序构建等提出的“中国方案”。①

三、人类命运共同体的共情话语实践

（一）共情话语实践要义

构建人类命运共同体不仅要以理服人，更要以情动人。逻辑严密的论证工作需要，细腻温婉的情感工作也需要。二者辩证统一，缺一不可。交际双方只有彼此共情，才会彼此尊重、彼此认同、彼此理解，才能营造和谐友好的交际氛围，才能真正促成合作，才能真正实现共赢。

共情，即感同身受，是一种站在他人立场包容理解他人情感态度及所作所为的心理状态。共情并非同情或怜悯。同情或怜悯建立在交际双方身份地位不平等之基础上，而彼此共情的交际双方的身份地位平等。吴飞指出，共情的生理基础为镜像神经元。镜像神经元是一群特殊的运动神经元，它对感觉刺激（包括动作的视觉刺激及与动作相关的听觉刺激）的反应与其编码的运动反应呈现一致性。镜像神经元为我们提供了一个内在的模拟机制，能帮助我们模拟体验别人的情绪、心智、遭遇等，让我们的心灵和情绪与别人的有效连接。② 这就是为什么观影时，观众有时会跟着主角痛哭流泪或开怀大笑。道理就在于镜像神经元让我们人为地将自己“化身”成电影主角，体验了一把主角的故事主线。观影时，主角的情绪、遭遇直接映射至观众，观众随即进入角色，进而感同身受。

对话语的研究可追溯到两千年前的古典修辞学，但直到 20 世纪 60 年

---

① 尹铂淳．中华民族共同体和人类命运共同体要义及话语建构［J］．理论与当代，2020（09）：10-11.

② 吴飞．共情传播的理论基础与实践路径探索［J］．新闻与传播研究，2019，26（05）：59-76，127.

代末才进入语言学研究领域。20 世纪 60 年代，韩礼德创立了系统功能语言学。韩礼德没有像索绪尔那样把“语言”和“言语”分开，而是将二者视作一个整体，去观察、研究语境中的语言，即话语。韩礼德称之为“语篇”。为了研究语境中的语言，韩礼德一改传统的语言学研究套路，不仅将话语视角纳入研究范畴，同时还吸纳了认知和社会文化两大视角。

话语研究历史悠久，底蕴深厚。新时代背景下，话语研究不应仅“停滞”于语言学维度，而应主动对接国家战略，融入国家战略，关注国家战略层面的核心问题，积极研制服务国家战略的话语方案。

话语是一种由语言与言语结合而成的异常丰富和复杂的符号系统，是一种与社会权力关系相互缠绕的言语方式，是一种在人与人互动过程中呈现出来的具有强烈社会性的语符形态。话语实践是一种致力于揭示话语如何构建各类政治理念、价值观念以及如何呈现各种社会关系、权力结构的言语行为。共情话语实践是一项以实现共情为目的、旨在让话语客体对主体的情感、认知和境遇感同身受的话语活动，是一项通过语言符号打通话语客体心理世界、拉近与话语客体心理距离的言语行为。共情话语实践既需要交际主体拥有高超的话语技巧，还需要交际主体对客体的情感、认知和境遇具备精准的研判能力。共情话语实践不是为了博取同情、收获怜悯，其目的在于让交际一方设身处地体验和感受另一方的情感、认知和境遇，帮助交际一方更好包容和理解另一方。

（二）共情话语实践视域下人类命运共同体的构建

共情话语实践视域下人类命运共同体的构建可从以下五个方面开展：

1. 表达深情关切。交际主体想要与客体共情，首先要向客体表达深情关切，特别是当客体处于困境、急需关怀时，以此表明自己时刻心系对方，能理解对方的困境，对对方的不幸遭遇感同身受。在全国抗击新冠肺炎疫情表彰大会上，习近平主席向受疫情影响的各国人民表达深情关切：“当前，新冠肺炎疫情仍在全球肆虐，中国人民对疫情给各国人民带来的苦难感同身受，对被病魔夺去生命的人们深感痛惜。”习近平主席的话语真挚真诚，听者能充分感受到源自中华人民共和国主席以及全体中国人民的深情关怀。第一阶段话语实践是开展后续话语实践的坚强基础和有力保障，这一阶段的话语实践肩负着重要职责，具有重大战略意义。

2. 揭示共同困境。“我懂你”“我理解你”“我关心你”等话语能有效表达深情关切，在这一阶段话语实践有效开展和全面铺开后，为了更有效推动国际合作进而构建人类命运共同体，交际主体还需要主动揭示交际双方所共处之困境。展现共处之困境有利于增强交际客体对主体的感同身受，是交际双方开展合作的理据和动力。习近平总书记在中国共产党与世界政党领导人峰会上指出：“一些地方战乱和冲突仍在持续，饥荒和疾病仍在流行，隔阂和对立仍在加深，各国人民追求幸福生活的呼声更加强烈。”这段话语精准揭示了人类目前所共处之困境，有力点醒了还沉睡着的、对局势没有清醒认识的各国民众，同时告诫各国民众唯有共同拼搏，才能摆脱共同困境，才能取得共同胜利。这一阶段的话语实践为后续交际双方开展合作奠定了坚实基础。

3. 强调“人类是一家人”。“人类是一家人”是构建人类命运共同体的重要前提和坚强基础，是共情话语实践的关键内容和核心要义。习近平主席多次强调：“人类是一个整体，地球是一个家园。”这样的话语实践将全人类“血亲化”，有效拉近了与交际客体的心理距离，最大限度地强化了与交际客体的亲密程度，为后续彼此共情的实现奠定了坚实基础，为后续推动交际双方凝心聚力、协同合作发挥了关键作用。

需特别强调的是，习近平主席在国内国际各种场合的讲话中经常使用亲属隐喻去表述“人类是一家人”。亲属隐喻不仅是一种修辞技巧和认知方式，也是一种话语表述，即基于一定的语用目的，交际主体启用“亲属”关系网络去表述客体，随即“亲属”关系网络中的“亲近”“和谐”“友好”等元素被映射至客体关系网络，最终致使客体的非亲属特征逐渐“血亲化”，在交际客体心智中构建出“同是一家人”的理念，致力于塑造客体与交际主体亲密友好的形象，有助于拉近交际双方心理距离，增强彼此好感，营造和谐友好高质量交际环境。

2020 年 2 月 20 日，习近平主席同巴基斯坦总理伊姆兰·汗通电话表示："事实再次证明，中巴两国是患难与共的真朋友、同甘共苦的好兄弟。我们将像对待本国公民一样，照顾好在华巴基斯坦兄弟姐妹。"

交际主体通过亲属隐喻，将巴基斯坦"血亲化"，视作兄弟，在交际客体心智中构建出"同是一家人"的理念，有效拉近了两国心理距离，进一步提升了两国亲密度，营造了和谐友好高质量交际环境，塑造了两国相互扶持、相互信任、同甘共苦的兄弟情谊。同时，还建构出我国重情义、有担当的国际形象。

总之，交际主体启用"亲属"关系网络去塑造中国与其他国家的身份关系，在交际受体心智中植入"同是一家人"的理念，有效拉近了中国与其他国家的心理距离、营造了和谐友好高质量交际环境，建构出我国重情义、有担当、积极谋求全球合作共赢的国际形象。通过话语与他国建立"亲属"关系，为我国和他国后续产生共情进而凝心聚力、协同合作打下了坚实基础。

4. 表示愿意无条件提供援助。光强调"同是一家人"是不够的，还要传达"一家人就应该互相帮助"的理念。时任外交部发言人耿爽指出："尽管当前中国国内疫情形势依然严峻，但我们愿在努力抗击本国疫情的同时，进一步同日方分享信息和经验，并根据日方需要，积极向日方提供力所能及的支持和帮助。事实上，双方已经着手开展这方面的具体工作。"这段话语充分展示出我国的大国气度、大国风范和大国担当，在受体心中成功植入"无论我们有多困难，也一定会竭尽所能帮助你"的理念，有助于进一步拉近与其他国家的心理距离，最大限度地强化其他国家对我国的信任程度，为我国后续呼吁共同打造合作机制奠定了坚实基础、埋下了重要伏笔。

5. 呼吁共同打造合作机制。这一阶段的话语实践要着重强调协同合作，极力呼吁求同存异，努力培育合作“土壤”，通力打造合作机制。前面四个阶段的话语实践是这一阶段话语实践的坚强基础，只有前面扎实铺垫，这一阶段的话语实践才能发挥其最大功效，国际合作才能真正被推动，人类命运共同体才能真正得以构建。习近平主席在全国抗击新冠肺炎疫情表彰大会上明确指出：“重大危机面前没有任何一个国家可以独善其身，团结合作才是人间正道。”在中国共产党与世界政党领导人峰会上的主旨讲话中，习近平总书记强调：“从‘本国优先’的角度看，世界是狭小拥挤的，时时都是‘激烈竞争’。从命运与共的角度看，世界是宽广博大的，处处都有合作机遇。”要通过话语着重强调，只有全球合作，世界才有未来，人类才有希望；要通过话语郑重呼吁世界各国不断强化合作意愿，通力打造合作机制。

本章着重阐释了人类命运共同体要义，并在共情话语实践视域下系统探究了人类命运共同体的构建。研究发现，人类命运共同体的共情话语实践可从五个方面开展：一、表达深情关切；二、揭示共同困境；三、强调“人类是一家人”；四、表示愿意无条件提供援助；五、呼吁共同打造合作机制。本研究属于理论思辨型研究，所获结论更多是一种理论框架和理论假说，对于如何具体应用，进而产生实际效果，缺乏深入思考；此外，本研究未系统考察人类命运共同体的国内外话语传播。以上两处不足是下一步我们思考及实践的方向和目标。

第七章　人与自然生命共同体的话语表征及共话语构建

当前，世界正处于百年未有之大变局。新的时代背景给生态环保工作的开展提出了新要求、设置了新目标。面对新形势，必须要开拓新思路新理念。新时期的语言研究者要有浓厚的家国情怀、强烈的社会服务意识以及高度的政治敏锐性，新时期的语言研究要朝着为人民服务、为民族服务、为国家服务这三个方向推动。人与自然命运与共、共荣共生，人类只有尊重自然、遵循自然规律，才能实现永续发展。通过语言的软支撑，人与自然生命共同体的构建与铸造才能更加均衡和完备。如何从语言学角度有效构建人与自然生命共同体值得深入关注。

一、人与自然生命共同体的相关研究

以 SU= “人与自然生命共同体”为检索式（主题检索，检索字段涵盖标题、摘要及关键词），在 CNKI（中国知网）数据库中进行检索，截至 2021 年 7 月 29 日共搜寻到相关文献 256 篇。具体出版时间分布如图 1 所示。数据显示，最早的文献为佘正荣发表于《自然辩证法研究》1999 年第 2 期的《拓展生态伦理学的文化境域》。① 人与自然生命共同体研究起步

① 佘正荣．拓展生态伦理学的文化境域［J］．自然辩证法研究，1999（02）：57-61.

早，但前期的发展势头明显不足。从 2018 年开始，文献数量开始迅速增长，在 2020 年达到顶峰。

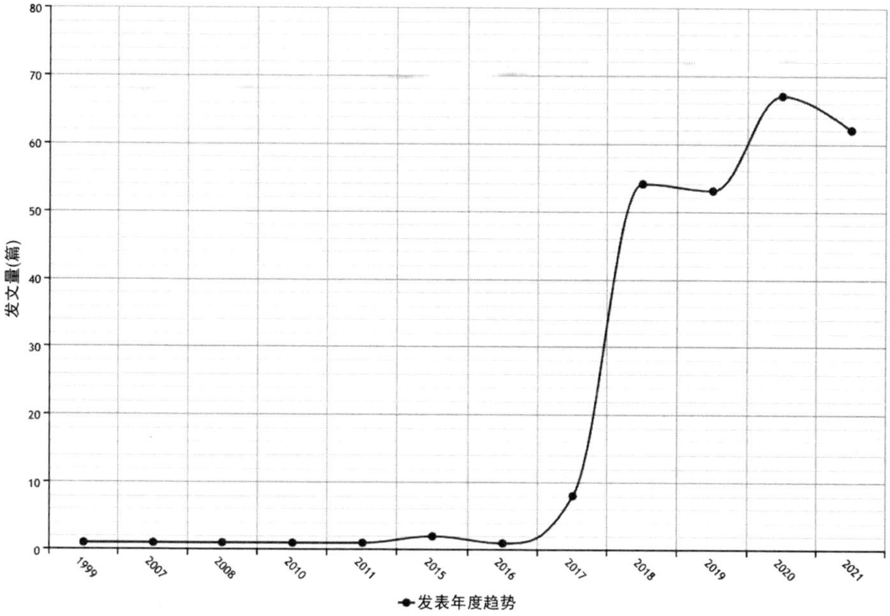

图 1　文献出版时间分布

人与自然生命共同体相关文献数量最多的 10 个领域如图 2 所示。数据显示，涉及环境科学与资源利用的相关研究成果最为丰富，如赵文斌发表于《中国自然资源报》的《建设广阳岛人与自然和谐共生的最优价值生命共同体》① 以及郑继江发表于《理论学刊》的《论人与自然和谐共生的现代化生成机理》②。中国政治与国际政治、思想政治教育、马斯克主义、伦理学、气象学等学科领域紧随其后。

---

① 赵文斌．建设广阳岛人与自然和谐共生的最优价值生命共同体［N］．中国自然资源报，2021-06-17（006）．

② 郑继江．论人与自然和谐共生的现代化生成机理［J］．理论学刊，2020（06）：122-131．

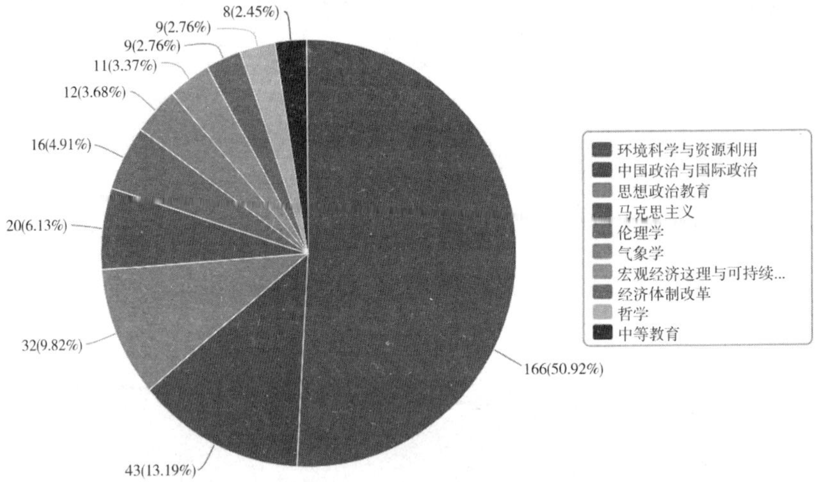

图 2 文献学科分布

王青从哲学角度系统探讨了新时代人与自然和谐共生观的哲学意蕴。研究指出，新时代人与自然和谐共生观突破了人类中心主义与生态中心主义两种传统生态价值观的根本对立，实现了与辩证唯物主义自然观的有机统一。新时代人与自然和谐共生观不仅合理汲取了中国优秀传统文化中的生态智慧，批判继承了马克思唯物主义自然观的丰富内容，积极借鉴了西方生态哲学思想的合理要素，而且还蕴含了生态和谐观、生态共生观、生态发展观、生态历史观的生态哲学内涵，体现了辩证思维、矛盾思维、系统思维等缜密的哲学逻辑思维。① 蔡守秋、王萌从环境法的角度系统考察了人与自然是生命共同体理念的环境法蕴涵。研究认为，人与自然是生命共同体，要求人们树立尊重自然、顺应自然、保护自然的生态文明理念，同时也为我国环境法的发展提供了理论支撑。②

人与自然生命共同体相关研究的时间跨度大、领域多元、主题丰富、

① 王青．新时代人与自然和谐共生观的哲学意蕴［J］．山东社会科学，2021（01）：103-110.

② 蔡守秋，王萌．“人与自然是生命共同体”理念的环境法蕴涵［J］．吉首大学学报（社会科学版），2020，41（04）：30-37.

成果丰硕，但遗憾的是既有成果多从环境科学与资源利用、中国政治与国际政治、思想政治教育、马斯克主义、伦理学、气象学等角度切入，极其匮乏语言学特别是话语领域的相关成果。话语能反映客观现实，也能构建客观现实，人与自然生命共同体理念的构建及传播少不了话语的参与。在研究人与自然生命共同体时，我们切实要围绕话语做好文章、做实工作，有了话语的软支撑，人与自然生命共同体研究体系才能建设得更加均衡和完备。因此接下来我们要着重思考和解决如何以话语为抓手有效构建人与自然生命共同体、铸牢人与自然生命共同体意识。基于此，本研究拟在已有成果基础上，在话语分析理论指导下尝试解决以下问题：一、人与自然生命共同体较典型的话语表征是什么？二、人与自然生命共同体的话语构建有哪些途径？

二、人与自然生命共同体的话语表征

人与自然相互影响、相互制约、命运与共，自然环境的破坏、生态体系的崩塌将会给人类社会带来毁灭性打击。人类位于自然界食物链顶端，坐拥天然优势。自身强大的优越感让人类萌生了改造自然、征服自然的念头，适当对自然进行改造影响不大，但对自然过分开发、过度索取，甚至失去了对自然的敬畏之心，必然会招来毁灭性打击。西方国家通过第一次工业革命和第二次工业革命大幅提高了生产力，实现了从传统农业社会转向现代工业社会的重要变革，但也造成了严重的生态危机。生态危机是人类社会现代化发展不可忽视的弊端，如何在走现代化道路的同时极力避免生态危机是无法回避、亟待解决的议题。

“人法地，地法天，天法道，道法自然”，中华文明历来将人与自然的和谐相处视作最高理想。① 十九大报告指出：“人类只有遵循自然规律才能

① 张晓瑞．道教生态思想下的人居环境构建研究［D］．西安：西安建筑科技大学，2012.

有效防止在开发利用自然上走弯路，人类对大自然的伤害最终会伤及人类自身，这是无法抗拒的规律。”① 2021 年 4 月，习近平总书记应邀出席领导人气候峰会并作了题为《共同构建人与自然生命共同体》的重要讲话，全面系统阐释了人与自然生命共同体理念的丰富内涵与核心要义：一是要坚持人与自然和谐共生；二是要坚持绿色发展；三是要坚持系统治理；四是要坚持以人为本；五是要坚持多边主义；六是要坚持共同但有区别的责任原则。这“六个坚持”既是对马克思主义自然观的新发展，也是指导我国乃至全球生态文明建设的实践纲领，具有重要的理论意义和实践价值。②人与自然生命共同理念坚持绿色发展，强调国际合作，彰显国际正义，可谓立意高远、内涵深刻、具有重要战略意义。推动构建人与自然生命共同体是对人民群众和子孙后代高度负责的表现，对于社会主义生态文明的建立、社会主义生态文明观的树立、美丽中国的建设具有重要战略意义。

话语是一种由语言与言语结合而成的异常丰富和复杂的符号系统，是一种与社会权力关系相互缠绕的言语方式，是一种在人与人互动过程中呈现出来的具有强烈社会性的语符形态。③

心理学中，表征是一种用以指代某种东西的符号或信号。表征存在以下几种类型：

一是认知地图：一种对环境经验的心理表征，主要包括顺序、方向、时间等信息。

二是表象：人们在想象某个人或某个东西时，心中出现的相关形象。

三是图式：人类对各种知识一般性的抽象概括产物，并作为认知单元存贮于心智中。④

---

① 刘涵．习近平生态文明思想研究［D］．长沙：湖南师范大学，2019.

② 李培超．构建人与自然生命共同体的理论意义和实践价值［N］．中国社会科学报，2021-05-27（003）.

③ 尹铂淳．中华民族共同体和人类命运共同体要义及话语建构［J］．理论与当代，2020（09）：10-11.

④ 杨盛春．知识表征研究述评［J］．科技情报开发与经济，2012，22（19）：145-147.

语言学中，表征指一种蕴含了丰富概念内涵的语言符号。话语表征是一种致力于构建并承载某些政治理念、价值观念、社会关系和权力结构的语言符号。人与自然生命共同体的话语表征是一种构建并承载了人与自然生命共同体理念的语言符号。类似的语言材料不在少数，“绿水青山就是金山银山”是其中比较典型的。本研究以“绿水青山就是金山银山”为例进行话语分析，旨在揭示其所蕴含的生态观、发展观和执政观。

“人民对美好生活的向往，就是我们的奋斗目标。”天蓝山青水净是人民对美好居住环境的向往，也是中国共产党人毕生的奋斗目标。党的十九大报告指出：“必须树立和践行绿水青山就是金山银山的理念，坚持节约资源和保护环境的基本国策，像对待生命一样对待生态环境，统筹山水林田湖草系统治理，实行最严格的生态环境保护制度，形成绿色发展方式和生活方式，坚定走生产发展、生活富裕、生态良好的文明发展道路，建设美丽中国，为人民创造良好生产生活环境，为全球生态安全作出贡献。”“绿水青山就是金山银山”这生动简明的十个字包含了深刻丰富的生态环保理念，折射出我国生态环保的博大智慧以及追求人类可持续发展的坚定决心。

“绿水青山就是金山银山”是一个由隐喻构建的政治话语。通过隐喻，话语主体将层次多样、内涵丰富的环保理念、发展理念、执政理念编码于“绿水青山就是金山银山”。话语解码能有效揭示话语背后的思想理念、价值体系、逻辑结构等，解码“绿水青山就是金山银山”目的在于揭示该话语所蕴含的生态观、发展观和执政观，有助于人们全面深刻认识“绿水青山就是金山银山”并准确把握其核心要义，为后续深入贯彻落实该理念奠定了坚实基础。

“金银”在我国民俗文化模式和认知方式中是两种非常珍贵的事物，“金山银山”有金银数量巨大、无穷无尽之意。将“绿水青山”隐喻为“金山银山”充分显示出“绿水青山”的珍贵性和重要性；“绿水青山就是金山银山”充分凝结了话语主体深入浅出、生动简明的人民话语技巧以及体量庞大的知识储备。

“绿水青山就是金山银山”理念是对“天人合一”“道法自然”这些中国古代哲学思想的继承和发扬。人与自然辩证统一、相互影响、密不可分、互利共存、共荣共生，是生命共同体。自然为人类提供了赖以生存的生产资料和生活资料，自然孕育了人类，人类因自然而生。人类必须尊重自然、顺应自然、保护自然。良好的自然环境是人类社会持续发展的坚强保障，是人类繁衍后代、生生不息的牢固基石。自然环境的破坏、生态体系的崩塌将会给人类社会带来毁灭性打击。“绿水青山就是金山银山”立意高远、内涵深刻，深入贯彻落实“绿水青山就是金山银山”理念是对人民群众和子孙后代高度负责的表现，对于社会主义生态文明的构建、原有生态观、发展观和执政观的革新、美丽中国的建设具有重要战略意义。

“绿水青山就是金山银山”是对经济发展理念的深刻革新。人类不能陶醉于所谓“征服”自然。人类对自然的过度开发和改造，必将遭到自然的“报复”。生态兴则文明兴，生态衰则文明衰。我们要始终践行“绿水青山就是金山银山”理念，深刻革新发展思路，正确处理好经济发展与生态环保的关系，让绿色发展理念充分融入经济发展，坚决做实做好生态环保这项功在当代、利在千秋的伟大事业，切实推进我国生态文明建设迈上新台阶。

“金山银山”与“绿水青山”辩证统一、相辅相成、相互影响，构成了一个有机整体：

一是既要“金山银山”，也要“绿水青山”。既要永续发展，也要生态环保；

二是拥有“绿水青山”，才有“金山银山”。只有做好生态环保，才能实现永续发展；

三是“金山银山”买不到“绿水青山”。经济再发达也无法挽回破坏生态环境带来的损失；

四是不拿“绿水青山”换“金山银山”。宁要“绿水青山”，不要

“金山银山”，当生态环保和经济发展出现矛盾时，生态环保要永远放在首位，作优先考虑。

“绿水青山就是金山银山”是构建人与自然生命共同体较为典型的话语表征，是一种立意高远、格局宽广的生态文明新理念，是对原有生态观、发展观、执政观全面深刻的革新。始终践行“绿水青山就是金山银山”理念是实现人民对美好生活向往的重要途径，是实现中华民族伟大复兴的牢固基石，是实现人类可持续发展的坚强保障。

三、人与自然生命共同体的话语构建

构建人与自然生命共同体是一项综合的事情，需要多方多领域共同努力，话语作为舆论舆情和语言文化的载体，在构建人与自然生命共同体中扮演了重要角色，发挥了不可忽视的作用。话语构建是一种通过话语打造各类观念理念、价值逻辑的言语行为，是一种致力于呈现各种社会关系、权力结构、政策法规的语符形态。人与自然生命共同体的话语构建是一种有助于团结世界各国共同构建人与自然生命共同体、共谋人与自然和谐共存之道的话语实践。通过话语可以从以下三个方面构建人与自然生命共同体、铸牢人与自然生命共同体意识。

（一）传理念，表态度，作承诺

中华民族始终秉持并遵循着“天人合一”“道法自然”的理念，这是人与天地万物共荣共生的最高原则，是中华民族智慧的象征。要以话语为抓手，通过外译渠道，让这一思想“走出去”，并在全世界广泛传播并形成深刻影响。2021 年 4 月 22 日，习近平主席受邀以视频方式出席领导人气候峰会，并作重要讲话。习近平主席表示：“中华文明历来崇尚天人合一、道法自然，追求人与自然和谐共生。”习近平主席的这一番话有助于国际社会更全面准确地了解中华民族“尊重自然、顺应自然、保护自然”的生态环保理念、“天人合一”“道法自然”的生态环保智慧。通过话语，既要传递我们的生态环保理念、表达我们的生态环保态度，还要作出我们关于生态环保的承诺。2021 年 4 月，在领导人气候峰会的讲话中，习近平主席郑重承诺：“2025 年到 2030 年中国将会逐步减少煤炭的使用。”2019 年 9 月，国务委员兼外交部部长王毅在联合国气候行动峰会上强调：“作为国际社会负责任的一员，中国言必信、行必果，在应对气候变化的征程中不断迈出新步伐。中国践行新发展理念，决心走绿色、低碳、可持续发展之路。”这些话语成功展示出我国在生态环保事业上的决心和态度，郑重地向世界作出了承诺，并积极分享了中国方案和中国主张，这些话语举措有效提升了世界各国在生态环保领域对我国的尊重和认可，为世界各国共谋人与自然和谐共生之道奠定了坚实基础、锻造了坚强保障。

（二）呼吁培育合作“土壤”

地球是一个家，世界各国是休戚与共的命运共同体，生态环保问题是全球问题，任何国家都不能置身事外。人类命运与共，只有携手才能解决好生态环保问题，才能共同构建人与自然生命共同体，真正实现共同发展共同繁荣。要通过语言交流加强国际合作，促使各国共同面对这一问题，携手解决这一问题。语言是人类交际沟通的主要工具，是打破沟通壁垒的重要渠道，是增强彼此认同感的制胜法宝。构建人与自然生命共同体绝不能单打独斗，要强调国际合作，积极践行多边主义，坚决反对单边主义。要以语言为抓手，加快推进世界各国民众交流交融，增进彼此了解，增强彼此认同感，进而促进世界各国民众协同合作，深化伙伴关系，提升合作水平，在实现全球碳中和新征程中互学互鉴、互利共赢。人与自然生命共同体的话语构建要着重强调协同合作，极力呼吁求同存异，努力培育合作“土壤”，通力打造合作机制。2014 年 9 月 23 日，国务院副总理张高丽出席联合国气候峰会并作讲话。张高丽强调：“中国高度重视应对气候变化，愿与国际社会一道，积极应对气候变化的严峻挑战。”2020 年 12 月 12 日，习近平主席在气候雄心峰会上深刻指出："只有坚持多边主义，讲团结、促合作，才能互利共赢，福泽各国人民。"我国领导人站在人类社会发展的高度，在各种国际场合极力呼吁世界各国勠力同心、协同合作，共同应对并解决生态环保问题。

（三）增强舆情研判，制订话语方案

立足话语，有效研判生态环保问题，及时解决生态环保问题，人与自然才能和谐共存、共荣共生。话语是一种由语言与言语结合而成的异常丰富和复杂的符号系统，是一种与社会权力关系相互缠绕的言语方式，是一种在人与人互动过程中呈现出来的具有强烈社会性的语符形态。总之，话语编码了丰富的舆情，是一种信息量极大的语符载体。对大型语料库中的生态环境文本进行话语分析能有效揭示这些文本背后的社会事件和舆情舆论，能有效辅助研判生态环保问题，为后续精准施策提升环境质量铸牢了坚实的舆情基础。通过话语分析研判生态环保问题后，接下来还要针对性强地研究制订相应话语方案。研究制订话语方案并非一人能完成，需要打造一支庞大的、实干精干的人才队伍。要努力打造一支具备扎实母语和外语功底、丰富生态环保知识储备、强大跨文化交际能力、信息收集能力、舆情研判能力、创新能力、批判精神、奉献精神和人文情怀的复合型语言人才队伍。联合生态环保领域建设生态环保语言服务志愿者人才资源库，打造生态环保语言服务中心以及相关语言智库组织，建设生态环保语料库，研发涵盖文字、图片、软件等形式的生态环保多语种智库产品。有了强大精干的人才队伍和智库组织作支撑、作保障，才能真正研制出对症下药、目标明确、措施有力、掷地有声的话语方案。

本研究重点探究了人与自然生命共同体的话语表征，并集中探讨了人与自然生命共同体的话语构建。研究发现，人与自然生命共同体比较典型的话语表征是"绿水青山就是金山银山"，这是一种立意高远、格局宽广的生态文明新理念，是对原有生态观、发展观、执政观全面深刻的革新。

人与自然生命共同体的话语构建可从三个方面考虑。目前，本研究更多是开展理论阐释，对于如何将理论进行具体应用并产生实际效能，缺乏深度探索；此外，本研究未系统考察人与自然生命共同体的国内外话语传播。以上两处不足是下一步我们思考及实践的方向和目标。

第八章　将意识形态安全话语和应急语言服务话语融入高校语言类教材建设全过程

当今世界正处于百年未有之大变局相互交织，全球政治、经济、文化、科技、军事、外交等各领域正在发生复杂且深刻的变化，世界进入了一个不稳定、不确定、动荡不安的新时期。根据新形势，建设新教材，培育新能力，培养新人才，是打好这场持久战的坚强基础。新形势提出了新要求，带来了新变化，高校语言类教材的建设随之迎来了巨大挑战。出版从业人员要精准把握新形势下高校语言类教材建设的重点和目标，找出着力点，明晰新形势下高校语言类教材建设的挑战，明确新形势下高校语言类教材建设的目标，研制新形势下高校语言类教材建设的应对策略。

截至 2021 年 7 月 14 日，以“语言类教材建设”和“语言类教材出版”为检索主题在 CNKI 上共检索出 67 篇文献。这些文献主要围绕语言类教材的建设和出版提出了意见和建议①②③。如程晓堂、赵笑飞认为，目前外语专业语言类教材存在语言输入量不足、语言素材质量不高、重语言知

① 朱绍禹．语言教材文化的建设和理论研究［J］．课程·教材·教法，1995（06）：21-24.

② 徐锦芬，朱茜，杨萌．德国英语教材思辨能力的体现及对我国英语专业教材编写的启示［J］．外语教学，2015，36（06）：44-48.

③ 梁娜．英语教材出版的新挑战与新路径［J］．出版广角，2021（05）：88-90.

识轻语篇内容、练习多语言实践活动少等问题。他们结合教材编写中的问题，系统探讨了外语专业语言类教材的编写方式与路径，并提出了不少有益的语言类教材编写建议。① 郑旺全、王世友集中考察了民族中小学教材审查的现状、性质与未来走向。他们强调，民族中小学教材审查务必要在党的教育方针指导下，紧扣民族中小学课程设置和教材体系的基本特点，严格遵循民族中小学教材内容特性和形式特性的内在规约与要求。②

这些研究涉及的领域多元、成果丰硕，颇具理论价值和实践意义。不同的时代拥有不同的目标和任务，教材的建设必须结合所处时代背景。当今世界正处于百年未有之大变局。全球政治、经济、文化、科技、军事、外交等各领域发生了复杂且深刻的变化。在这样的新形势下，高校语言类教材的建设面临着巨大挑战：意识形态问题非常突出，应急语言服务相关内容亟待写进教材。话语不仅仅只是语言符号，还是观念理念。如何立足新时代背景，将意识形态安全话语和应急语言服务话语融入高校语言类教材建设全过程至关重要，亟待重点关注及深入考察。

在已有研究成果的基础上，本文立足新的时代背景，探讨高校语言类教材的建设，尝试解决以下两个问题：一、将意识形态安全话语和应急语言服务话语融入高校语言类教材建设有哪些必要性？二、将意识形态安全话语和应急语言服务话语融入高校语言类教材建设要采取哪些相应举措？

一、融入的必要性

当今世界正处于百年未有之大变局。全球政治、经济、文化、科技、军事、外交等各领域正在发生复杂且深刻的变化。新形势带来了新挑战，教材的建设也要与时俱进。新时期高校语言类教材主要面临两大挑战。

---

① 程晓堂，赵笑飞．外语专业语言类教材编写的问题与建议［J］．山东外语教学，2021，42（01）：40-48.

② 郑旺全，王世友．民族中小学教材审查：现状、性质与未来走向［J］．课程·教材·教法，2019，39（12）：75-81.

1. 高校意识形态安全受到挑战

党的十九届五中全会指出，要全面贯彻党的教育方针，坚持立德树人。落实立德树人，最根本的是要全面贯彻党的教育方针，解决好培养什么人、怎样培养人、为谁培养人这个根本问题。《国家中长期教育改革和发展规划纲要》指出：“高等教育要提高人才培养质量，着力培养信念执着、品德优良、知识丰富、本领过硬的高素质专门人才和拔尖创新人才。”高校教材作为大学生意识形态建设的主阵地，肩负着培养信念执着大学生的重要任务。习近平总书记要求：“要牢牢掌握意识形态工作领导权，建设具有强大凝聚力和引领力的社会主义意识形态。”意识形态是一种能系统反映社会经济形态、政治制度和文化模式的思想体系。意识形态工作是党的一项极端重要的工作，不断深化认识意识形态工作的规律性是新时代的一项重大课题。① 意识形态安全是国家安全的有机组成部分，在国家安全体系中具有重要战略意义。当前高校意识形态安全受到了挑战。随着国际交往的日益频繁，信息获取渠道的日渐丰富，各种观念和思潮不断涌现。一些资本主义腐朽的生活方式、文化模式以及意识形态糟粕不可避免地渗透进入了大学校园，影响甚至危害了部分大学生。教材是学生汲取知识养分的源头，是意识形态工作的前沿阵地。要高度重视高校语言类教材建设过程中的意识形态问题，筑牢教材建设的意识形态安全防火墙，强化语言专业学生对中国特色社会主义道路、理论、制度、文化的了解与认同，提升他们的理论鉴别能力，防止受到西方意识形态糟粕的侵蚀。

2. 已有教材匮乏应急语言服务相关内容

2018 年 9 月 10 日至 11 日，全国教育大会在北京召开，这是在中国特色社会主义进入新时代、全面建成小康社会进入决胜阶段的大背景下，党中央召开的第一次全国教育大会。全国教育大会提出要坚持中国特色社会

① 王海滨 . 做好新时代意识形态工作的四个着力点［J］. 中国党政干部论坛，2019（03）：50-53.

主义教育发展道路，以凝聚人心、完善人格、开发人力、培育人才、造福人民为工作目标，培养德智体美劳全面发展的社会主义建设者和接班人。教材体现国家意志，是育人育才的重要依托。贯彻落实全国教育大会精神，加快构建具有中国特色、世界一流水平的教材体系，必须准确认识和把握新时代教材建设的方向和目标。① 每个时代有其特定的历史背景，每个时代有其特殊的历史任务，每个时代的学生对学习也有其不同的需求和期待。新时代教材建设的方向和目标随着时代背景的更替发生了根本性改变。高校学生对新鲜事物的接受能力更强，他们的知识更新换代更快，他们对新知识的需求和渴望更浓烈，经常会受到各种新观念新思潮的冲击。新时期的语言类教材要充分满足学生的时代需求，教材的建设思路要与时俱进，知识结构要不断扩充。要始终用大历史观武装语言类教材建设者的头脑，诱发他们深度思考“建设的教材是否能充分满足这个时代学生对知识、思维模式、价值理念的需求和期待”。要避免孤立静止地看待语言类教材建设，要用动态发展的眼光对标这个时代学生对知识、思维模式、价值理念的需求和期待，并及时查漏补缺，以确保所传授的知识、思维模式、价值理念是能充分满足当代大学生的需求和期待的。另外，新形势给高校语言类教材建设工作提出了新要求新目标，教材的建设思路和目标也要相应调整，这样才能更好满足这个时代对学生的要求以及学生的时代需求。目前，新冠肺炎疫情正在全球肆虐。新形势下，高校语言类教材一定要勇于承担时代任务，积极践行时代使命，努力实现时代价值：增强语言专业学生的使命担当意识和语言服务意识，提升学生突发公共安全事件应急知识技能储备，强化学生应急语言服务能力等。目前，高校语言类教材严重匮乏应急语言服务相关内容，在接下来的教材建设中要高度重视这一问题，并着手解决这一问题。

---

① 郑旺全，王世友．民族中小学教材审查：现状、性质与未来走向［J］. 课程·教材·教法，2019，39（12）：75-81.

总之，新形势下，意识形态安全问题和应急语言服务在语言类教材建设过程中扮演了极端重要的角色。要花大气力将意识形态安全理念和应急语言服务意识充分融入高校语言类教材建设，以满足新时期高校语言类教材建设需求。

二、融入的举措

针对上述两大挑战，新时期高校语言类教材建设主要有五条相应举措。

1. 举旗铸魂，筑牢意识形态安全防火墙

培养什么人，是教材建设需要考虑的首要问题。我们办的是社会主义教育，培养的是德智体美劳全面发展的社会主义建设者和接班人。我们的教材建设必须始终坚持马克思主义指导地位，牢牢把握正确的政治方向和价值导向，为学生强基固本、打好中国底色、厚植红色基因，培养拥有中国心、饱含中国情、充满中国味的下一代。① 具体体现为在教材建设时要为学生筑牢意识形态安全防火墙。

筑牢意识形态安全防火墙，最重要的是始终坚持举旗铸魂。旗帜是灵魂，是目标，是动力，是根本指南。举旗是坚定信念，是凝心聚力，是立心固魂，是勇往直前。举不起旗、不敢举旗、不愿举旗、举错旗会导致信仰缺失、灵魂涣散、价值观扭曲、战斗力丧失。

高校语言类教材建设首先要确立思想基础和理论依据，因此举什么旗、怎么举成为高校语言类教材建设的根本问题。关于这一问题习近平总书记在全国宣传思想工作会议上给出了精辟的解答："举旗帜，就是要高举马克思主义、中国特色社会主义的旗帜，坚持不懈用习近平新时代中国特色社会主义思想武装全党、教育人民、推动工作。"教材建设工作少不

---

① 郑旺全，王世友．民族中小学教材审查：现状、性质与未来走向［J］．课程·教材·教法，2019，39（12）：75-81.

了价值理念的指引，少不了思想理论的领航，少不了精神力量的支撑。缺少这些，建设出来的教材就会缺失灵魂、迷失方向、丧失目标、游离散漫。要始终旗帜鲜明地高举马克思主义、中国特色社会主义的旗帜，坚持不懈用习近平新时代中国特色社会主义思想为高校语言类教材建设提供理论指导，奠定思想基础，贡献精神力量，筑牢意识形态安全防火墙。这是高校语言类教材建设的首要任务及成败与否的关键，也是必须长期持续推进的重大工程。通过举旗帜为高校语言类教材的建设立心固魂，夯实高校语言类教材建设的思想基础，搭建高校语言类教材建设的理论架构，照亮高校语言类教材建设前进的方向，致力增强高校语言类教材的理论说服力、感召力、影响力及公信力，并筑牢意识形态安全防火墙。

查朱和指出，意识形态普遍存在于任何国家的教材中。近年来，我国教材呈现出意识形态弱化的趋势。要从多个方面入手，强化教材的社会主流意识形态教育。在教材出版领域中加强意识形态建设需要处理好政治性与知识性、社会效益与经济效益、严肃性与可读性的关系。① 我们认为，在高校语言类教材建设过程中，建设者和建设单位首先要提高自己的政治站位，始终高举马克思主义、中国特色社会主义的旗帜，坚持不懈用习近平新时代中国特色社会主义思想武装头脑，强化自己的政治敏锐性以及政治甄别力，加大教材内容的政治审核力度，坚决抵制存在意识形态安全问题的教材内容，维护我国高校语言类教材的意识形态安全。

当代大学生没有经历过曾经的贫穷与落后，无法切身感受中国共产党一路走来的艰辛与不易，无法充分了解中国共产党带领中国人民将中国从一个一穷二白的国家转变为世界第二大经济体的伟大成就，无法深刻认识中国特色社会主义理论体系在这一华美蜕变过程中所扮演的至关重要的角色。要将党史学习教育贯穿于高校语言类教材建设全过程，帮助学生充分了解党的百年奋斗历程和伟大成就，提升他们对党的认同，帮助他们进一

---

① 查朱和．教材出版领域的意识形态建设探析［J］．中国编辑，2015（02）：23-26.

步深刻认识中国特色社会主义理论体系的优越性，提升他们的中国特色社会主义道路自信、理论自信、制度自信和文化自信；帮助他们坚定对马克思主义的信仰，铸牢对中国特色社会主义的信念，强化将中国特色社会主义伟大事业不断推向前进的决心，增强实现中华民族伟大复兴中国梦的信心，筑牢意识形态安全防火墙。

2. 铸牢学生使命担当意识和应急语言服务意识

习近平总书记对教材建设提出了“五个体现”的要求。其中一个体现是要充分体现党和国家对教育的基本要求。即教材建设必须坚定不移地贯彻党和国家的意志，自觉坚持为人民服务、为中国共产党治国理政服务、为巩固和发展中国特色社会主义制度服务、为改革开放和社会主义现代化建设服务（郑富芝，2018）。语言是国家的重要资源，是国家软实力的重要组成部分，是提升综合国力的重要保障。新形势下的语言人才要有浓厚的家国情怀和强烈的社会服务意识，育人要切实围绕社会服务展开。大学教育就是一个将学生从自然人培育为社会人的过程，人的价值体现在人与社会的互动之中，体现在人所处的社会网络之中，因此实现自身价值需做好社会服务。新形势下，高校语言类学生要努力提升自己的应急语言服务能力，积极投身社会服务，作出力所能及的贡献，实现自身价值。有想法才会有计划，铸牢意识才能催生行动。新形势下，高校语言类教材的建设工作首先要在铸牢学生使命担当意识和应急语言服务意识上下功夫，这是强化学生应急语言服务能力、促使学生积极投身社会服务的首要前提和重要基础。新形势下，高校语言类学生的培育工作要以应急语言服务为载体，增强学生的家国情怀，铸牢学生的使命担当意识。让学生的发展更好地融入国家和地方发展，让学生的知识技能更好地服务于社会经济发展，让语言人才培养模式更好地对接国家和地方战略。新形势下，高校语言类教材建设者和建设单位要更主动承担起铸牢学生应急语言服务意识、增强学生应急语言服务能力的重要使命。要推动差异化培育模式，既要注重专业内部知识技能的培育，又要精准定位学生个人发展与国家和地方经济社会发展的契合点，帮助学生更精准有效地对接国家和地方战略，为国家和地方经济社会发展服务，致力于培育出优秀的德智体美劳全面发展的中国特色社会主义接班人和建设者。疫情期间，语言防疫、语言抗疫等社会服务力量彰显出强大的战斗力，具有重要战略价值。语言防疫、语言抗疫等社会服务还要进一步加强，高校语言类教材必须责无旁贷地承担起这一光荣使命。新形势下，高校语言类教材建设要紧紧围绕如何增强学生使命担当意识和应急语言服务意识做足功课。

3. 提升学生突发公共安全事件应急知识技能储备

语言教学时，要坚决杜绝过分强调语言工具性，忽略语言人文性这一错误理念，即在教授语言知识和技能的同时，还要集中展示语言所承载的思维性、文化性和政治性。新时期的语言教师不光要教授语言本体知识技能，还要传授其他领域的文化模式和知识结构。新形势下，要特别注重通过语言教学去帮助学生构建突发公共安全事件应急知识技能体系。新形势下，在高校语言类教材的建设过程中不光要编入语言本体知识技能，更要巧妙地将突发公共安全事件应急知识技能编入教材的课文之中，确保教材能有效帮助学生充分认识突发公共安全事件应急知识技能的重要性，并帮助他们全面获取和熟练掌握突发公共安全事件应急知识技能，提升他们的突发公共安全事件应急知识技能储备。如在语言教材建设过程中，可以选择将突发公共安全事件应急语篇及相关表述作为学生的阅读和背诵材料，在教材课后作业模块还可设置一些突发公共安全事件和应急语言服务的相关习题，帮助学生进一步夯实所学，并优化学生的学习效果。这样既能有效帮助学生获得相关语言本体知识技能，还能帮助他们掌握更多、更实用的突发公共安全事件应急知识技能，为提升他们的应急语言服务能力奠定了坚实的知识技能储备基础。

4. 增强学生应急语言服务能力

新形势下，高校语言类教材建设要加大学生应急语言服务能力的培育力度。应急语言服务能力指通过语言文字手段有效应对和处理突发公共安全事件的能力，包括多语翻译、舆论引导、慰藉人心等诸多子能力。应急语言服务关乎应急救援和防灾减灾的诸多环节，对科学抗疫具有重要战略意义。首先要通过高校语言类教材着力培育语言专业学生的多语翻译能力。通过多语外译做好祖国的宣传队，及时分享国内疫情防控工作的最新动态以及防控经验，讲好我国疫情防控的故事，讲好我国帮助他国做好疫情防控的故事，加快构建人类命运共同体；通过民族语言翻译，及时分享国内疫情防控工作的最新动态以及防控经验，加强民族沟通互助，进一步铸牢中华民族共同体意识。其次要通过高校语言类教材着力培育学生的舆论引导能力，即引导他们积极主动回应外界对我国疫情的不实报道，粉碎外界对我国疫情的不实言论，回击外界对我国疫情的诽谤和污名化，帮助我国营造良好的国际舆论氛围。接着教材还要积极引导学生以语言为抓手，为防疫注入暖色调。疫情防控工作越到吃劲的时候，越要强信心，暖人心，营造风雨无阻向前进的浓厚氛围。要着力培育学生的语言慰藉能力，及时回应社会关切，传递关怀，温暖人心，夯实信心，辐射正能量，为抗疫注入暖色调。此外，高校语言类教材建设还要紧紧牵住制度建设的“牛鼻子”，将“突发公共安全事件应急语言服务”写入《国家突发公共事件总体应急预案》之中，纳入国家发展规划之中；再者，还要大力倡导设立应急语言服务相关职能部门，配备全职人员，强化管理机制，完善各项管理制度，建设一套科学、严谨、完备的管理和监督机制，组建一支富有战斗力、具备较强应急语言服务能力的人才队伍。

5. 打造符合学生表述方式、思维逻辑、价值理念的教材撰写话语体系

话语是一种由语言与言语结合而成的异常丰富和复杂的符号系统，是一种与社会权力关系相互缠绕的言语方式，是一种在人与人互动过程中呈现出来的具有强烈社会性的语符形态。和语言不同，话语更关注符号背后的社会结构、意识形态、价值体系、叙事模式、言者的认知方式及行事风格。话语问题不仅是一个表述问题，还是一个知识信息的问题，更是一个思维逻辑和价值理念的问题。话语体系是交际主体在某一领域通过语言符

号构建的动态变化又稳定存在的概念系统，是表述方式、思维逻辑、价值理念的外在表征。① 优秀教材的撰写话语体系一定深受读者喜爱，若读者对其撰写话语体系的接受度不高，教材内容建设得再出色也无济于事。因此高校语言类教材建设要对学生的话语表述方式、思维逻辑和价值理念进行充分考察，努力打造符合学生表述方式、思维逻辑、价值理念的教材撰写话语体系，尽可能提升学生对教材撰写话语体系的接纳度，优化新形势下高校语言类教材的建设效果。学生喜爱的教材撰写话语体系不是高谈阔论的空话和艰涩难懂的套话，而是真挚朴素、生动形象、深入浅出、饱含大智慧、直指人心、具备学生立场的话语。高校语言类教材建设者和建设单位要向学生虚心请教，掌握他们的话语特征，领略他们的话语魅力，努力打造符合他们表述方式、思维逻辑、价值理念的教材撰写话语体系，并在教材编著过程中用好用活该话语体系。这样的话语体系更符合学生的表达习惯，能有效拉近教材与学生的心理距离，增强学生对教材的认同感，提升学生对教材的接纳程度，优化新形势下教材的建设效果。只有学生对教材充满好感和认同感，教材中的“养分”才能真正被学生摄入，进而发挥其育人作用。因此为教材建设打造一套学生认同感强、接纳程度高的撰写话语体系是增强学生使命担当意识和语言服务意识、提升学生突发公共安全事件应急知识技能储备、强化学生应急语言服务能力的首要前提和坚实基础。

根据新形势，建设新教材，培育新能力，培养新人才，是新形势下语言学者及语言类教材建设者义不容辞、责无旁贷的光荣时代使命。本研究立足新形势，重点考察了新时期高校语言类教材建设面临的挑战及举措。本研究更多是从理论维度出发，缺乏应用推广的深度思考。未来，还可以关注文中这些设想和策略的应用推广，将理论价值充分转换为实际的应用效能、产生更大的实际效益。

① 尹铂淳．中华民族共同体和人类命运共同体要义及话语建构［J］．理论与当代，2020（09）：10-11.

第九章　基于大型语料库的长沙城市形象及其国际传播策略

城市形象是公众对某个城市政治、经济、文化、社会、生态、治安、幸福感等各方面的综合印象与评价。对城市形象的不断探索，折射出人们对人地关系认识的不断深化以及对理想人居环境的美好憧憬。塑造良好城市形象具有重大战略意义，有利于增强城市综合竞争力、促进城市对外交流与合作、提升市民满意度、提高城市知名度与美誉度、推动建设具有国际影响力的现代化城市。《长株潭区域一体化发展规划纲要》提出："到2035年，长株潭区域一体化发展格局全面形成，成为中部地区领先、具有国际影响力的现代化城市群。"长株潭城市群位于湖南省中东部，包括长沙、株洲、湘潭三座城市，是湖南省经济发展的核心增长极。优化长株潭城市群国际形象是长株潭区域一体化的主要目标和重要议题，要高度重视长株潭城市群国际形象的塑造，特别是区域中心城市长沙的国际形象的塑造，要努力构建长沙城市形象国际传播渠道，优化长沙城市形象国际传播策略，致力于向世界讲好长沙故事，传播好长沙声音，展示真实、立体、全面的长沙，增强国际社会对长沙的了解及认同，为长沙快速健康发展谋取更为稳定友好的国际舆论环境，积极助力"三高四新"战略实施。

一、城市形象的相关研究

本研究分别以 SU=城市形象，TS=（“city image” OR “urban image”）为检索式（主题检索，检索字段涵盖标题、摘要及关键词），在 CNKI（中国知网）核心数据库与 Web of Science（WOS）核心数据库中进行检索后，搜寻到国内研究文献 8908 篇，国外研究文献 845 篇。

据 CNKI 提供的数据显示，国内城市形象研究在经济学领域的研究成果最为丰富，新闻传播、城乡规划、旅游经济、文化、美术等领域的成果数量紧随其后。国外城市形象研究主要涉及商业经济、地理、工程、环境科学、艺术、公共管理、建筑学等领域。

国内外城市形象研究的领域多元，主题丰富，成果颇丰，为后续研究打下了坚实基础、筑牢了坚强保障。遗憾的是无论是国内还是国外，以语言传播为切入点的文献数量不多。该领域比较具有代表性的研究有：单文盛、甘甜从符号学视角深入探究了湖南城市形象宣传片视觉传播策略；① 汪宜丹系统阐释了政务微博与城市形象之间的互动关系，并揭示了信息时代通过政务微博建构良好城市形象的途径与方式；② 龙江华从公示语汉英翻译系统考察了武汉城市形象建设等；③ Schwarzbach④、Weitzman⑤、Hong-seop⑥ 等文献对文学作品中的城市形象进行了深度系统的挖掘；Ja-

---

① 单文盛，甘甜．符号学视阈下湖南城市形象宣传片视觉传播策略分析［J］．湖南师范大学社会科学学报，2016，45（03）：145-153.

② 汪宜丹．政务微博与城市形象的塑造［J］．新闻与写作，2014（04）：88-90.

③ 龙江华．武汉城市形象建设与公示语汉英翻译［J］．长江论坛，2007（01）：27-31.

④ SCHWARZBACH F. “Terra Incognita” — An Image of the City in English Literature, 1820-1855［J］. Prose Studies, 1982, 5（01）: 61-84.

⑤ WEITZMAN R B A J. The Image of the City in Modern Literatureby Burton Pike［J］. Comparative Literature, 1984, 36（04）: 378-380.

⑥ JUNG H. The Image of City in Lee Sang's Literature［J］. Literary Criticism, 2009（33）: 453-481.

worski & Thurlow①、Pennycook② 等文献从符号景观视角考察了城市形象及相关问题。这些文献贡献颇大，影响深远，但遗憾的是语料的数量普遍偏少，自建的语料库规模普遍偏小。样本总量不大有时候难以有效说明问题，所获结论的效度和信度也会受到不同程度地折损；再者，这些研究缺乏对话语背后意识形态、价值体系、叙事模式和认知方式的深度挖掘。

新闻报道的传播力度大、影响效度高，在舆论宣传引导方面扮演着极为重要的角色，要高度重视新闻报道对城市形象的塑造。在已有研究基础上，本文基于大型语料库 NOW（News on the Web），以其中涉及长沙的新闻报道为研究对象，在批评认知话语分析的指导下，拟对 2011 年至 2020 年十年间海外英语媒体涉及长沙的新闻报道进行定量和定性考察，致力于挖掘新闻报道背后的意识形态、价值体系、叙事模式和认知方式，揭示海外英语媒体塑造的长沙国际形象，并基于此研究制订长沙形象国际传播策略。本文主要设置以下两个研究问题：

一是 2011 年至 2020 年十年间海外英文媒体塑造了哪些长沙国际形象？

二是长沙形象国际传播策略有哪些？

二、海外英语媒体涉及长沙的报道情况

长沙凭借独特的城市魅力，俘获了一大批游客的心，在 2020 年成为国内 15 个进入“新一线”的城市之一。本文以海外英语媒体涉及长沙的新闻报道为研究对象，尝试基于语料库对其进行定量分析，并基于批评认知话语分析理论对其进行定性研究，以此揭示长沙的国际形象。采用的研究方法为基于语料库的批评认知话语分析法。

① JAWORSKI A, THURLOW C. Semiotic Landscapes: Language, Image, Space [M]. New York: Continuum, 2010.

② PENNYCOOK A. Linguistic landscapes and the Transgressive Semiotics of Graffiti [M]. London: Routledge, 2009.

本研究采用的语料库为 NOW。该语料库收录了从 2010 年至今源自网络报纸和杂志的 126 亿单词的数据（截至 2021 年 05 月 20 日）。该语料库的数据量每月增长约 1.8 亿至 2 亿字（约 30 万篇新文章），每年增长约 20 亿词。在 NOW 语料库中检索发现，2000 年 1 月 1 日至 2020 年 12 月 31 日期间，“CHANGSHA”共出现 2698 次。接着，本研究进行定量分析，分析内容涵盖了报道时间分布、报道国家或地区分布、搭配检索、报道倾向等，旨在挖掘涉及长沙的新闻报道的话语特征、撰写风格以及对长沙的态度与评价，希冀比较充分认识和了解海外英语媒体中的长沙国际形象，为长沙国际形象的优化筑牢坚实基础。

本研究的理论工具为批评认知话语分析。20 世纪六七十年代出现了“话语转向”，在后结构主义、建构主义等思潮的影响下，话语被视为理解人类自身与世界的重要资源。通过话语，人们能有效获取话语背后的意识形态、价值体系、文化模式等。可见，话语分析是人们间接了解社会的有力武器，其逐渐成为人文社会科学领域的重要研究方法。批评话语分析将语言学的话语理论与社会学的话语理论结合起来，视话语为知识建构的手段和社会实践的形式，进而探索话语与社会结构之间的辩证关系。① 批评话语分析的批评视角可以追溯至法兰克福学派的社会批判理论。社会批判理论的主要目的是对现实进行批判，以控制和压迫为主题，以人的自由解放为目标。② 只有将语言、社会和人的认知有机联系起来，才能开展有效的话语分析。批评认知话语分析理论借助认知语言学基本原理，有效弥补了批评话语分析缺乏考察人的认知结构这一缺陷。相比批评话语分析，批评认知话语分析不仅重视话语的社会属性，同时也关注话语的认知维度。本研究旨在使用批评认知话语分析理论去挖掘新闻报道背后的权力结构、

① 郭松．批评话语分析：批评与进展［J］．北京第二外国语学院学报，2019，041（004）：34-47.

② FAIRCLOUGH N. Critical Discourse Analysis：The Critical Study of Language［M］. London：Longman，1995.

意识形态、价值体系、叙事模式和认知方式，以此揭示新闻报道是如何多维塑造长沙城市形象的。

（一）报道时间分布

海外英语媒体涉及长沙的报道数量在这十年间一直缓慢增长。2014 年后，增长速率开始持续增强，于 2017 年达到顶峰，而后数据出现了急剧下滑。2018 年以后，报道数量再次稳步增长。

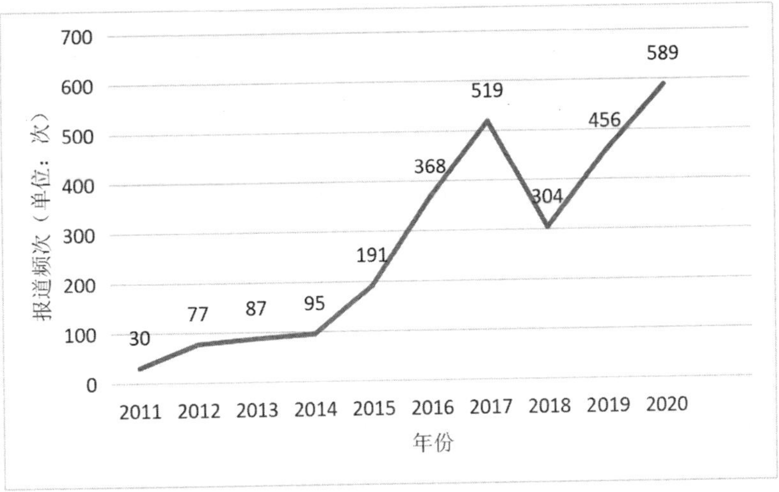

图 1　报道时间分布

（二）报道国家或地区分布

近十年对长沙报道频次最高的国家或地区为新加坡，数量为 666 次；其次为美国，频次为 388 次；第三名是菲律宾，频次为 340 次。中国香港、英国和马来西亚紧随其后。

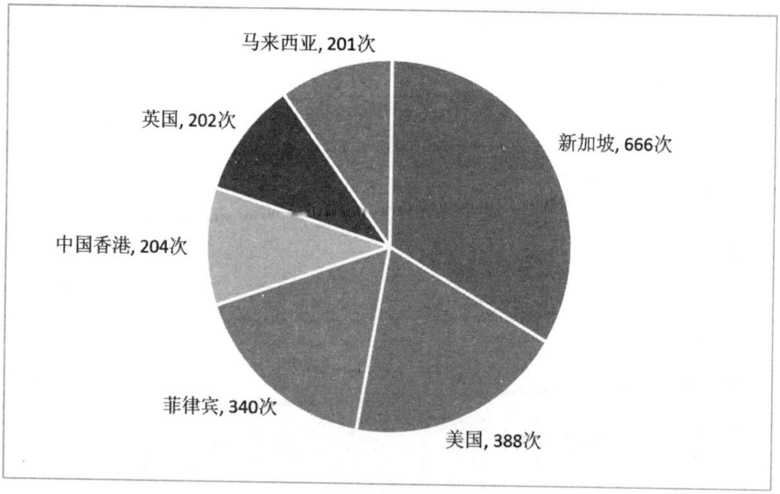

图 2　报道国家或地区分布

（三）搭配检索

本文以"Changsha"作为节点词（node），将跨距（word span）设为左 4 右 4，最后统计出与"Changsha"搭配频次前 15 的名词。如下图所示，与 Changsha 搭配的高频词有 China（中国）、Hunan（湖南）、city（城市）、province（省）、capital（省会）、central（中心的）、Asia（亚洲）、FIBA（国际篮联）、IFS（国金中心）、championship（冠军）等。

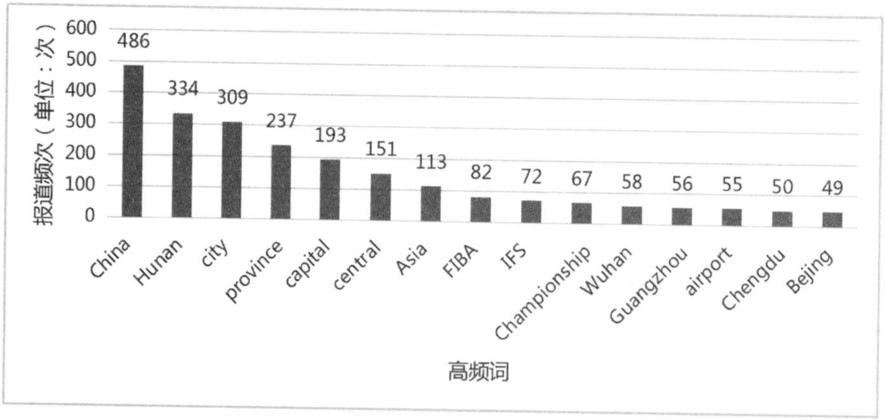

图 3　与 Changsha 搭配的高频词

（四）报道倾向

本研究从总样本中采样出200个样本语料（每一年抽取20个样本）进行报道倾向分析。分析发现，200个样本中，报道倾向为客观中立的样本数量为174篇，报道倾向为褒的样本数量为20篇，报道倾向为贬的样本数量为6篇，如下图所示。可见，近十年海外英语媒体涉及长沙的报道大多是比较中立客观的，夹杂着明显主观评价的报道数量不多，但也不乏一些居心叵测的报道。

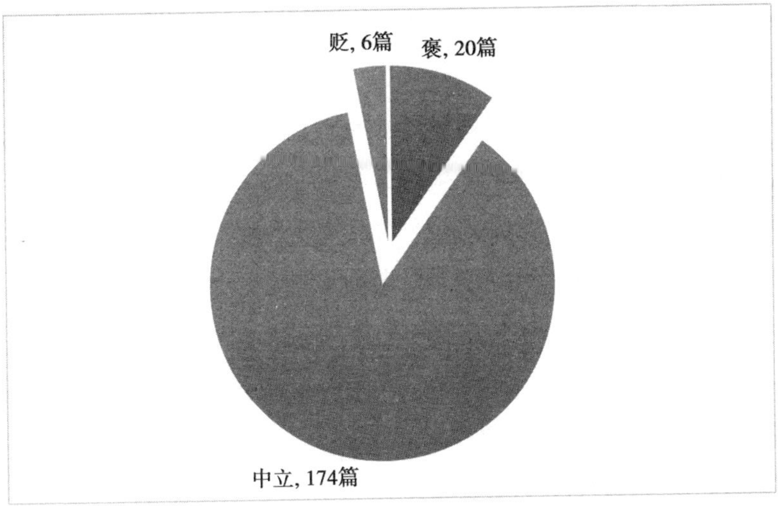

图4 Changsha 的报道倾向

三、长沙的国际形象及其国际传播策略

（一）海外英语媒体塑造的长沙国际形象

形象指人们所持有的关于某个客体的综合印象和评价，它是主观的，而非客观。城市形象是公众对某个城市政治、经济、文化、社会、生态、治安、幸福感等各方面的综合印象与评价，它是被主观建构出来的，而非

客观现实的直接映射。城市形象建构是建构主体、城市客观情况不断互动的主观化过程，是建构主体对该城市交通、景点、基础设施、市民言谈举止、方言、小吃等各领域进行主观化的过程。① 通过语料库检索分析，我们发现，近十年海外英语媒体主要塑造了以下三种长沙国际形象。

1. 积极承办国际体育赛事

2015 年的国际篮联亚洲篮球锦标赛（FIBA Asia Championship）和 2019 年的国际篮联三人篮球亚洲杯（FIBA 3x3 Asia Cup）在长沙举办。作为影响力较大的国际比赛，这两大赛事不光受到了国内媒体的热烈追捧，还受到了海外媒体的重点关注。据搭配检索显示，FIBA 与 Changsha 搭配频次为 82 次，Championship 与 Changsha 的频次为 67 次。数据表明，海外英语媒体对长沙举办的这两场国际体育赛事是比较关注的，这两大赛事和长沙在国际舆论层面形成了较显著的关联。此外，报道在全球传播的过程中会成功塑造出长沙“积极承办国际体育赛事”的国际形象。再者，这两项国际体育赛事让全世界观众在赛事期间聚焦于长沙，极大提升了长沙在海外媒体中的知名度和话题度，进一步夯实并强化了长沙“积极承办国际体育赛事”的国际形象。

2. 艺术、经济、旅游之都

据搭配检索显示，IFS 与 Changsha 的搭配程度较高，搭配次数为 72。IFS 全称为 International Finance Square（国际金融中心），别称“九龙仓长沙国际金融中心”，简称“国金中心”，位于湖南省长沙市五一商圈黄兴路与解放路交会处，是集大型购物娱乐中心、高端写字楼、酒店式公寓及国际白金五星级酒店于一体的超高层大型城市综合体。国际金融中心是长沙新兴的网红地标，受到了众多国内年轻人以及媒体的热烈追捧，此外还受到了海外英语媒体的高度关注。数据显示，长沙与国际金融中心在国际舆

① 尹铂淳，曾宇琪．用话语筑造良好城市形象［N］．语言文字报，2021-02-03（002）．

论层面具有较显著的关联，是海外英语媒体塑造长沙城市形象的重要方向。检索分析后发现，近十年外媒对 IFS 的报道主要集中在艺术、经济、旅游等领域，这些报道成功打造出长沙“艺术、经济、旅游之都”的国际形象。

3. 与中国许多大城市联系紧密、互动频繁

据搭配检索显示，与 Changsha 搭配的高频城市名词有武汉（58 次）、广州（56 次）、成都（50 次）、北京（49 次）、重庆（47 次）、上海（45 次）、深圳（39 次）。这说明，长沙在国际舆论层面与武汉、广州、成都、北京、重庆、上海等中国大城市具有较显著的关联。检索分析后发现，这些报道主要集中在贸易、体育、文化、艺术等领域。这充分反映出在贸易、体育、文化、艺术等领域，长沙与上述武汉、广州、成都、北京、重庆、上海等中国大城市联系紧密、互动频繁。这些报道成功塑造出长沙“与中国许多大城市联系紧密、互动频繁”的国际形象。

（二）长沙城市形象自塑策略

近十年，海外英语媒体对长沙的报道主要集中在 2017 年、2019 年和 2020 年；报道最多的海外国家是新加坡，其次为美国；海外英语媒体关于长沙的报道大多比较客观，夹杂着明显主观评价的报道数量不多；报道的热点主要有国际篮联的两大赛事以及长沙的国际金融中心；成功塑造了长沙“积极承办国际体育赛事”“艺术、经济、旅游之都”“与中国许多大城市联系紧密、互动频繁”等国际形象。

总体而言，海外英语媒体中涉及长沙的新闻报道数量并不多，没能有效展现长沙的特色，塑造的长沙国际形象不够丰富多元，品牌效能较弱，辨识度较低。

海外媒体报道属于他塑。他塑固然重要，但长沙城市形象的自塑也同样重要，特别是在他塑力度不够、效果不佳的时候，更要高度重视长沙城市形象的自塑。针对海外媒体的他塑现状，我国媒体在对长沙城市形象进

行国际传播时可采取的策略有以下几点。

1. 打造新时代长沙城市形象国际传播队伍

国际传播借由多种传媒形式，采用跨国家、跨文化的传播模式，致力于将一个国家或地区在政治、经济、文化等领域的各类信息传播至世界其他国家，以此增进各国或各地区间了解及信任，拉近各国或各地区间情感距离，加强各国或各地区间沟通合作。一般来说，国际传播对应的学科是新闻传播学，但随着信息传播全球化的提速升级，国际传播的穿透力、辐射力及影响力越来越大，单靠新闻传播学显然已经无法满足新时代国际传播能力建设的要求。外国语言文学与新闻传播学同属文学，具有共同的学科基础。两个学科都旨在培养具有开阔国际视野、强大跨文化传播能力、扎实外语功底的复合型传播人才。新形势下，国际传播事业必须引入外语学科，国际传播事业必须有外语人的身影。两个学科要充分利用好自身优势，在传播内容、传播媒介、传播主体、传播受体等方面做好基础工作，共同培育能深刻把握新时代国际传播规律、能构建具有鲜明中国特色战略传播体系的新时代复合型传播人才，为国际传播人才培养工作打开新局面、开辟新战场。

要着力打造新时代长沙城市形象国际传播队伍。这支队伍肩负着当好长沙“宣传队”无比光荣的使命，承担着长沙城市形象国际传播的重要任务。这支队伍的成员不仅要具有扎实的外语功底，还要拥有多学科知识技能储备，更要具备浓厚的家国情怀、强大的时代使命感、深远的国际战略格局以及清晰的国际战略思维。这支队伍要向世界讲好长沙故事，传播好长沙声音，展示真实、立体、全面的长沙；有意识地加强国际舆论引导，传播真相，粉碎谣言，让国际社会了解和认识真实的长沙，增强国际社会对长沙的了解及认同，为长沙蓬勃发展谋取更为稳定友好的国际舆论环境。

2. 提升长沙综合实力，增强长沙国际影响力

通过搭配检索分析发现，Changsha 与 capital、China、Hunan 的关联程

度较高，索引如下图所示。

Bloomberg Businessweek) -- While managing her convenience store in the central **Chinese** city of **Changsha**, Chen Shishun always has an eye on her p
. # Baidu launched its Apollo Go robotaxi service in the **Chinese** cities of **Changsha** and Cangzhou back in August, shortly after announcing that its aut
. The restaurant that offered to weigh patrons in the central **Chinese** city of **Changsha** quickly drew a backlash and was forced to apologize over the w
friends with the windows down, wind blowing. LAY.? (" **Changsha** ") # **Chinese** musician LAY, who has also performed as part of K-pop
Foshan Times Guanhengyuan. Their collaborations can be found in numerous **Chinese** cities, including **Changsha**, Chengdu, Dongguan, Foshan, Guan
officially expanded its autonomous early rider program to citizens in the central **Chinese** city of **Changsha** as rivals accelerate their plans to carry pass
robotaxi services with a fleet of 45 autonomous cars in the central **Chinese** city of **Changsha** on Thursday, September 26, 2019. (Image credit: Baidu) #
However, Baidu is only piloting passenger transport in the central **Chinese** city of **Changsha**, and has not disclosed user base or daily rides details. # N
robotaxi services with a fleet of 45 autonomous cars in the central **Chinese** city of **Changsha** on Sept. 26, 2019. (Image credit: Baidu) # **Chinese** search
early as 2022, CAAM said at a conference in the central **Chinese** city of **Changsha** on Thursday. # **Chinese** automaker BAIC's electric car subsidiary, BJE
little that it's almost meaningless, " said Ms. Zhou, who works in **Changsha**, a central **Chinese** city. Still, she has used the credit line to
. The first China-Africa Economic and Trade Expo was held in central **Chinese** city of **Changsha** in June. # China has been the largest trading partner of
foundation stone was laid for the new high-performance engine factory in the **Chinese** city of **Changsha**. And at the beginning of the fourth quarter, w
Pulled from Cannes Lands Theatrical Release # On September 26, **Chinese** film Summer of **Changsha** unveiled a film poster and a film trailer to annou
trip to China and surfaced at a court hearing in the southern **Chinese** city of **Changsha** in September that year. The activist who had discussed democ

图 5 CHANGSHA+CHINESE 的索引分析

The company has launched autonomous ride-hailing services in Changsha, **the capital of Hunan** province, as well as
went missing in November. Police in Changsha, **the capital of Hunan** province, admitted they were holding him in cu
h a marble sphere at Changsha railway station in Changsha, **the capital of Hunan** province. # Beijing: China reported
ing people's respect for education, was launched in Changsha, **the capital of Hunan** province, on September 9, 2016.
I. It plans to evacuate them by bus to Changsha, **the capital of Hunan** province, 350 kilometers from Wuhan, Hubei P
ding to the report, the market regulator in Changsha, **the capital of Hunan** province, is investigating a fitness app tha
rty at Crystal Lichang, a Longfor project in Changsha, **the capital of Hunan** province. # According to him, there were
frica Economic and Trade Expo, which kicked off in Changsha, **the capital of Hunan** province. # ADVERTISEMENT # B
vents transpiring in Tiananmen Square. # In Changsha, **the capital of Hunan**, Worden estimates at least 20,000 stude
f hopelessness than by any circumstance specific to Changsha (**the capital of Hunan** province), or to China in genera
started rolling out a fleet of robotaxis in Changsha, **the capital of Hunan** province in central China. 40973677 OnePl
ig Zhengzhou, the capital of Henan province, and Changsha, **the capital of Hunan** province, both in central China. # F
ry plans to launch a fleet of 100 robo-taxis in Changsha, **the capital of Hunan** province, on 210 kilometres of city roac
03 # Vehicles and pedestrians travel on a road in Changsha, **the capital of Hunan** province, China May 7, 2018. Pictur
Vehicles and pedestrians travel on a road in Changsha, **the capital of Hunan** province, China. Reuters # * Xi has be
ight between the United Kingdom and China. # Changsha, **the capital of Hunan** province, is the political, economic, c
ling more than 60 storeys high, in Changsha, **the capital of Hunan** Province, Chinese media reports said recently. Thi

图 6 CHANGSHA+CAPITAL+HUNAN 的索引分析

这些搭配说明新闻报道者认为长沙的国际知名度有待进一步提升，单独出现可能会造成外国读者的阅读障碍，必须在后面加以阐释说明。这种看法并非无凭无据，长沙虽然在国内，特别是在国内娱乐领域拥有极高的关注度，但其国际化程度和影响力方面显然远不如北京、上海、广州、深圳等一线城市。不借助"中国湖南省省会"，直接将 Changsha 作为一个独立的表述，确实会增加外国读者的阅读难度。这一认知过程可识解为：以一个更熟悉的事物作为认知参照点去定位一个不那么熟悉的事物。即英语媒体在报道长沙时，有意为长沙设置了一个认知参照点“中国湖南省省会”，旨在帮助读者能更精准定位 Changsha。因此，未来长沙形象自塑工作顺利开展的首要前提是持续增强长沙在经济、工业、科技、文化等领域的综合实力。这是重中之重，只有城市的综合实力提升了，国际知名度和影响力才会相应提升，在国际传播时才能摆脱“中国湖南省省会”这类认知参照点，才能真正拥有属于自己的强烈的辨识度。

3. 深耕长沙特色内容，增强长沙城市品牌辨识度

长沙的城市特色在于历史文化、美食和娱乐产业，如岳麓书院、橘子洲、臭豆腐、茶颜悦色（长沙本土知名奶茶品牌）、湖南卫视等。国际英语媒体没有对长沙的城市特色进行相关报道，甚至连 *China Daily*（中国日报）等我国本土英文媒体都没有对这些特色进行大规模地宣传报道。可见，国际和国内英语媒体缺乏对长沙城市特色内容的深度挖掘。因此未来在自塑长沙的国际形象时，*China Daily* 等本土英文媒体要铸牢使命担当意识，重视长沙特色产业，深耕长沙特色内容，着重对长沙的特色产业进行集中报道，以提高长沙的城市魅力和吸引力，提升长沙的城市知名度，增强长沙城市品牌的辨识度。根据认知语言学的凸显观和注意观可知，人的注意力是有限的，不可能同时注意到一个事物或事件的所有属性特征，人们往往会关注一个事物或事件中比较有特色、比较能吸引眼球的部分属性特征，并将这部分凸显的属性特征作为一个事物或事件的识解起点，即人们只要看到这些属性特征就能立马激活该事物或事件。因此要强化人们对某个事物或事件的认识，只需要找到并放大该事物或事件中凸显的、颇具特色的属性特征即可。可见，通过凸显特色实现增强品牌辨识度这一路径是符合人们认知规律的。城市品牌形成后就像树立了一面旗帜，必然会渗透到经济、社会、文化等各方面，辐射至周边地区乃至海外，有利于城市开展对外交流与合作，在一定程度上能有效优化市民居住环境、交通状况、休闲设施等硬件和软件，还能有效提高市民的满意度和美誉度。

4. 主动设置长沙积极正面议题，优化长沙国际形象

我国现有的国家形象及地区形象多是由西方发达国家媒介所设置的，其中充斥着不少成见与诽谤。我们迫切需要进一步加强话语议题设置，由他塑转型为自塑，摆出中国议题，提出中国议程，突破西方既有的评价藩篱。Van Dijk 指出，无论是话语的音调、词汇序列还是语篇衔接等都受制于人们的知识系统，知识系统被界定为“一个认知共同体达成一致的那些信念集合”①，即人们心智中的概念框架。Fillmore 指出，框架是一个覆盖面很广的术语，涵盖了诸如图式（schema）、脚本（script）、情景（scenario）、观念框架（ideational scaffolding）、认知模式（cognitive model）、民俗理论（folk theory）等内容。② 概念框架是一个拥有诸多逻辑层级的概念结构或知识结构，里面的元素为人们体验所得。概念框架之间互相关联，人们通过一个概念框架能激活与之相关的其他概念框架。因此在形象自塑时，我们要善于利用话语去激活受众心智中的相关概念框架，进而实现议题的成功设置。认知过程可识解为：话语主体将源于心智中的一些概念框架编码于话语，受众在接收到这些话语后，对这些话语进行解码，解码的同时被主体植入的概念框架成功进入受众的心智中，接着经过认知加工形成受众心智中比较稳定的知识体系，直接或间接影响受众的部分判断。未来在自塑时，我们要建立这样的概念预设，以此在目标读者心智中临摹勾勒出长沙在经济、工业、旅游业等领域健康蓬勃发展的态势，主动设置长沙积极正面议题，塑造积极正面长沙国际形象。

5. 构建长沙城市形象国际传播话语体系

习近平总书记在主持中共中央政治局关于加强国际传播能力建设的集体学习时强调：“要深刻认识新形势下加强和改进国际传播工作的重要性

---

① VAN DIJK T A. Ideology：A Multidisciplinary Approach［M］. Newbury Park：Sage Publications Inc，1998：83.

② FILLMORE C J. Frame semantics［C］//Linguistic Society of Korea. Linguistics in the Morning Calm. Seoul：Hanshin Publishing Co，1982：111-137.

和必要性，下大气力加强国际传播能力建设。”长沙城市形象国际传播话语体系是国际社会了解和认识长沙的重要渠道，是增强长沙国际影响力的重要路径。要努力构建长沙城市形象国际传播话语体系，讲好长沙故事，传播好长沙声音，塑造积极正面长沙城市形象。话语是一种由语言与言语结合而成的更丰富和复杂的符号系统，是一种与社会权力关系相互缠绕的言语方式，是一种在人与人互动过程中呈现出来的具有强烈社会性的语符形态。话语体系就是思维体系，就是文化知识体系，这一体系深深制约和影响着隶属于这一体系的言者和读者。长沙城市形象国际传播话语体系是交际主体用话语符号构建的，用以塑造能充分彰显长沙特色、能真实有效反映长沙综合情况、能有效提升长沙城市国际竞争力、能促进长沙精神文明建设、能促使长沙开展对外交流与合作、能提升长沙市民满意度的自塑型话语系统。长沙城市形象国际传播话语体系构建的根本目的在于抢占国际舆论主渠道，加强国际舆论引导，向世界讲好长沙故事，彰显长沙历史文化魅力，打造极具辨识度的长沙城市品牌，帮助国际社会正确了解和认识长沙，增强国际社会对长沙的了解及认同，为长沙蓬勃发展谋取更为稳定友好的国际舆论环境。

构建城市形象国际传播话语体系，最重要的是始终坚持举旗铸魂。旗帜是灵魂，是目标，是动力，是根本指南。举旗是坚定信念，是凝心聚力，是立心固魂，是勇往直前。举不起旗、不敢举旗、不愿举旗、举错旗会导致信仰缺失、灵魂涣散、价值观扭曲、战斗力丧失。构建城市形象国际传播话语体系首先要确立底层逻辑、思想基础和理论依据，因此举什么旗、怎么举成为构建城市形象国际传播话语体系的根本性问题。关于这一问题习近平总书记在全国宣传思想工作会议上给出了精辟的解答：“举旗帜，就是要高举马克思主义、中国特色社会主义的旗帜，坚持不懈用习近平新时代中国特色社会主义思想武装全党、教育人民、推动工作。”每种话语体系都少不了价值理念的指引，都少不了思想理论的领航，都少不了精神力量的支撑。缺少这些，话语体系就会缺失灵魂、迷失方向、丧失目标、游离散漫。要始终旗帜鲜明地高举马克思主义、中国特色社会主义的旗帜，坚持不懈用习近平新时代中国特色社会主义思想为城市形象国际传播话语体系的构建提供理论指导，奠定思想基础，贡献精神力量。这是构建城市形象国际传播话语体系成败与否的关键。通过举旗帜为城市形象国际传播话语体系立心固魂，引领城市形象国际传播话语体系的构建，夯实城市形象国际传播话语体系的思维基础，搭建城市形象国际传播话语体系的理论架构，照亮城市形象国际传播话语体系前进的方向，增强城市形象国际传播话语体系的说服力、感召力、影响力及公信力。

构建长沙城市形象国际传播话语体系要主动了解观众和读者的表述方式、思维逻辑、价值理念，特别要关注年轻观众和读者，努力打造以传统媒体话语为主、新媒体话语为辅的多元话语模式，尽可能全方位立体化开展长沙城市形象的国际传播，努力提升观众或读者对长沙城市形象国际传播话语体系的接纳度，进一步优化长沙城市形象国际传播效果。要充分发挥传统媒体与新兴媒体相互组合的优势，不断调整适应各种媒体传播特点、传播手段、传播效果的长沙城市形象话语传播方案，适时制作多语文案、图片、户外广告、形象宣传片、微视频等宣传产品。充分利用主流媒体的舆论权威性、影响力和号召力形成社会的广泛共识，再运用各种新媒体传播平台，尤其是自媒体平台，辅助实现长沙城市形象全方位立体化建构。需特别注意，一定要处理好主流话语与社区话语、民众个人话语之间的关系，努力实现主流话语与社区话语、民众个人话语的相互补充、相得益彰，努力打造多元话语模式。

第十章　平民英雄形象媒体话语建构及启示
——以张桂梅事迹宣传报道为例

云南省丽江华坪女子高级中学党支部书记、校长张桂梅爱党爱国、爱校爱人民，爱她所从事的教育事业。她全身心投入边疆民族地区教育事业和儿童福利事业，扎根西南边陲贫困山区，推动创办了面向贫困山区女孩的免费女子高中，帮助近2000名女孩圆了大学梦。我国媒体对张桂梅的宣传报道朴实真挚、感染力强、亲和力强、修辞性佳，通过这些话语成功塑造了张桂梅亲切、积极正面、平凡却伟大的平民英雄形象。人物形象并非是客观现实的直接映射，人物形象是可以主观建构的。话语既能反映客观现实，也能建构主观世界。我国媒体如何通过宣传报道建构张桂梅平民英雄形象，值得深入探究；与此同时，研究张桂梅系列宣传报道究竟有哪些启示也是我们应该重点关注的问题。

一、张桂梅平民英雄形象媒体话语建构

20世纪六七十年代，出现了“话语转向”，在后结构主义、建构主义等思潮的影响下，话语被视为理解人类自身与世界的重要资源。话语分析成为人文社会科学领域的重要研究方法。正是在“话语转向”的背景下，诞生了批评话语分析。批评话语分析将语言学的话语理论与社会学的话语理论结合起来，视话语为知识建构的手段和社会实践的形式，进而探索话

语与社会结构之间的辩证关系。① VAN DIJK 指出，无论是话语的音调、词汇序列还是语篇衔接等都受制于人们的知识系统。“知识系统”被界定为“一个认知共同体达成一致的那些信念集合”。这里的“知识系统”就是概念框架，也就是说，话语建构过程需要高度依赖知识系统即概念框架。因此在语料分析前，本书将对概念框架理论进行简介。② FILLMORE 的用以考察动词配价及语言理解的框架语义学为词汇语义研究提供了认知进路。继而廖光蓉提出了概念框架，并将其界定为：概念框架是以最初的那个理性概念意义为起点的知识结构，这个初始义也是框架里的中心元素；从这个起点出发，框架辐射式扩展、链条式延伸，且如此往复，结果形形色色、林林总总的知识元素就聚集在这个初始义的周围；这就是初始义即框架中心的含义。③ 话语建构本质上就是言者根据主观目的，调动自己的知识结构，对话语进行概念化和主观化的心智过程。

本研究将以张桂梅事迹宣传报道的话语策略为线索，举例论证张桂梅平民英雄形象是如何通过话语建构的。

《感动中国》是中央电视台综合频道打造的一个精神品牌栏目，该栏目已连续举办多年，通过多种民众投票方式选取年度具有震撼人心、令人感动的人物和团队。《感动中国》面向全国观众推出了诸如刘翔、成龙、濮存昕、姚明、阎肃、郎平这样的文体明星，还推出了诸如终南山、屠呦呦、袁隆平、钱学森这样的学术泰斗，更重要的是推出了诸如张桂梅、张荣锁、魏青刚、黄久生、王锋、田世国、王顺友这样的普通民众。《感动中国》给张桂梅的颁奖词中写道：“烂漫的山花中，我们发现你。自然击你以风雪，你报之以歌唱。命运置你于危崖，你馈人间以芬芳。不惧碾作

① 郭松. 批评话语分析：批评与进展［J］. 北京第二外国语学院学报，2019，041（04）：34-47.

② VAN DIJK T A. Discourse and Context：A Sociocognitive Approach［M］. Cambridge：Cambridge University Press，2008：83.

③ FILLMORE C J. Frame Semantics［M］. Seoul：Hanshin Publishing Co，1982：111-137.

尘，无意苦争春，以怒放的生命，向世界表达倔强。你是崖畔的桂，雪中的梅。”

这段颁奖词巧妙将张桂梅隐喻为梅，缘由主要有二：一是其名字中有梅字，二是张桂梅与梅在颁奖词作者心智中具有强烈相似性，即二者具有某些相同的属性。此处，隐喻旨在表达张桂梅不惧伤病，不畏艰难险阻，为自己挚爱的教育事业默默耕耘、默默奉献。文字配合着现场的音乐及视频，营造出一种令人感动的氛围，现场及电视机前的观众无不为此动容流泪。这样的多模态叙事不仅实现了极佳的节目效果，还有效传递了正面的价值理念，为人们树立了极高的道德标杆，造就了不朽的时代楷模，建构了平凡却伟大的平民英雄形象，强化了人民群众对平民英雄的崇敬之情。

2021 年 2 月和 6 月，云南华坪女子高中党支部书记、校长张桂梅先后获得“全国脱贫攻坚楷模”荣誉称号和“七一勋章”，习近平总书记两次为她颁奖。面对一项项崇高的荣誉，面对无数的鲜花和镜头，张桂梅总是淡淡地微笑着，依然是胸前戴着党徽的一身素装，依然每天扶着栏杆查看校园每一个角落，依然举着小喇叭为参加高考的学生们加油助威，依然睡在学生宿舍的一张高低床的下铺……①

上述宣传报道采用了两段截然不同的叙事，第一部分是对张桂梅所获极高荣誉的描写，这段文字在读者心智中激活了一个相关知识结构；后面的部分在着力叙述张桂梅获奖后的工作细节，这段文字也激活了一个相关知识结构。读者心智中的这两个知识结构形成了强烈的认知反差。按照常理来说，一个获得了如此高成就的人，理应是沉浸在源源不断的鲜花和赞美之中的，但张桂梅并没有因获得至高荣誉而作任何改变，没有停下自己所热爱的边疆民族地区教育事业，没有远离她所挚爱的学生。看似“轻描淡写”的话语却将张桂梅平的民英雄形象刻画得淋漓尽致、深入人心。

据陪同张桂梅到北京的丽江华坪女子高级中学办公室主任张晓峰介

---

① 张勇. 张桂梅：有一颗教育者的初心在跳动［N］. 光明日报，2021-09-10.

绍，张桂梅老师每天起床第一件事，就是在微信工作群里布置安排“女高”当天的工作，叮嘱老师关爱学生。每天参加完活动稍有空闲，在华坪时基本不看手机的她会立刻打开手机看“女高”老师和孤儿院老师向她汇报的学校和孤儿院的情况，生怕漏掉“女高”学生和孤儿院孩子的一点一滴。闲暇时她还会和张晓峰讨论接下来要怎样改进教学，让“女高”的学生能到更好的大学深造学习。①

这段叙事采用了身边人现身说法的话语策略。相比旁观者讲故事及观点阐释，身边人现身说法更容易为人们所接受。这段报道的被采访者是丽江华坪女子高级中学办公室主任张晓峰，他是张桂梅每天行为的见证者，是张桂梅事迹最有说服力最可靠的发言人。通过身边人现身说法能有效提升新闻报道的可信度，新闻报道的传播效力也会因此大大增强。此外，这种话语策略还能让张桂梅的动人事迹更加深入人心，更具说服力和感染力，能有效将张桂梅塑造为一个有血有肉、有责任有担当的平民英雄形象。

“七一勋章”获得者张桂梅：只要我有一口气我都会站在讲台上。（央视新闻，2021-07-17）

除了身边人现身说法，引述报道对象讲话也是一种重要的话语策略。央视新闻这篇报道的标题直接引述了报道对象张桂梅的讲话，通过引述直接将她的价值理念、思想格局准确传递给读者。这是一种对张桂梅及其事迹最为直观有效的宣传报道逻辑，这是一种极具技巧的宣传报道方式，读者能够通过张桂梅的讲话有效了解她的情怀，感受她的魅力，明白她的伟大，新闻报道也因此会对读者产生更大的吸引力，并获得更强的传播效能及影响力。

上述媒体始终践行“以人民为中心”的思想，始终秉持“情系人民、

① 和茜. 张桂梅：“只要还有一口气，我就要站在讲台上”[N]. 云南日报，2021-06-30.

扎根人民、服务人民”的理念，积极开展平民英雄叙事。媒体首先调动了关于张桂梅的系列知识结构，接着根据报道目的，采用隐喻、反差叙事、身边人现身说法、引述报道对象讲话等话语策略对所调动的知识结构进行主观认知加工，以此产生出最接地气、最符合实际情况、最贴近人民群众的高质量的张桂梅动人事迹宣传报道，在读者心智中成功塑造出张桂梅共情度高、影响力大、号召力强、令人敬仰的平民英雄形象，让张桂梅的精神引领和激励更多人，为社会树立价值标杆，引领道德风尚。

二、启示

媒体曾经推出了许许多多的典型人物，激励了一代又一代人，同时，也将人物报道带入了一个误区：人物报道等同于典型报道。于是，选择中力求“十全十美”，报道中夸大、拔高典型人物，这类人物大都“工作是骨干，道德是典范”“只讲奉献、不讲索取”“见困难就上、见荣誉就让”，遇到危险必然挺身而出，“高大全”导致了“假大空”，把事业和生活对立起来，把事业和人性、人情对立起来。①

这些典型人物大多脱离了实际，人民群众很难从中找到自己的影子，很难实现共情，这样“不接地气”的报道自然难以俘获人民群众的心，自然也很难在人民群众中广为传播。人民群众是历史的创造者，是现实中的英雄。新闻工作必须始终践行“以人民为中心”的思想，不断加强平民英雄叙事，讲好平民英雄不平凡的故事，让身边的平民英雄成为新闻的主角，让身边的平民英雄事迹成为媒体的焦点，不断加大平民英雄报道力度，持续扩大平民英雄报道篇幅，以此拉近与人民群众的心理距离，增强宣传报道的代入感，提高宣传报道的受众接受度，拓展宣传报道的辐射范围，优化宣传报道的传播效果，提升宣传报道的人情温度，强化人民群众

① 李建新．“平民英雄”——人物报道的突破与探索［J］．新闻战线，2007（11）：33-34.

对平民英雄的崇敬之情，让平民英雄成为人们竞相学习的榜样。

宣传报道工作在筹划阶段，要高度重视调研分析工作，主动做好目标受众分析。宣传报道工作的目标受众就是人民群众，宣传工作必须坚持“情系人民、扎根人民、服务人民”的理念。宣传工作者必须与人民群众打成一片，了解人民群众的思维逻辑、情感态度、价值理念、文化模式，努力与人民群众实现共情。

共情，即感同身受，是一种站在他人立场包容理解他人情感态度及所作所为的心理状态。新闻工作不仅要以理服人，更要以情动人。只有当目标受众与宣传报道作者彼此共情时，双方才会彼此认同、彼此理解，宣传报道的受众接受度才会高，传播效果才能好。实现共情就是要积极报道人民群众身边的人或事，拉近与人民群众的心理距离，增强人民群众的参与感和代入感。平民英雄来自人民群众，是人民群众中的普通一员，每个人都想成为平民英雄，每个人都能成为平民英雄。不断加强平民英雄叙事的宣传报道才能有温度和生命力，才会有吸引力和传播力，才能真正为人民群众所接受所喜爱。新闻工作者必须铸牢使命担当意识，坚持正确舆论导向原则，充分挖掘身边的平民英雄及其事迹，讲好平民英雄不平凡的故事，塑造共情度高、影响力大、号召力强的平民英雄形象，凝练平民英雄精神，让平民英雄精神为人们提供理念指引、贡献精神力量、奠定信仰基础，激励人们凝心聚力、踔厉奋发，在平凡的岗位上作出不平凡的贡献。

身边的平民英雄数不胜数。雷锋同志忠于党和人民，热爱祖国，苦干实干，不计报酬，全心全意为人民服务。雷锋同志用自己短暂的一生谱写了无比壮丽的人生篇章，铸造了令人景仰的道德丰碑，他的模范事迹和高尚思想在社会各界产生了巨大影响。杭州长运司机吴斌在驾驶大客车时，腹部被迎面飞来的制动毂残片刺入，导致肝脏破裂。他忍住剧痛拉紧手刹、停稳大客车，并提醒车内乘客安全疏散及报警，挽救了车内所有乘客的生命。他们是人民群众中的一群普通人，在平凡的工作岗位上作出了不平凡的贡献，是名副其实的平民英雄。他们的事迹可歌可泣，可叹可敬，他们的精神薪火相传，熠熠生辉，广泛而深刻地影响着全体中国人民。在他们精神的引领与激励下，涌现出了一大批先进集体和模范人物。

在新媒体时代，新闻工作者不仅要利用主流媒体的舆论权威性、影响力和号召力形成社会的广泛共识，还要充分运用各类新媒体传播平台和传播手段，打造平民英雄多元叙事模式，借助多种渠道尽可能全方位立体化加强平民英雄“软叙事”“软传播”，巧妙讲好平民英雄故事，努力制作出接地气、树风气、扬正气、强底气的平民英雄宣传报道，充分发挥新时代宣传报道舆论引导作用，强化人民群众对平民英雄的崇敬之情，为社会树立价值标杆，引领道德风尚。

不断加强平民英雄“软传播”，除了能有效强化人民群众对平民英雄的崇敬之情外，还能在国际上塑造积极正面的中国形象。不同于“硬传播”，“软传播”并非生硬的直接宣传，而是渐进的、潜移默化的宣传，其受众接受程度高，更容易实现广泛传播。要努力革新国际传播理念，让“硬实力”实现“软传播”，产生最强的传播效能，达到最佳的国际传播效果。要通过“软传播”在国际上讲好平民英雄故事，传播好平民英雄精神，建构英勇正义的中国人民形象。首先，必须充分考虑国外受众情况，采用贴近不同区域、不同文化、不同群体的精准传播方式及策略，着力打造符合受众文化表达、思维逻辑、价值理念的话语体系，尽可能提升国外受众对平民英雄的接纳程度，增强平民英雄的亲和力，推动平民英雄的海外“软传播”，实现最佳的平民英雄传播效果。其次，应当高度重视短视频、电影、微博等民众喜闻乐见的“软传播”渠道，通过这些渠道讲好平民英雄故事，传播好平民英雄精神。最后，要通过平民英雄的“软传播”积极呈现我国在政治、经济、文化、军事等领域取得的卓越成就，集中展现中国物质成就、中华文化独特魅力以及中国人民昂扬向上、踔厉奋发的精神风貌，致力于增强我国的国际影响力、感召力与号召力，塑造我国积极正面的国际形象。

第十一章　《长津湖》中国军人形象认知话语建构及启示

习近平总书记《在纪念中国人民志愿军抗美援朝出国作战70周年大会上的讲话》中指出："在波澜壮阔的抗美援朝战争中，英雄的中国人民志愿军始终发扬祖国和人民利益高于一切、为了祖国和民族的尊严而奋不顾身的爱国主义精神，英勇顽强、舍生忘死的革命英雄主义精神，不畏艰难困苦、始终保持高昂士气的革命乐观主义精神，为完成祖国和人民赋予的使命、慷慨奉献自己一切的革命忠诚精神，为了人类和平与正义事业而奋斗的国际主义精神，锻造了伟大抗美援朝精神。"2021年国庆期间，一部《长津湖》打破了中国电影史上的多个纪录，震撼了无数观众。这部电影生动诠释了伟大的抗美援朝精神，并成功建构了多种中国军人形象，且建构的方式不"冰冷生硬"，非常巧妙，它的出现恰逢其时、意义重大，值得深入探究。

一、军人形象的研究意义及研究现状

（一）军人形象的研究意义

"形象"是一个复合结构，由"形"和"象"构成，二者为并列关系。《说文解字》曰："形，象形也"，《庄子》曰："物成生理谓之形"，

《易传》曰："在天成象，在地成形"。"形"和"象"语义相近，但前者更具体，后者更抽象。"形象"本义为形状、外貌，后引申指客体呈现出来的风格和特色，这些是主观的，是主体对客体风格和特色的综合印象与评价。军人形象是国内公众和国外公众对该国军队的军人的行为举止、精神气质、外表穿搭、政治素养、业务能力等方面的综合认识与评价，它包括内在气质和外显形象两个方面。

站在新的历史起点上，军人形象研究肩负着重要历史使命，其意义重大。

1. 是实现中华民族伟大复兴的中国梦的坚强后盾

随着我国综合实力、国际地位、国际影响力的不断提升，一些国家千方百计要遏制我国发展势头，妄想以此达到打断我国实现中华民族伟大复兴进程之目的。应该清醒认识到，我们越是强大，这样的阻力就会越大，实现中华民族伟大复兴的中国梦的道路绝不平坦。当前，稳定的政局是保障中华民族伟大复兴中国梦实现的首要条件，而保证政局稳定的坚强后盾是拥有一支听党指挥、能打胜仗、作风优良的人民军队。军人是军队重要组成部分，军人形象是军队形象重要组成部分。良好军人形象建构，事关良好军队形象建设，事关政局稳定，事关中国特色社会主义事业兴衰，事关中华民族伟大复兴中国梦的实现。

2. 是实现强军梦的有力保障

站在新的历史起点上，军人形象被赋予了新内涵。军人形象既要表现在行为举止、精神气质、外表穿搭等外显层面，也要表现在理想信念、精神气质、政治涵养等内在层面。良好的军人形象，是听党指挥、政治坚定、作风优良的外在体现，是凝聚军心、能打胜仗的有力支撑，是实现强军梦的有力保障。

3. 是进一步提升军队软实力的重要法宝

军队软实力，是一支军队运用思想文化、政治价值观和政策制度吸引力等无形资源，以自身价值标准和政策制度来设置议程，并影响、吸引和说服别人接受自己的行为准则、价值观念和制度安排的力量。和军队硬实力一样，软实力同样重要。强大的军队软实力能有效提升军队的吸引力、辐射力及影响力。军人是军队的重要组成部分，军人形象关乎军队软实力，军人形象建构是军队软实力建设的重要议题，建构良好军人形象是提升军队软实力的重要法宝。

4. 是进一步提升社会对军人崇敬之情的重要手段

习近平总书记深刻指出："一个有希望的民族不能没有英雄，一个有前途的国家不能没有先锋。"军人是英雄，是先锋，肩负着国家富强、民族复兴的神圣使命。祖国的繁荣富强，人民的幸福安康，离不开军人的枕戈待旦。要为军人塑造真实的、有血有肉的、积极正面的形象，让社会产生对军人浓厚的崇敬之情，切实增强社会对军人的尊崇感和推崇感，让军人成为全社会尊崇的职业。

（二）军人形象的研究现状

本研究分别以 SU = 军人形象，TS = （"soldier Image" OR "military image"）为检索式（主题检索，检索字段涵盖标题、摘要及关键词），在 CNKI 与 Web of Science（WOS）数据库中进行检索后，搜寻到国内研究文献 517 篇，国外研究文献 16 篇，这表明军人形象研究的主力军是我国学者。因此，本文主要以国内研究文献为综述对象。

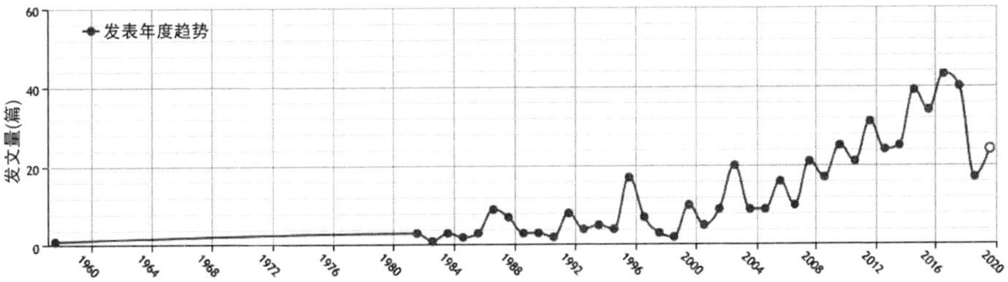

图 1 军人形象研究成果出版时间分布

数据和图源自 CNKI

军人形象研究时间跨度大，早在20世纪50年代就出现了讨论的声音。CNKI有记录的最早文献是姜少华1958年在《美术》上发表的《更好地塑造革命军人形象——关于“中国人民解放军建军三十周年纪念美术展览会”》①，该文通过中国人民解放军建军三十周年纪念美术展览会，讨论军人形象塑造及相关问题。从出版时间分布图来看，在2003年后，相关研究数量迅速增长，在2017年达到顶峰，而后又出现了一定程度的下滑。

军人形象研究文献数量最多的10个领域如图2所示。数据显示，涉及影视学领域的相关研究成果最为丰富，涉及军事学、文学、新闻传播学、历史学、美术学等领域的研究紧随其后。

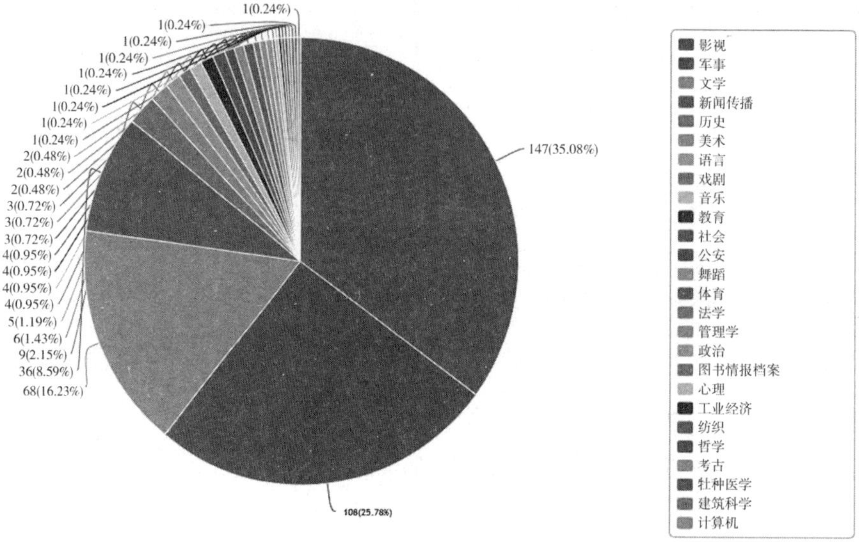

图2　军人形象研究学科领域分布

数据和图源自CNKI

军人形象研究涉猎广泛，主题丰富。据图3数据显示，军人形象研究主要涉及军人形象、军事题材、国家机器、军旅题材电视剧等主题。其

① 姜少华．更好地塑造革命军人形象——关于“中国人民解放军建军三十周年纪念美术展览会”[J]．美术，1958（02）：1-7.

中，军事题材影视作品是最热的主题。

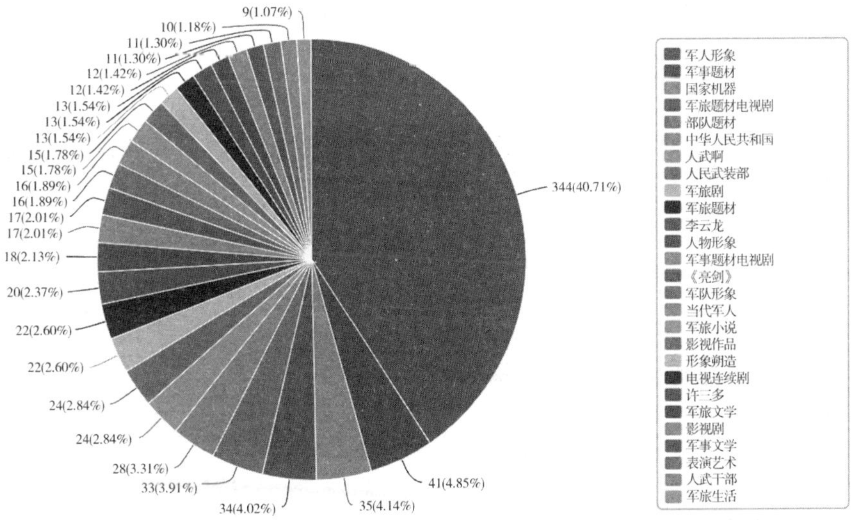

图3 军人形象研究主题分布

数据和图源自 CNKI

下面将展示“军人形象”的代表性研究：

李佩菊深刻讨论了军旅题材电视剧中的“90后”军人形象及其身份认同；① 吴楠通过对微博号“央广军事”中涉及军人的内容进行抽样调查，以此探究新媒体塑造军人形象的现状；② 郭洁、刘哲君探讨了新闻媒体对女军人形象的建构；③ 王童（2017）从文学角度，重点探究了新世纪军旅长篇小说中的现代军人形象；④ 张韧、龚双萍（2017）在传播学和语言学相关理论和方法指导下，分析了美国国防部网站新闻构建和传播女性军人

① 李佩菊．多元化·回归·认同——军旅题材电视剧中的“90后”军人形象及其身份认同［J］．中国电视，2013（08）：23-28.

② 吴楠．新媒体语境下的中国军人媒介形象构建研究——以微博“央广军事”为例［J］．新媒体研究，2019，5（09）：48-52.

③ 郭洁，刘哲君．新闻媒体对女军人形象的建构［J］．军事记者，2009（03）：15-16.

④ 王童．新军事变革时代的英雄——论新世纪军旅长篇小说中的现代军人形象［J］．当代文坛，2017（06）：55-58.

形象的主要策略。①

这些研究从影视学、军事学、文学、新闻传播学、历史学、美术学等视角对军人形象进行了多维探究，成果丰硕，为后来之研究打下了坚实牢固的基础。综合来说，军人形象研究时间跨度大，领域多元，主题丰富，成果丰硕。但从 CNKI 提供的数据来看，系统集中地从话语角度关注军人形象建构的研究非常稀缺，目前仅 13 篇。总之，话语视角下的军人形象建构研究即军人形象话语建构研究的空间较大，这一领域的研究亟待深化。

影视作品传播力度大、普及度高、影响深远，在舆论宣传和引导方面扮演着极为重要的角色。深入探究著名影视作品中的军人形象颇具价值。从传播学角度研究“电影的军人形象建构”这一话题的文献不少，但从话语角度，对这一话题进行研究的文献非常稀缺，从 CNKI 提供的数据来看，仅 5 篇，这一领域的研究亟待深化。

在已有研究基础上，我们尝试探析电影中的中国军人形象及其话语建构，致力于帮助我们充分认识中国军人形象话语建构现阶段的亮点和不足，为进一步提升中国军人形象话语建构能力奠定坚实基础。基于已有研究，本文以现象级电影《长津湖》为例，集中探究两个问题：

一是《长津湖》中的中国军人形象有哪些？认知话语建构机制是什么？

二是《长津湖》中国军人形象认知话语建构的启示有哪些？

二、《长津湖》中国军人形象的认知话语建构

电影《长津湖》以抗美援朝战争中长津湖战役为背景，讲述了英雄团队“穿插连”凭借着钢铁意志和英雄无畏的战斗精神奋勇杀敌、扭转战局、打出军威国威的故事，生动诠释了抗美援朝精神。这部电影成功建构

---

① 张韧，龚双萍．美国国防部网站新闻对女性军人形象的构建与传播［J］．外国语言与文化，2017，1（02）：130-136.

了多种中国军人形象，建构的方式不“冰冷生硬”，非常巧妙，值得深入探究。本文使用的研究方法是基于语料的定性分析法，即在大量、广泛搜集语料的基础上，对这些语料进行忠实地、逻辑地、详实地描写和分析。采用的理论是批评话语分析理论和概念框架理论。

20世纪六七十年代，出现了“话语转向”，在后结构主义、建构主义等思潮的影响下，话语被视为理解人类自身与世界的重要资源。话语分析成为人文社会科学领域的重要研究方法。正是在“话语转向”的背景下，批评话语分析诞生了。批评话语分析将语言学的话语理论与社会学的话语理论结合起来，视话语为知识建构的手段和社会实践的形式，进而探索话语与社会结构之间的辩证关系。① 批评话语分析的批评视角可以追溯至法兰克福学派的社会批判理论。社会批判理论的主要目的是对现实进行批判，以控制和压迫为主题，以人的自由解放为目标。Van Dijk 指出，无论是话语的音调、词汇序列还是语篇衔接等都受制于人们的知识系统。“知识系统”被界定为“一个认知共同体达成一致的那些信念集合”。② 这里的“知识系统”实则就是概念框架，也就是说，话语建构过程需要高度依赖知识系统即概念框架。因此在语料分析前，本文将对概念框架理论进行简介。

Fillmore 的用以考察动词配价及语言理解的框架语义学为词汇语义研究提供了认知进路。③ 继而廖光蓉提出了概念框架，并界定为：概念框架是以最初的那个理性概念意义为起点的知识结构，这个初始义也是框架里的中心元素；从这个起点出发，框架辐射式扩展、链条式延伸，且如此往复，结果形形色色、林林总总的知识元素就聚集在这个初始义的周围；这

① 郭松．批评话语分析：批评与进展［J］．北京第二外国语学院学报，2019，041（004）：34-47.

② VAN DIJK T A. Discourse and Context：A Socio-cognitive Approach［M］. Cambridge：Cambridge University Press，2008：83.

③ FILLMORE C J. Frame semantics［M］. Seoul：Hanshin Publishing Co，1982：111-137.

就是初始义即框架中心的含义。事件概念框架大致可分为行为、领有、存现和状态。下面以最典型的行为事件概念框架为例。其逻辑结构第一层次一般有两个要素：施事和行为（另可加受事/对象），第二层次有关于施事、行为和受事的知识元素（施事和受事的属性特征等，行为的构成要素：行为本身、目的、时点、时段、场所、方式、工具、过程、状态、伴随事件、结果、起点、终点等），第三层次是关于诸如行为构成要素的知识元素：目的具体内容、场所的种类、伴随事件的构成要素等。理论上，层次很难穷尽。①

（1）誓死捍卫军人荣耀

在剿灭了北极熊团之后，段奕宏饰演的老营长对伍万里谆谆教诲："没有冻不死的英雄，更没有打不死的英雄，只有军人的荣耀。"这段话语激活了一个事件概念框架，其中存在施事、行为、受事、评价、语气等诸多个元素。需注意的是，没有表征于形式层面却显现于框架内的元素源自观影者的主观评述，其中评价是观影者综合考量自身知识结构、文化模式、价值体系等因素做出的主观评述。关于"军人"的知识结构告诉我们，中国军人是普通人，是血肉之躯，他们会负伤、会流血、会遭受饥寒之苦，但在面对外敌侵略时，他们敢于流血、敢于牺牲，每一场战斗的胜利，都是用无数中国军人的鲜血和牺牲换来的。中国军人的流血牺牲为的是捍卫军人无上的荣耀。老营长这番话正是对中国军人"誓死捍卫军人荣耀"伟大光辉形象的最好诠释。观影者依靠该事件概念框架，凸显其中的元素评价，并将评价"誓死捍卫军人荣耀"投射至中国军人形象框架，最终建构出中国军人"誓死捍卫军人荣耀"的形象。

（2）拥有无比强大信仰

"不相信有完不成的任务，不相信有克服不了的困难，不相信有战胜

① 廖光蓉，尹铂淳．汉语 ABB 与 AABB 超常典型性探讨［J］．湖南科技大学学报（社会科学版），2018，21（06）：112-120.

不了的敌人!”这是特级战斗英雄杨根思在抗美援朝战场上发出的战斗宣言。这段话语激活了一个事件概念框架，其中存在施事、行为、受事、评价、语气等诸多个元素。关于“抗美援朝二次战役的小高岭战斗”的知识结构告诉我们，1950年11月29日，在这场战役中，杨根思带领官兵连续8次打退敌人进攻，在阵地仅剩他1人的危急关头，毅然抱起炸药包与敌人同归于尽，用生命践行了“人在阵地在”的铮铮誓言。观影者依靠该事件概念框架，凸显其中的元素评价“拥有无比强大信仰”，并将评价投射至中国军人形象框架，最终建构出中国军人“拥有无比强大信仰”的形象。

（3）具有强大时代使命感和浓厚家国情怀

影片中，指导员说：“这场仗我们不打，就是我们的下一代要打。我们出生入死，就是为了让他们不打仗。”这段话语激活了一个事件概念框架，其中存在施事、行为、受事、评价、语气等诸多个元素。这段话语还激活了一个相关场景：“中国军人冒着敌人的枪林弹雨，与实力远超自己的敌人展开了一场实力悬殊的生死搏斗。他们用自己的血肉筑起了钢铁长城，誓死保卫祖国，誓死为祖国下一代营造一个没有硝烟的成长环境。”观影者依靠该事件概念框架，凸显其中的元素评价“具有强大时代使命感和浓厚家国情怀”，并将评价投射至中国军人形象框架，最终建构出中国军人“具有强大时代使命感和浓厚家国情怀”的形象。

（4）尊重对手，尊重生命

影片中，美国空军对牺牲在河滩上的志愿军尸体进行扫射，比赛谁命中数更多，这是美军对对手的极大不尊重以及对死者尊严无情的践踏和侮辱。与之对应的场景是，杀红了眼的新兵伍万里将自己的枪口对准了奄奄一息、苟延残喘的北极熊团团长时，连长伍百里阻止了他，并告诫道：“有的枪我们必须开，有的枪我们可以不开”。这段话语激活了一个事件概念框架，其中存在施事、行为、受事、评价、语气等诸多个元素。评价的产生基于美军卑劣行径与我军高尚行为的对比，即相比美军之前的卑劣行径，中国军人伍百里的做法充分展现出中国军人对对手以及对生命的尊重，有效表明了中国军人的态度：“面对外敌入侵，我们决不怕事，必将顽强抵抗。顽强抵抗所造成的杀戮暴力是为了实现最终的和平，但我们并不享受这种杀戮暴力。”观影者依靠该事件概念框架，凸显其中的元素评价“尊重对手，尊重生命”，并将评价投射至中国军人形象框架，最终建构出中国军人“尊重对手，尊重生命”的形象。

（5）不惹事但也不怕事

连长伍百里告诫新兵的“有的枪我们必须开，有的枪我们可以不开”所激活事件概念框架中的评价除了可以是“尊重对手，尊重生命”，还存在其他理解模式“不惹事但也不怕事”。战争本质上是对人类生命的侵蚀，从尊重生命角度来说，屠虐人类这种枪我们可以不开；但面对外强侵略，保家卫国的枪我们不得不开。“有的枪我们必须开，有的枪我们可以不开”充分展现出中国军人不惹事但也不怕事的骨气和决心，并随即成为观影者对中国军人的评价。观影者依靠该事件概念框架，凸显其中的元素评价“不惹事但也不怕事”，并将评价投射至中国军人形象框架，最终建构出中国军人“不惹事但也不怕事”的形象。

（6）英勇无畏，不惧牺牲

“疼，疼死了！别，别把我，别把我一个人留在这”，雷睢生牺牲前哀求着。话语激活了一个事件概念框架，其中存在施事、行为、受事、评价、语气等诸多个元素。评价的产生基于电影剧情的发展：雷睢生的身体被弹片打得千疮百孔，下半身更是被吉普车压断了。面对死亡，雷睢生展露出了有血有肉的真性情，作为普通人这一刻他恐惧死亡、害怕孤独，不想让自己的尸首埋骨他乡。但作为一名军人，为了胜利，他用生命带出标识弹为战友赢得生存机会。雷睢生的英勇无畏帮助部队夺取了胜利，他个人的牺牲为战友们赢得了生存机会。观影者依靠该事件概念框架，凸显其中的元素评价“英勇无畏，不惧牺牲”，并将评价投射至中国军人形象框架，最终建构出中国军人“英勇无畏，不惧牺牲”的形象。

综上,《长津湖》中国军人形象认知话语建构机制可概括为:

在接收到影片里中国军人输出的话语后,观影者首先关联自己的知识结构和文化模式,“完形”激活一个关于这段话语的概念框架,其中存在施事、行为、受事、评价、语气等诸多元素。接着,观影者依靠概念框架,凸显其中的评价元素。最终,观影者将评价元素投射至自己关于中国军人的印象之中。换句话说,观影者根据其评价,在自己的主观世界中建构出中国军人形象。其认知话语建构机制如下图所示:

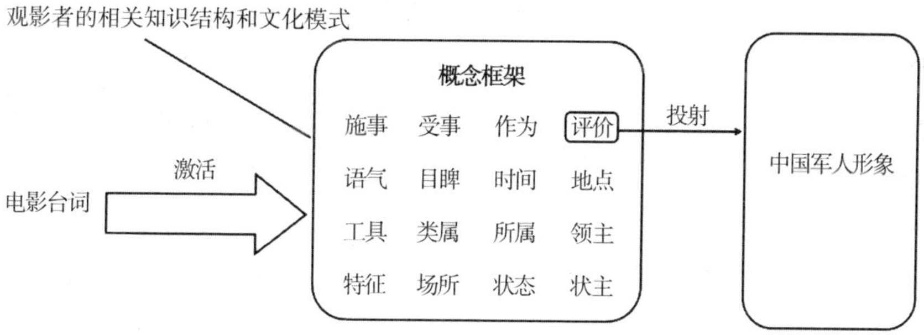

图 4 《长津湖》中国军人形象认知话语建构机制

三、启示

1. 通过电影这类更具亲和力的渠道塑造正面中国军人形象

《长津湖》是近年来继《集结号》《战狼》《红海行动》后又一部优秀军事题材电影,这些影片对于讲好中国军人故事具有重要战略意义。要用好电影这个渠道,积极塑造正面中国军人形象。

电影的全球普及度高,影响力强,优秀的电影作品除了能满足本国电影市场需求外,还会被传播至世界各地,受到世界各地影迷的喜爱和追捧,并在该群体中产生深远影响以及强大号召力。电影输出的同时,也潜移默化地输出了本国文化、意识形态和价值观。从某种意义上来说,电影是国家军队战略的重要组成部分,电影在全球范围内的广泛传播,就是为本国政治、本国战略和本国利益服务的。必须深刻认识到电影所具备的强大的国际传播功能以及极佳的国际传播效果，通过电影开展国际传播具有极高的战略价值，要用好电影这个渠道，积极建构正面中国军人形象，努力讲好中国军人故事。

要催生出强大战斗力，光有看得见的军事硬实力是不够的，还要高度重视军事软实力。军事软实力向来都是国外军队建设的重点，他们非常注重通过媒体建构正面军队形象。例如，美军就高度重视其军事软实力建设。2010 年 2 月，美国国防部向国会国防委员会提交了一份关于美军在海外开展战略传播的书面报告。该报告举出了美军战略传播的四大使命，其中之一就是要建构美军在海外的正面形象。通过美国的价值观与美军的正面形象去影响目标公众，这远比动用军事手段等强硬力量更有利于军事战略目标的实现。美军麾下有一支庞大的媒体队伍：300 多家广播电台和电视台，1850 多种刊物，各军种和联合司令部也都有各自的网站。美军非常擅长通过好莱坞电影向全球输出他们的文化和价值观，让受众在观影的同时潜移默化地接受他们的文化和价值观。在美军看来，好莱坞电影不仅仅是一项娱乐产业，也是一种有力的美国价值观的全球传播方式。在他们拍摄的好莱坞电影《壮志凌云》《阿甘正传》《勇闯夺命岛》《美国队长》中，美国人将绝对忠诚、敢于牺牲、英勇顽强的美国军人形象刻画得入木三分，这些正面形象深刻影响了全球观影者，并逐步成为观影者心目中典型的美军军人形象。

电影的传播能量大，影响范围广，其不仅具有突出的商业价值，还具有显著的军事战略价值。相比那种传统意义上的压迫式、冰冷的“说教型”外宣形式，电影这种形式具有强大的亲和力，能收获大批观众缘，能在不经意间、不留痕迹、巧妙地打造并传播我军军人形象。要充分利用电影强大的舆论引导作用，高度重视媒体宣传矩阵的打造，并将其视作一项政治工作，努力塑造真实的、正面的、有血有肉的中国军人形象。必须高度重视电影这类更具亲和力的传播渠道，注重通过电影塑造正面的中国军人形象，并将其上升至国家军队战略层面，以此影响公众特别是国外公众对中国军人形象的态度及评价，提升国外公众对中国军人形象的认同，最终实现引导舆论走向、塑造良好中国军人形象之目的。此外，要主动邀请具备大片制作能力、较大国际影响力以及较强票房号召力的电影团队为我军量身定做电影，集中打造一批能充分展现中国军人精神面貌、作战素养的高水平影视作品，通过电影这类更具亲和力的渠道讲好中国军人故事，传播好中国军人形象。

2. 通过电影这种“软形式”帮助年轻人铭记历史、崇尚英雄，强化他们的家国情怀

在中国共产党一百年的非凡奋斗史中，涌现了一大批视死如归的革命烈士、一大批顽强奋斗的英雄人物、一大批忘我奉献的先进模范，铸就了中国共产党人的精神风貌，展现了中国共产党人的光荣传统和优良作风，为立党兴党强党提供了丰厚滋养。新一代年轻人没有经历过曾经的贫穷与落后，无法切身感受新中国一路走来的艰辛与不易，无法充分了解中国共产党带领中国人民将中国从一个一穷二白的国家转变为世界第二大经济体的伟大成就。要加强年轻人的爱国主义教育，让他们能正确看待历史，永远铭记历史并崇尚英雄，加强他们的家国情怀。

爱国主义教育是指帮助人们树立热爱祖国信念的思想教育。爱国主义教育是一面具有巨大号召力和感召力的旗帜，在这个各种观念和思潮不断涌现的时代，要充分利用爱国主义教育加强年轻人的思想建设，帮助他们铭记历史、崇尚英雄，强化他们的家国情怀，防止他们受到西方意识形态糟粕的侵蚀。优秀的教育必定是个性化的教育。针对年轻人的爱国主义教育“不要都用一把尺子衡量”，必须充分考察年轻人的思维方式、价值理念、观影阅读方式，改革“冰冷生硬”的教育方式，尽量采用更贴近年轻人心理、年轻人喜闻乐见且更易接受的方式，真正实现让年轻人感兴趣、愿意听、愿意学，尽可能提升年轻人对教育形式的接纳度，以此实现最佳的针对年轻人的爱国主义教育效果。开展爱国主义教育时，不能只有传统课堂教学这种“硬形式”，还要有电影、电视剧、小说、短视频、动漫这

样的“软形式”，要将“硬形式”和“软形式”有机统筹起来，最终实现“软硬兼施”。

总之，要尽可能采用更贴近年轻人心理、年轻人喜闻乐见且更易接受的诸如电影这样的“软形式”帮助年轻人铭记历史、崇尚英雄，强化他们的家国情怀，真正实现让年轻人感兴趣、愿意听、愿意学、学得好，努力实现“润物细无声”的最佳教育效果，这样的爱国教育才是成功的、有效的，这样的爱国教育才能真正帮助年轻人铭记历史、崇尚英雄，强化他们的家国情怀。

话语是国家的重要资源，是国家软实力的重要组成部分，是提升综合国力的重要保障。当今世界正处于百年未有之大变局，语言研究者要有浓厚的家国情怀和强烈的服务意识，语言研究要切实围绕服务国家战略展开，从话语角度探讨军人形象建构及启示就是一次有益尝试，这样的研究理应被看好，被推广。接下来，我们将构建军人话语语料库，尝试对军人话语进行定量和定性考察。

第十二章　美国媒体关于"嫦娥五号登月"报道的批评认知话语分析

——以 Space.com 的报道为例

嫦娥五号（CHANG'E5），由中国空间技术研究院研制，是中国探月工程发射的月球探测器，也是中国首个实施无人月面取样返回的月球探测器。本次嫦娥五号登月是中国探月工程的收官之战。2020 年 11 月 24 日，中国用长征五号遥五运载火箭成功发射嫦娥五号探测器，并将其送入预定轨道。12 月 17 日凌晨，嫦娥五号返回器携带月球样品着陆地球。嫦娥五号执行的此次任务有着非常重要的现实意义。《人民日报》《光明日报》《新华日报》等国内媒体对本次任务的重要性及历史意义进行了充分肯定，但国外媒体如何看待本次任务，值得深入考察。本文的研究问题主要有：SPACE.COM 关于嫦娥五号登月事件新闻报道的特征有哪些？启示有哪些？

SPACE.COM 是一家在航天领域非常专业且权威的美国知名媒体。该媒体涵盖了大量航天知识和新闻，主要以视频和图文形式呈现，深受全球广大航天爱好者喜爱和追捧，在全球范围内具有较强影响力，值得重点关注和考察。本研究以该网站关于"嫦娥五号登月"的新闻报道为语料，对相关新闻报道进行定量和定性分析。

本研究以"CHANG'E5"为关键词，在 SPACE.COM 中检索 2020 年 12 月 17 日至 12 月 22 日的新闻报道，共搜索出 17 篇新闻，共计 10323 个单词。接着，本研究将借助 AntConc3.5.8，对这 17 篇新闻进行定量分析，包括关键词统计、搭配检索分析和索引分析等，接着尝试再分别对这些新闻报道的标题和正文进行定性分析，旨在挖掘这些新闻报道的特征，并揭示对我国国家形象对外传播的启示。

一、新闻报道标题分析

原标题	汉语译文
1. China's Chang'e5 moon samples are headed to the lab	1. 中国的嫦娥五号月球样本将被送往实验室
2. China's Chang'e5 mission: Sampling the lunar surface	2. 中国的嫦娥五号任务：在月球表面取样
3. NASA's spacecraft spots China's Chang'e5 lander on the moon	3. 美国宇航局的航天器在月球上发现了中国的嫦娥五号着陆器
4. Watch China's Chang'e5 spacecraft land on the moon in this amazing video	4. 观看中国嫦娥五号飞船着陆月球的这段惊人视频
5. Amazing panorama shows China's Chang'e5 landing site on the moon	5. 中国嫦娥五号着陆点全景图
6. China's Chang'e5 moon lander is no more after successfully snagging lunar rocks	6. 中国"嫦娥五号"着陆器在成功获取月球岩石后将不再发射
7. China's Chang'e5 poised for historic moon landing to collect lunar samples	7. 中国嫦娥五号准备历史性地登陆月球，收集月球样本
8. China rolls out Long March 5 rocket for Chang'e5 moon sample - return mission launch	8. 中国为嫦娥五号月球采样返回任务使用了长征五号火箭
9. China plants its flag on the moon with Chang'e5 lunar lander	9. 中国"嫦娥五号"着陆器在月球插上（中国）国旗
10. China's Chang'e5 probe lifts off from moon carrying lunar samples	10. 中国的嫦娥五号探测器携带月球样本从月球发射升空
11. China's moon rocks are officially on their way to Earth as Chang'e5 probe leaves lunar orbit	11. 随着嫦娥五号探测器离开月球轨道，属于中国的月球岩石正式踏上了返回地球的旅途

续表

原标题	汉语译文
12. China’s Chang’e5 enters lunar orbit for historic attempt to return moon samples	12. 中国嫦娥五号进入月球轨道，进行历史性的带回月球样本并返回地球的尝试
13. China’s Chang’e5 aces lunar orbit docking needed to bring moon samples home	13. 中国嫦娥五号月球轨道对接，将带回月球样本
14. China’s Chang’e5 capsule lands on Earth with the 1st new moon samples in 44 years	14. 中国“嫦娥五号”太空舱44年来首次携带月球样本着陆地球
15. China’s Chang’e5 lands on the moon to collect the 1st fresh lunar samples in decades	15. 中国“嫦娥五号”登陆月球，收集数十年来的第一个新鲜月球样本
16. China launches historic Chang’e5 mission to collect the first moon samples since 1976	16. 中国发射具有历史意义的嫦娥五号任务，收集自1976年以来的第一个月球样本
17. Chang’e5：China launches sample return mission to the moon — is it winning the new space race?	17. 嫦娥五号：中国发射月球样本返回任务——赢得新的太空竞赛了吗？

本研究的主要定性分析工具是批评认知话语分析理论，下面将对该理论进行简介。

20世纪六七十年代出现了“话语转向”，在后结构主义、建构主义等思潮的影响下，话语被视为理解人类自身与世界的重要资源。Van Dijk 指出，无论是话语的音调、词汇序列还是语篇衔接等都受制于人们的知识系统。“知识系统”被界定为“一个认知共同体达成一致的那些信念集合”。[①] 从另一个角度来看，通过话语，人们能有效获取话语所承载的知识

① VAN DIJK T A. Ideology：A Multidisciplinary Approach［M］. Newbury Park：Sage Publications Inc，2008：83.

结构，而这些知识结构实则就是意识形态、价值体系、文化模式等。可见，话语分析是人们间接了解社会的有力武器，其逐渐成为人文社会科学领域的重要研究方法。批评话语分析将语言学的话语理论与社会学的话语理论结合起来，视话语为知识建构的手段和社会实践的形式，进而探索话语与社会结构之间的辩证关系。① 批评话语分析的批评视角可以追溯至法兰克福学派的社会批判理论。社会批判理论的主要目的是对现实进行批判，以控制和压迫为主题，以人的自由解放为目标。② Van Dijk 指出，只有将语言、社会和人的认知有机联系起来，才能开展有效的话语分析。③ 批评认知话语分析理论借助认知语言学基本原理，有效弥补了批评话语分析缺乏考察人的认知结构这一缺陷。相比批评话语分析，批评认知话语分析不仅重视话语的社会属性，同时也关注话语的认知维度。本研究旨在利用批评认知话语分析理论去揭示话语背后的意识形态、价值体系、叙事模式及认知方式。

17 个标题中，16 个标题是陈述形式，1 个标题是设问形式（China launches sample return mission to the moon — is it winning the new space race?）。这表明，16 个标题都是在客观叙事，1 个标题介入了主观判断，设问的目的在于引发范围更大更激烈的讨论。对于媒体而言，这是一种吸引关注、增加点击率和传播度的有效手段。从新闻报道的技术层面而言这无可厚非，但设问的话题似乎有“引发舆论战”之嫌。这种设问可能会导致大规模、甚至是全球性的恶性争论，对我国航天形象甚至整个国家形象都可能存在一定负面影响。

识解（construal）为一种认知能力，是一种以不同方式构想和描写同

---

① 郭松．批评话语分析：批评与进展［J］．北京第二外国语学院学报，2019，041（004）：34-47.

② FAIRCLOUGH N. Critical Discourse Analysis：The Critical Study of Language［M］. London：Longman，1995.

③ VAN DIJK T A. Ideology：A Multidisciplinary Approach［M］. Newbury Park：Sage Publications Inc，1998.

一情景的多方面的能力。视角为识解过程中的一种角度。视角的选择与主观化密不可分。① 人们的注意力是有限的，不可能同时注意到所有细节。那些会引起人们主观注意的部分叫“侧显（profile）。”② 侧显往往是人们的认知焦点，能有效反映人们认知的关注点。在表述时重点强调侧显以表明自己的立场、态度和情感这一过程就是主观化。17 个标题中，15 个标题以 China 开头，2 个标题未以 China 开头（NASA's spacecraft spots China's Chang'e5 lander on the moon；Amazing panorama shows China's Chang'e5 landing site on the moon）。这表明这 2 篇报道的作者在写作过程中对事件“中国的嫦娥五号登陆月球采样”中的客观侧显“中国或嫦娥五号”并不关注，他们的认知重点分别是“美国宇航局发现了嫦娥五号”和“进入网站观看嫦娥五号的视频”。这 2 个标题的作者识解视角是从自身出发，而非从“嫦娥五号登月”这个客观事件出发。由此可见，这 2 个标题的主观性较强，主观化程度较高。

文本中的关键词能有效呈现语料库词语的总体分布，展现文本的显著话语特征，反映文本涉及的主题。通过对 17 篇新闻报道的标题进行关键词统计后发现，排名前十的关键词有 Chang（嫦娥）、China（中国）、moon（月球）、lunar（月亮）、samples（样本）、mission（任务）、collect（收集）、historic（历史性的）、lander（登陆器）、orbit（绕轨道运行）。如下图所示。这十个关键词充分反映出这 17 篇新闻标题总体而言还是非常客观写实的，能客观叙述“嫦娥五号登月采集样本”这一事件。

① 沈家煊．语言的“主观性”和“主观化”［J］．外语教学与研究，2001，04：268-275，320.

② LANGACKER R W. Foundations of Cognitive Grammar. Volume 1，Theoretical prerequisites［M］. Peking University Press，2004：183.

Keyword List Results 1

Keyword Types: 73　Keyword Tokens: 160

Rank	Freq	Keyness (LL4)	Effect (DICE)	Keyword
1	17	+ 254.41	0.191	chang
2	17	+ 254.41	0.191	china
3	16	+ 239	0.1808	moon
4	9	+ 131.8	0.1059	lunar
5	8	+ 116.6	0.0947	samples
6	4	+ 56.34	0.0485	mission
7	3	+ 41.49	0.0366	collect
8	3	+ 41.49	0.0366	historic
9	3	+ 41.49	0.0366	lander
10	3	+ 41.49	0.0366	orbit

图 1　标题的关键词检索

二、新闻报道内容分析

通过对 17 篇新闻报道的正文进行关键词统计后发现，排名靠前的关键词有 Chang（嫦娥）、moon（月球）、lunar（月亮）、China（中国）、mission（任务）、lander（登陆器）、will（助动词）、samples（样本）、space（太空）等。如图 2 所示。对比发现，正文的关键词基本上与标题的关键词一致，这反映出作者高超的标题撰写能力以及归纳概括能力，即能有效凝练出正文的关键词并转换为标题。另外还发现，17 篇新闻报道正文所用关键词都是客观性较强的表述，直接反映出作者的写作是比较规范的，叙事是比较客观的，没有夹杂过多主观评价，不哗众取宠。

语义韵（semantic prosody）是语料库语言学近年兴起的课题。词与词的搭配构成了语义韵，语义韵能有效展现说话人或作者的态度与评价。检索发现，表完成状态的助动词 have 在与 China 的搭配中出现了 7 次，如图 3 所示。从 have 后接的动词有 be（成为）、land（登陆）、launch（发射）、reach（达到）、realize（实现）。结合语境，助动词 have 后接的动词所激活的都是一些正面形象，这反映出 17 篇新闻报道正文充分肯定了中国在本次事件上取得的成就，对中国这次无人探月任务的评价比较正面积极。

Keyword List Results 2

Keyword Types: 491　Keyword Tokens: 5341　Search

Rank	Freq	Keyness (LL4)	Effect (DICE)	Keyword
1	218	+ 1720.01	0.0642	chang
2	184	+ 1449.15	0.0544	moon
3	156	+ 1226.41	0.0463	lunar
4	130	+ 1019.84	0.0388	china
5	91	+ 710.55	0.0273	mission
6	89	+ 694.71	0.0267	lander
7	89	+ 694.71	0.0267	will
8	83	+ 647.2	0.0249	samples
9	78	+ 607.63	0.0234	space
10	72	+ 560.16	0.0217	return
11	66	+ 512.72	0.0199	earth
12	63	+ 489	0.019	landing
13	60	+ 465.3	0.0181	spacecraft
14	57	+ 441.6	0.0172	orbiter
15	56	+ 433.71	0.0169	vehicle
16	52	+ 402.13	0.0157	ascent
17	51	+ 394.23	0.0154	sample
18	43	+ 331.13	0.013	orbit
19	42	+ 323.25	0.0127	surface
20	39	+ 299.62	0.0118	chinese

图 2　新闻报道内容的关键词检索

Concordance Results 1:

Concordance Hits 7

Hit	KWIC
1	acecraft China has been on the lunar surface at the
2	eicester China has been the only country to land or
3	ngolia. China has landed on the moon again — an
4	n flags. China has launched a small spacecraft from
5	e moon. China has not released a time and date for
6	Dec. 17. China has reached a major milestone in its
7	ime that China has realized the "independent displa

图 3　China 与 have 的搭配检索

总体而言，17 个文本对本次事件的评价都是积极正面的，但仍存在少许负面评价。AntConc 提供了 MI 值和 T 值两种统计标准。MI 值高的搭配的出现频率较低，而 T 值高的搭配的出现频率较高。为了更直接观察频率高的搭配，本研究选择将 T 值作为统计标准。本文以“Chang”作为节点词（node），将跨距（word span）设为左 3 右 3，最后统计出“Chang”T 值前 20 的搭配表达，见下图所示。显然，和“Chang”高频搭配的表达基本上都在客观叙事，即对整个事件进行客观描写。但中间存在了一个负面评价标记 ambitious（野心勃勃）。

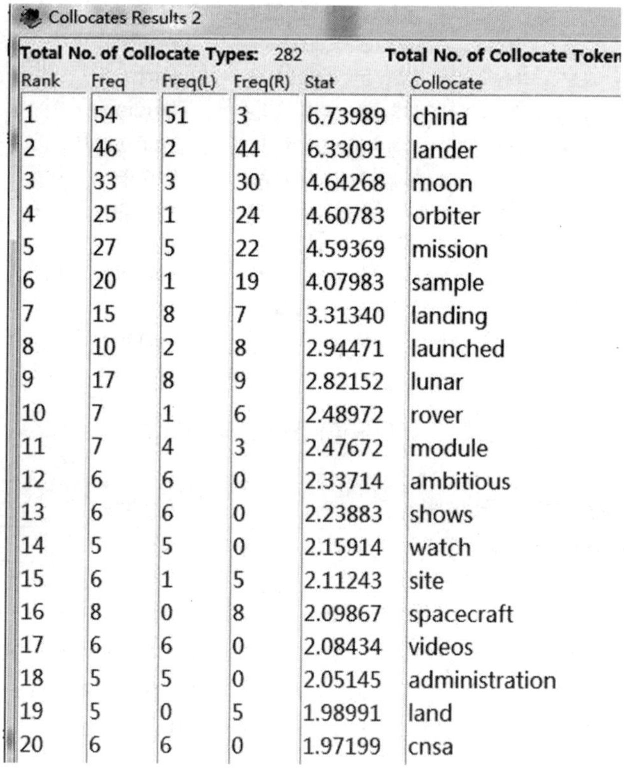
Collocates Results 2

Total No. of Collocate Types: 282   Total No. of Collocate Token

Rank	Freq	Freq(L)	Freq(R)	Stat	Collocate
1	54	51	3	6.73989	china
2	46	2	44	6.33091	lander
3	33	3	30	4.64268	moon
4	25	1	24	4.60783	orbiter
5	27	5	22	4.59369	mission
6	20	1	19	4.07983	sample
7	15	8	7	3.31340	landing
8	10	2	8	2.94471	launched
9	17	8	9	2.82152	lunar
10	7	1	6	2.48972	rover
11	7	4	3	2.47672	module
12	6	6	0	2.33714	ambitious
13	6	6	0	2.23883	shows
14	5	5	0	2.15914	watch
15	6	1	5	2.11243	site
16	8	0	8	2.09867	spacecraft
17	6	6	0	2.08434	videos
18	5	5	0	2.05145	administration
19	5	0	5	1.98991	land
20	6	6	0	1.97199	cnsa

图 4　Chang 的搭配检索

在检索 China 的搭配后，也同样发现了 ambitious，如下图所示。这说明 ambitious 是 China 和 Chang 的高频搭配。

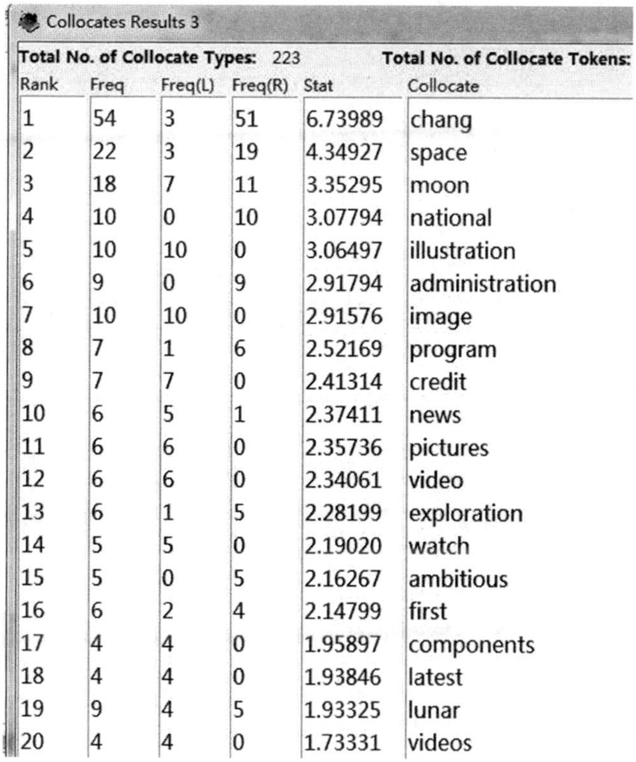
Collocates Results 3

Total No. of Collocate Types: 223　　Total No. of Collocate Tokens:

Rank	Freq	Freq(L)	Freq(R)	Stat	Collocate
1	54	3	51	6.73989	chang
2	22	3	19	4.34927	space
3	18	7	11	3.35295	moon
4	10	0	10	3.07794	national
5	10	10	0	3.06497	illustration
6	9	0	9	2.91794	administration
7	10	10	0	2.91576	image
8	7	1	6	2.52169	program
9	7	7	0	2.41314	credit
10	6	5	1	2.37411	news
11	6	6	0	2.35736	pictures
12	6	6	0	2.34061	video
13	6	1	5	2.28199	exploration
14	5	5	0	2.19020	watch
15	5	0	5	2.16267	ambitious
16	6	2	4	2.14799	first
17	4	4	0	1.95897	components
18	4	4	0	1.93846	latest
19	9	4	5	1.93325	lunar
20	4	4	0	1.73331	videos

图 5　China 的搭配检索

为了最终确定 ambitious 所代表的情感态度，本文决定对 ambitious 进行了索引分析。分析发现，17 个文本中共出现了 8 次 ambitious，且全是用以评价本次嫦娥五号登月事件，如下图所示。通过定位 ambitious 所在上下文语境，并对这些上下文进行阅读后发现，这些上下文存在一定的负面评价。这表明，17 篇新闻报道绝大部分都以客观叙事为主，但仍略微存在一些比较隐性的、不自觉的负面评价，即在客观叙事的同时作者会不自觉地加入自己的主观臆断。这种隐性的、不自觉的负面评价来源于西方根深蒂固的偏见以及“中国威胁论”，即中国做任何事情都是激进的，是野心勃勃的，是别有用心的，是具有侵略性的。

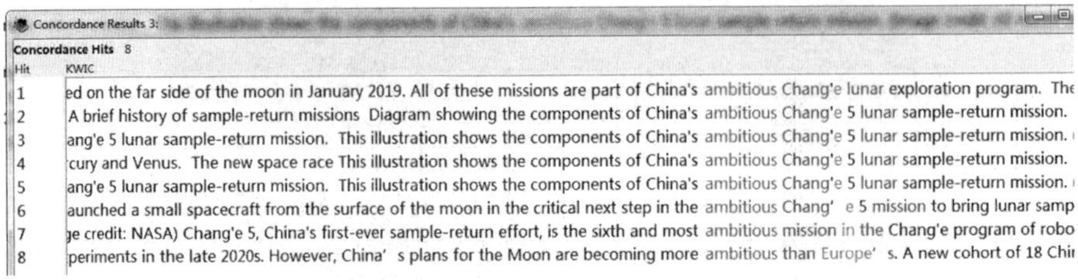

图 6 AMBITIOUS 的索引分析

三、结果讨论

（一）SPACE.COM 关于嫦娥五号登月事件新闻报道的特点

总体而言，关于嫦娥五号登月事件，SPACE.COM 新闻报道存在如下特点：

1. 叙事较客观，科学精神至上。

SPACE.COM 作为一家专注于科学领域的国际知名媒体，在本次嫦娥五号登月事件的新闻报道中，该媒体始终坚持科学立场，秉持着科学精神至上的理念，采用了比较客观严谨的叙事，充分彰显该媒体科学严谨的报道态度，科学精神至上、客观负责的报道风格，有效反映出该媒体坚守新闻报道客观真实原则的决心。

但由于中美两国在政治理念、意识形态上存在差异，即便是追求客观科学的美国媒体依旧会不可避免地在新闻报道过程中有意无意地加入自己的偏见以及对中国的片面解读。SPACE.COM 关于嫦娥五号登月事件的新闻报道也或多或少有所体现。

2. 部分议题设置有故意挑起争端之嫌。

相比一些偏见严重、别有用心的西方媒体，SPACE.COM 的新闻报道报道算是非常客观严谨的。但作为航天领域具备一定影响力的国际媒体，SPACE.COM 标题的主观化程度较高，部分议题设置有故意挑起争端之嫌。例如：chang'e5：china launches sample return mission to the moon — is it winning the new space race?（嫦娥五号：中国发射月球样本返回任务——赢得新的太空竞赛了吗?）这样的议题设置戴上了偏见的“有色眼镜”，丧失了新闻报道的本质属性，超越了科学客观的叙事范畴，背离了科学精神至上的报道宗旨。我们建议在报道时，对于这类议题的设置要慎之又慎，避免输出可能会挑起争端的内容，务必始终忠于客观事实，守住新闻的伦理底线，拒绝成为“标题党”，不刻意为了追求点击率和流量而夸大事实、歪曲事实、哗众取宠。

3. 对我国存在一定偏见。

对于本次事件，SPACE.COM 给予了足够肯定，但仍略微存在一些比较隐性的、不自觉的、植根于底层逻辑的负面评价，如多次以 ambitious 修饰 China 和 Chang。SPACE.COM 是一家专注于科学领域、强调严谨客观的媒体，但毕竟它处于西方的政治生态之中，因此它的涉华报道难免夹杂一些偏见。西方对我国存在偏见的底层逻辑主要是“中国威胁论”。近 30 年的国际秩序格局，最深刻的变化是传统老牌强国的缓慢衰落与新兴经济体和发展中大国的群体性崛起。其中，尤以我国的发展最令世人瞩目。随着我国经济、政治、文化等的全面发展，给现有的世界格局带来很大的冲击，“中国威胁论”由此诞生。这种论断在冷战结束后的很长时间内一直主导着西方尤其是美国的对华思维，并深刻影响着美国的对华战略。如今“中国威胁论”的内涵已拓展至人们日常生活各个方面，如中国计算机黑客威胁论、中国食品安全威胁论、中国环境威胁论、中国制造威胁论等等，前段时间甚至直接盯上了一款纯娱乐性质的手机应用 TIK TOK（抖音国际版），直接将其视作“国家安全隐患”，可谓无所不用其极。这种底层逻辑潜移默化地影响着西方作者对中国的评价。相比其他西方媒体，SPACE.COM 的新闻报道要客观很多，但中美两国的政治理念、意识形态本质上存在着不小差异，这些差异决定了美国媒体的涉华报道不可能绝对公正，其科学性、客观性、严谨性或多或少会受影响。这间接反映出即便是在追求客观严谨的科普性质的西方媒体中也存在一些不公平不公正、对我国不利的舆情。

（二）对我国国家形象对外传播的启示

1956 年，我国航天事业从零起步，自此踏上了一条迈向星辰大海的逐梦之旅。1970 年 4 月，我国成功发射了第一颗人造地球卫星“东方红一号”，这是继苏联、美国、法国、日本之后世界上第五个能独立发射人造卫星的国家。2003 年 10 月，神舟五号载人飞船成功升空并安全返回，首次载人航天飞行任务取得圆满成功，我国成为世界上第三个独立掌握载人航天技术的国家。2020 年 11 月，我国成功将“嫦娥五号”送入地月转移轨道，开启中国首次地外天体采样返回之旅。“可上九天揽月”这个千百年来中国人的夙愿，在“嫦娥五号”成功登月后变为现实。

历经数十载，我国航天事业的成绩斐然、举世瞩目。我国航天形象是中国国家形象的重要组成部分。在国家形象对外传播过程中，我国航天形象扮演了至关重要的角色，发挥了极其关键的作用。未来，在国家形象对外传播过程中，要高度重视我国航天形象的塑造及传播。

首先，要通过我国航天新闻报道，塑造“始终秉持人类命运共同体理念，坚持合作共赢”的国家形象。

我国航天事业一直秉持着合作共赢理念，主动开放并分享部分资源，为人类航天事业贡献了中国力量和中国方案。嫦娥五号带回的 1731 克月壤样本，有两大用途：一是用于科学研究，二是用于科普宣传工作。这些无私的举措充分彰显了我国的大国胸怀与担当，塑造了积极正面的我国国家形象。在国家形象对外传播过程中，要积极围绕中国航天谋求合作共赢开展客观报道，报道可以发表在我国具有较大国际影响力的主流媒体上，也可以发表于国外具有较大国际影响力的主流媒体上，报道目的在于主动塑造“始终秉持人类命运共同体理念，坚持合作共赢”的我国航天形象以及我国国家形象。

其次，要通过我国航天新闻报道，打造“勇于探索，敢于攻坚克难”

的国家形象。

“东方红一号”是我国发射的第一颗人造地球卫星，这颗卫星的研制是在国家经济和科技基础非常薄弱、工作条件十分艰苦的情况下进行的。参与研制的工作人员自力更生、发愤图强、协同合作、勇于探索、敢于攻坚克难，完全依靠自己的力量完成了全部研制工作，并于 1970 年 4 月成功发射了“东方红一号”，取得了举世瞩目的辉煌成就。此外，载人航天工程技术门槛高，是世界高新科技中最具挑战性的领域。我国载人航天工程起步晚、基础薄弱，就是在这样的背景下，我国航天事业依旧取得了举世瞩目的成绩。中科院院士、中国航天科技集团科技委主任包为民表示，我国仅用 20 多年就敲开了建设空间站的大门。这不仅是航天技术快速发展的成果，更依赖于一种强大的精神动力，这就是广大航天人在夜以继日的“攀高峰”“啃骨头”过程中铸就的载人航天精神（付毅飞，2021）。我国航天发展史就是一部生动的中华民族奋进史。讲好我国航天发展故事，就是讲好我国“勇于探索，敢于攻坚克难”的奋进故事，就是打造“勇于探索，敢于攻坚克难”的国家形象。

最后，要高度重视并充分利用海外媒体涉华报道，并基于此深度挖掘外国对华态度与评价，有针对性地构建积极正面的我国国家形象。

国家形象有三种属性：呈现性、主体性以及主体间性（胡范铸、薛笙，2010）。在我们看来，国家形象更多是主体间性的，即在塑造国家形象时，作为言者的形象塑造者要充分考虑听者的表述方式、知识结构、文化模式、思维方式以及对言者的态度与评价。海外媒体涉华报道蕴含了丰富舆情。积极开展海外媒体涉华报道分析，能有效采集相关舆情信息，研判外国涉华评价及态度，具有重要战略意义。在国家形象对外传播过程中，要高度重视并充分利用海外媒体涉华报道，并基于此深度挖掘外界的态度与评价。接着针对这些外界的态度及评价，力求更精准有效地塑造积极正面的我国国家形象。

总之，我们要高度重视并充分利用新闻媒体平台及相关新闻舆论手段，综合全面、客观深刻地报道我国航天事业，讲好我国航天故事，传播好我国航天奋进精神，致力于通过打造良好航天形象构建积极正面、生动形象、说服力强的我国国家形象，以此营造有利于我国发展的国际舆论氛围，为我国和平发展谋取更为稳定友好的外部舆论环境。

本研究基于语料库语言学相关方法，对美国航天专业网站 SPACE.COM 关于“嫦娥五号登月”的新闻报道开展了批评认知话语分析，接着概括出该网站涉华新闻报道的特点，并总结出三点对我国国家形象对外传播的启示。本研究更多的是开展理论阐释，没有探讨如何将理论进行具体应用并产生实际效能，这是下一步我们的研究计划和目标。

第十三章　构建北京冬奥会国际传播话语体系

奥运会早已超越了体育竞技本身，是一个多维度多层次的复合体，其中夹杂着政治、经济、文化、外交等诸多因素，是国家综合实力的集中体现。成功举办奥运会，能充分反映国家经济实力，彰显国家文化品位，体现国家外交能力，呈现国民素质，展示国家行动力及民众凝聚力，是国家形象立体化建构及国际传播的重要渠道。要着力构建北京冬奥会国际传播话语体系，加强北京冬奥会国际传播话语叙事，向世界讲好北京冬奥故事，传播好北京冬奥声音，努力通过北京冬奥会国际传播话语叙事塑造可信、可爱、可敬的中国形象。

一、宗旨是推动构建人类命运共同体

无论是话语的音调、词汇序列还是语篇衔接等都受制于人们的知识系统。“知识系统”被界定为“一个认知共同体达成一致的那些信念集合”。一个话语体系就是一个知识系统，就是一个思想集合，北京冬奥会国际传播话语体系需要确立一种坚强的思想引领力，以及一个切实精准的实际目标。①

---

① VAN DIJK T A. Discourse and Context: A Socio-cognitive Approach [M]. Cambridge: Cambridge University Press, 2008.

举办奥运会的价值并不完全体现在奥运赛事门票与周边商品的售卖中，还体现在打破全球人民沟通壁垒、促进世界各国团结协作中。奥运会能向世界有效传递人类命运共同体理念，促进世界各国协同合作、互敬互助，对于推动构建人类命运共同体具有重要战略意义。构建北京冬奥会国际传播话语体系的宗旨是推动构建人类命运共同体。要通过北京冬奥会国际传播话语体系向全球发出构建人类命运共同体的中国倡议，积极引导世界各国在追求自身利益时兼顾他国合理关切，在谋求本国发展中促进各国共同发展。

奥林匹克精神是人类团结的灯塔，奥林匹克精神的核心是通过体育竞赛让不同民族、不同信仰、不同政治理念的人们团结起来，本质上奥林匹克精神与人类命运共同体理念是一致的。2021 年，国际奥委会第 138 次全会正式将“Together（更团结）”加入奥林匹克格言中，奥林匹克格言自此修订为“更快、更高、更强、更团结”。

北京冬奥会是中国向国际社会递出的一张闪亮名片，办好本届冬奥会能充分彰显中国文化品位，体现中国外交能力，呈现中国国民素质，展示中国行动力及民众凝聚力，反映中国坚持“绿色、共享、开放、廉洁”办奥、注重可持续发展的决心，是中国形象立体化建构及国际传播的重要渠道。与此同时，办好北京冬奥会还能有效地向世界传递人类命运共同体理念，有助于在全球推动构建人类命运共同体。

北京冬奥会在主题口号和开幕式上无不体现出推动构建人类命运共同体的决心与担当。2021 年 9 月 17 日，北京冬奥会主题口号正式对外发布，中文口号为“一起向未来”，英文口号为“Together for a Shared Future”。简洁干练的几个字蕴含着博大智慧及深厚情怀，向全球发出了构建人类命运共同体的中国倡议。无论是“Together（更团结）”还是“Shared Future（共享的未来）”，都是人类命运共同体的重点内容及核心要义。这些概念与中华民族历来追求的“天下为公”理念存在异曲同工之妙。“天下为公”出自《礼记》中的“大道之行也，天下为公”，意思是在大道施行的时候，天下是人们所共有的。通过这些概念，我国有效向世界传达了“人类是一个整体，地球是一个家园”的理念。这样的话语实践将全人类“血亲化”，有效拉近了交际主体与交际客体的心理距离，最大限度地强化了交际主体与交际客体的亲密程度，为后续推动交际双方凝心聚力、协同合作奠定了坚实基础，为后续人类命运共同体的构建发挥了关键作用。

北京冬奥会开幕式为全球观众奉献了一场极其精彩的视听盛宴，有效彰显出中国文化的厚重与精深，充分展现出中国人的博大智慧和浪漫情怀，集中呈现出令人惊艳的科技感、创意感和唯美感。除了这些，北京冬奥会开幕式还多次巧妙地向全球传递人类命运共同体理念。随着冰球运动员击打虚拟冰球，一块巨大的冰立方被虚拟冰球反复敲击随之碎裂，一个晶莹剔透的奥运五环“破冰”而出，“破冰”寓意着全世界人民打破隔阂、化解矛盾、走近彼此、理解彼此。北京冬奥会主火炬是一朵大雪花，由 90 多朵小雪花汇聚而成，每朵小雪花代表一支参赛队伍。这些小雪花在大雪花中彼此依靠、彼此联系、相互依存、相互影响，寓意着人类生活在同一个地球村里，生活在历史和现实交汇的同一个时空里，人类逐渐成为你中有我、我中有你的命运共同体，唯有协同合作才能共赢共存，共荣共生。

当今世界面临着百年未有之大变局，政治多极化、经济全球化、文化多样化，各国间时空距离逐渐缩小，交往日益频繁，共同挑战愈发增加。疾病流行、环境污染、资源短缺、气候变化等全球性安全问题层出不穷，对国际秩序和人类生存构成了严峻挑战。当前，没有哪个国家能独自应对人类面临的各种挑战，也没有哪个国家能退回到自我封闭的孤岛。在这样的时代背景下，我国郑重发出倡议——构建人类命运共同体。自此还相继提出了中非命运共同体、中拉命运共同体、中巴命运共同体、亚洲命运共同体、亚太命运共同体等多层次全方位的共同体理念。虽名目繁多，但都同根同源，属于人类命运共同体的引申概念。构建人类命运共同体符合世界各国人民利益，是众望所归，是民心所向。人类命运共同体强调追求本国利益时兼顾他国合理关切，在谋求本国发展中促进各国共同发展。人类命运共同体蕴含了相互依存的国际权力观、共同利益观、可持续发展观以及全球治理观。人类命运共同体关注人类命运的有机整体性，追求世界和平，致力于构建合作共赢的新型国际秩序观。人类命运共同体是一种理论创新、制度创新和道路创新，这一理念承载了对人类共同命运的思考，是对全球治理的现实回应，也是我国在新时代基于经济全球化、国际政治经济新秩序构建提出的“中国方案”。①

国际传播过程中，要尽可能让北京冬奥会方方面面都彰显奥林匹克精神，皆强调“协同合作，一起向未来”的理念。北京冬奥会的价值绝不能简单以短期的经济利益来权衡，应当提高站位，放眼世界大格局，充分认识到北京冬奥会对于推动构建人类命运共同体进而共同建设一个持久和平的世界所具有的重要战略意义，着力构建北京冬奥会国际传播话语体系，努力通过北京冬奥会团结世界各国，呼吁世界各国勠力同心协同合作，推动构建人类命运共同体。

二、提升北京冬奥会吉祥物国际传播效能

最近几年，申办奥运会的国家数量总体呈下降趋势，有一种观点认为筹备一届成功的奥运会需要耗费大量的人力物力，是一种得不偿失、弊大于利的行为。显然，这样的观点并没有将举办奥运会的价值放在当下世界形势中进行全局性思考。当今世界正处于百年未有之大变局，全球政治、经济、文化、科技、军事、外交等领域正在发生复杂且深刻的变化。在这样的国际形势下，不断加强中国形象国际传播能力建设，形成同我国综合国力和国际地位相匹配的国际话语权，是新时代国际传播的迫切要求。

北京冬奥会吉祥物“冰墩墩”是一只套着冰晶外壳的熊猫，其形象憨态可掬、亲切可爱，整体造型酷似航天员，科技感、现代感、未来感十

① 尹铂淳. 中华民族共同体和人类命运共同体要义及话语建构［J］. 理论与当代，2020（09）：10-11.

足。北京冬奥会开幕后，摩纳哥亲王、日本电视台记者以及一大批国内外运动员都成为“冰墩墩”最忠实的“粉丝”，在冬奥官方特许商店甚至出现了“一墩难求”的现象，民众排起长队，只为获得一只属于自己的“冰墩墩”。

在大型国际体育赛事中，我国已经不止一次将熊猫作为国家形象的文化符号。从1990年北京亚运会的吉祥物“盼盼”到2008年北京奥运会的吉祥物“晶晶”，再到2022年北京冬奥会的吉祥物“冰墩墩”，三代吉祥物都是以熊猫为原型进行设计的。值得注意的是，文化符号也属于话语，正如梁晓波、武啸剑、曾广（2018）所言，话语起初指的是具体语境中的口语交流形式。当前，话语交流形式已经呈现出多模态、多元化、多媒介特点。话语已经超越了纯粹的口语声音表达形式，进入了多模态并存、多模态交叉、多模态混用的时代。话语也就表现为多种形式，包括口语、书面、图片（静态与动态）、图像以及多种形式的交叉使用或混用。可见，熊猫作为一种文化符号，属于话语，它的传播自然属于话语传播。①

启用熊猫作为中国的“国际形象大使”理据充分：（1）熊猫极其珍贵，形象活泼可爱，深受外国民众喜爱，这样的文化符号吸引力强，容易在全球获得广泛传播。（2）在西方文化体系中，相比龙而言，熊猫憨态可掬，没有攻击性和侵略性，能有效为我国塑造可信、可爱、可敬的国际形象。（3）熊猫亲切可爱、爱好和平的形象与我国所倡导的人类命运共同体理念是一致的，与本届冬奥会主题口号“一起向未来”所传递的理念也是一致的。将熊猫作为中国的“国际形象大使”能有效传递人类命运共同体理念，能准确表达“人类是你中有我、我中有你的命运共同体，唯有和平共处、协同合作才能共赢共存共荣共生，共同创造美好未来”的概念。

“冰墩墩”是中国形象国际传播的有力推动者，是中国形象国际传播

① 梁晓波，武啸剑，曾广．话语体系与国家安全［J］．国防科技，2018，39（03）：17-26.

的成功案例。未来必须持续改革中国形象国际传播模式，努力提升中国形象国际传播效果。要从以“他塑”为主转为以“我塑”为主，通过“软传播”讲好中国故事，传播好中国声音，展示真实、立体、全面的中国。不同于“硬传播”，“软传播”并非生硬的直接宣传，而是渐进的、潜移默化的宣传，其受众接受程度高，更容易在海外获得广泛传播。要积极转变国际传播理念，让“硬实力”实现“软传播”，产生最强的传播效能，达到最佳的传播效果。应当充分考虑受众情况，采用贴近不同区域、不同国家、不同群体的精准传播方式及策略，着力打造符合受众文化表达、思维逻辑、价值理念的诸如“冰墩墩”这样的文化符号，尽可能提升受众对积极正面中国形象的接纳程度，增强中国形象的亲和力以及文化感召力，致力于塑造可信、可爱、可敬的中国形象，实现最佳的中国形象国际传播效果。

针对“一墩难求”的现象，我们绝不能简单考究其商业价值，应当努力提高站位，放眼世界大格局，充分认识到“冰墩墩”对于推动构建人类命运共同体、塑造可信、可爱、可敬的中国形象所具有的更为重大的国际传播战略价值。用好“冰墩墩”，研究好“冰墩墩”，让未来出现更多“冰墩墩”，不断提升北京冬奥会吉祥物国际传播效能，努力加强中国形象国际传播能力建设。

三、让春节文化融入北京冬奥会国际传播叙事

奥运会不仅仅是一场举世瞩目的体育盛会，更是一个难得的中国文化展示平台。要以北京冬奥会的举办为契机，积极宣介中国优秀传统文化以及博大深邃的中国智慧。

北京冬奥会于 2022 年 2 月 4 日开幕，这一天恰逢中国农历大年初四，春节和北京冬奥会实现了梦幻联动。百节年为首，春节是中华民族最为重要的传统佳节。春节在全球的传播效能高，影响力度大，辐射范围广。除了我国，韩国、越南、新加坡、印度尼西亚、马来西亚等国家也都将春节

列为法定假日。春节蕴含着深厚的历史底蕴和丰富的文化内涵，凝结着中华民族悠久厚重的家国价值观，是中国向世界递出的一张靓丽的文化名片，是建构积极正面中国形象、增强国际认同的重要渠道。春节文化是中国优秀传统文化的重要代表，是极具国际影响力的中国文化品牌。必须充分认识春节文化在北京冬奥会国际传播中的重要作用，尽可能发挥春节文化的品牌优势，让春节文化充分融入北京冬奥会国际传播，借助新媒体平台加强春节文化在北京冬奥会期间的“软传播”，主动向世界讲好中国春节及北京冬奥故事，传播好中国春节及北京冬奥声音，呈现中国文化内涵，彰显中国文化魅力，展示中国谋求共同发展的博大智慧，全方位立体化建构具有强大亲和力和文化感召力的中国形象。

加强北京冬奥会期间春节文化的“软传播”和“软输出”。新媒体具有主体多元、内容多样、篇幅短、传播快、互动性强、受众接受程度高等特点。不同于传统媒体的“硬传播”，新媒体的“软传播”并非生硬的直接宣传，而是渐进的、潜移默化的宣传，其受众接受程度高，更容易在海外广泛传播。要积极转变国际传播理念，打开国际传播格局，让“硬实力”实现“软传播”，产生最强的传播效能，实现最佳的传播效果。新媒体的“软传播”是破解传统国际传播局势制约并打破“西强我弱”国际舆论局面的关键力量。要不断提升我国新媒体国际传播能力，努力通过新媒体平台开展北京冬奥会期间春节文化的“软传播”“软输出”。

春节是中华民族最重要的传统佳节，春节文化蕴含着极其丰富的中国元素。在北京冬奥会国际传播中，新媒体平台要主动介绍春卷、饺子、年糕、汤圆等春节特色美食，踊跃宣传舞龙舞狮、购置年货、贴春联、张灯结彩、放烟花、互相道贺、给尊长拜年等温馨喜庆的贺新春氛围，积极宣介中华民族悠久厚重的家国价值观以及构建人类命运共同体的博大智慧，让原汁原味的春节文化、中国理念及中国智慧充分融入北京冬奥会，致力于通过北京冬奥会新媒体报道加强春节文化的“软传播”“软输出”，提升春节文化在海外的品牌影响力和感召力。

在北京冬奥会国际传播中，要不断加强春节文化的“软传播”和“软输出”，致力于更加鲜明地展现中国智慧，弘扬中国精神，彰显中国文化魅力，在海外塑造具有强大亲和力与文化感召力的中国形象。

四、加强外国运动员视角下的新媒体叙事

随着现代传播主体逐渐多元，国际舆论空间逐渐宽松，国际舆论焦点逐渐丰富，互动反馈更强的新媒体传播逐渐打破了传统的国际传播格局，形成了众人发声的局面。必须充分肯定主流媒体的传播效能，与此同时也要高度重视新媒体传播蕴含的巨大能量，特别是北京冬奥会期间外国运动员视角下的新媒体叙事。

北京冬奥会期间，运动员是主角，他们在赛场上顽强拼搏、永不言败、锐意进取的精神感染众人。北京冬奥会期间，运动员是全球舆论的焦点，他们的一举一动牵动着众多目光，为世界所瞩目。特别是一些成绩突出的运动员，他们拥有庞大的粉丝群体，享有极强的话语权和国际影响力。这些运动员在信息发布和观点表达上具有强大的国际舆论引导力和号召力，能有效引领国际传播风向标，影响国际舆论发展走势。

要鼓励中国运动员入驻具有较大国际影响力的国内外新媒体平台，并开设个人账号，细腻生动地展现赛场风采并记录生活点滴，努力拉近与国内外网友的心理距离，获得更高的知名度和更大的影响力，展现既开放自信也谦逊谦和的个人形象。此外，还要加强媒体工作人员的监督指导，让这些运动员能有效提升自身媒介素养，并强化自身国家形象建构意识，帮助他们充分认识到个人形象是国家形象的重要组成部分，负面的个人形象必然会损害国家形象，帮助他们熟知新媒体的传播伦理及准则，了解哪些内容有利于积极正面国家形象的塑造，适合传播；哪些内容会损坏国家形象，不宜传播。

加强北京冬奥会期间运动员叙事不仅要关注中国运动员，还要关注外国运动员。应当策划一些主题活动，积极引导外国运动员在具有较大国际

影响力的国内外新媒体平台上，立足个人视角细腻生动地讲述自己在北京冬奥会期间的拼搏故事，分享自己备战冬奥、征战冬奥的心路历程。此外，还要积极引导外国运动员在新媒体平台上分享自己在北京冬奥会期间日常生活的点点滴滴，并展现北京冬奥村的住宿环境、饮食条件以及中国人民的热情好客。这些外国运动员的叙事视角更接地气，更真实生动，具有强大说服力与可信度，这种视角下的新媒体叙事有效丰富了报道视角，打破了传统媒体刻板的议题设置，提升了北京冬奥会国际传播效能。要主动邀请外国运动员通过新媒体平台为北京冬奥会现身说法，以此粉碎国内外舆论场上的一些不利谣言，为我国营造和谐友好的国内外舆论氛围。

总之，要着力构建北京冬奥会国际传播话语体系，积极营造和谐友好的国内外舆论环境，推动构建国内国际双循环的舆论格局，让国际舆论场上的一些不利言论不攻自破，努力开创北京冬奥会国际传播新局面，推动构建人类命运共同体，全方位立体化建构可信、可爱、可敬的中国形象。

第十四章　北京冬奥精神的生成逻辑及弘扬路径

2022 年 4 月 8 日，北京冬奥会、冬残奥会总结表彰大会在北京隆重举行。会上，习近平总书记深刻指出，北京冬奥会、冬残奥会广大参与者珍惜伟大时代赋予的机遇，在冬奥申办、筹办、举办的过程中，共同创造了“胸怀大局、自信开放、迎难而上、追求卓越、共创未来”的北京冬奥精神。准确领悟北京冬奥精神的意蕴内涵，深刻把握北京冬奥精神的生成逻辑和弘扬路径，对于激扬中华民族精气神、实现中华民族伟大复兴具有重大战略价值。

一、北京冬奥精神的生成逻辑

（一）基因逻辑：赓续传承了中国共产党的伟大品格

北京冬奥精神是中国共产党宗旨性质、中国特色社会主义制度优势、中华民族优秀传统文化深厚底蕴的生动凝练，是经由北京冬奥会、冬残奥会全体工作人员和运动员优异实践表现砥砺淬炼而成的。北京冬奥精神并非凭空产生，而是从历史深处走来，内蕴着丰富生成逻辑，如基因逻辑、文化逻辑、实践逻辑等，其中基因逻辑为：北京冬奥精神赓续传承了中国共产党的伟大品格。

北京冬奥精神赓续传承了中国共产党“胸怀大局”的伟大品格。中国共产党厚植天下情怀，该情怀并非凭空产生，而是有其特定理论根源的。中国共产党的天下情怀肇始于马克思主义“为人类求解放”的政治追求。① 马克思毕生的使命就是为人民解放而奋斗，中国共产党的天下情怀与马克思主义为人类求解放的美好理想一脉相承。2020 年，占世界人口近五分之一的中国全面消除绝对贫困，提前 10 年实现了《联合国 2030 年可持续发展议程》的减贫目标。中国共产党始终心怀天下，胸怀大局，将自身发展与人类发展紧密相连，在脱贫攻坚战取得全面胜利后，仍积极参与全球贫困治理，不断深化减贫领域交流合作，努力推广人类减贫的中国探索和实践，为人类脱贫事业注入了中国力量，为推动构建没有贫困共同发展的人类命运共同体贡献了磅礴能量。

北京冬奥精神赓续传承了中国共产党“自信开放”的伟大品格。开放源于自信，自信促进开放。中国共产党始终保持“自信开放”的博大胸襟，坚持不忘本来、吸收外来、面向未来，不仅汲取转化了中华优秀传统文化中的思想理念、学说理论、道德规范等宝贵财富，还主动吸收借鉴了人类历史上一切优秀思想文明成果，以此推动党的理论不断发展壮大。② 中国共产党始终秉持“包容并蓄”的理念，时刻保持“自信开放”的博大胸襟，坚持与时俱进，坚持开放包容，坚持交流互鉴，以此把党的宏伟事业不断推向前进。

北京冬奥精神赓续传承了中国共产党“迎难而上”的伟大品格。中国共产党百年奋斗历程就是一部迎难而上、越险越进、越战越勇、砥砺奋进的辉煌史诗。面对历史上的各种风险挑战，中国共产党从未被艰难困苦所压倒，始终秉持“打铁必须自身硬”的理念，紧紧依靠广大人民群众，克服了各种艰难险阻，经受住了各种风险挑战，并逐渐强大起来。“迎难而

① 李辽宁，魏倩倩. 天下情怀：中国共产党胸怀天下的情感密码［J］. 思想教育研究，2022（03）：10-17.

② 冯刚. 论中国共产党的百年理论形象［J］. 思想理论教育导刊，2021（02）：40-46.

上”是中国共产党在历史各个阶段取得胜利的重要意志品质保障，与此同时也是中国共产党在砥砺奋进时不断锤炼出来的伟大品格。

北京冬奥精神赓续传承了中国共产党“追求卓越”的伟大品格。中国共产党历来追求卓越，在极端艰难的情形下“两弹一星”的成功研制是最好的佐证。“两弹一星”的研制者在极其艰苦的环境中，克服了各种艰难险阻，经受住了生命极限的严酷考验。他们依靠有限的科研环境和试验手段，顽强拼搏，锐意进取，追求卓越，突破了一个又一个关键技术难关，展现出中华民族以自强姿态屹立于世界民族之林的坚强决心和能力，为中华民族伟大复兴贡献了磅礴能量，书写了新的光彩夺目的壮丽篇章。

北京冬奥精神赓续传承了中国共产党“共创未来”的伟大品格。当今世界正处于百年未有之大变局，政治多极化、经济全球化、文化多样化，各国间时空距离逐渐缩小，交往日益频繁，共同挑战愈发增加。疾病流行、环境污染、资源短缺、气候变化等全球性安全问题层出不穷，对国际秩序和人类生存构成了严峻挑战。在这样的时代背景下，我国秉持“共创未来”的理念，郑重发出构建人类命运共同体的倡议。构建人类命运共同体符合世界各国人民利益，是众望所归，是民心所向。人类命运共同体是一种理论创新、制度创新和道路创新，这一理念承载了对人类共同命运的思考，是对全球治理的现实回应，也是我国在新时代基于经济全球化、国际政治经济新秩序构建提出的共创未来的“中国方案”。①

（二）文化逻辑：根植于中华民族优秀传统文化

北京冬奥精神的生成内蕴着显著的文化底色，具有突出的文化逻辑，即北京冬奥精神根植于中华民族优秀传统文化。

北京冬奥精神根植于“胸怀大局”的中华民族优秀传统文化。中国自

---

① 尹铂淳. 中华民族共同体和人类命运共同体要义及话语建构［J］. 理论与当代，2020（09）：10-11.

古以来便有“胸怀大局”的价值取向。《礼记·礼运》阐述了“大道之行也，天下为公”的政治理想；《孟子·尽心上》提到了“穷则独善其身，达则兼济天下”的博大胸襟情怀；《礼记·大学》论述了“修身齐家治国平天下”的政治愿景；《日知录·正始》倡议“天下兴亡，匹夫有责”；《岳阳楼记》呼吁“先天下之忧而忧，后天下之乐而乐”。这些都是古代对“胸怀大局”的生动阐释。可以说，“胸怀大局”是一种深厚的中华优秀文化基因和中国精神固有特质。中国共产党是以马克思主义理论为指导思想的政党，也是积极传承弘扬中华优秀传统文化的政党，中华优秀传统文化决定了中国共产党有底气有能力创造性地将马克思主义同中国具体实际相结合、同中华优秀传统文化相结合，不断推进马克思主义中国化理论创新。

北京冬奥精神根植于“自信开放”的中华民族优秀传统文化。纵观中华文化的发展历程，“自信开放”的文化格局贯穿始终。从先秦时期的“诸子百家”开始，中华传统文化历经了春秋战国“百家争鸣”、汉代“罢黜百家，独尊儒术”、魏晋玄学、五代十国的佛学、宋明理学等重要的发展时期。无论是“百家争鸣，百花齐放”的文化繁盛景象，还是儒家文化逐渐与政治相结合呈现“制度化”的发展阶段，儒家以外的诸子百家学说，从未被禁止发展。各家学说在对立又统一，交流与借鉴中不断创新发展，始终保持着中华文化的生机与活力，为我国文化自信开放的持续发展奠定了深厚的历史文化根基。此外，中华文化兼容并包，兼收并蓄，始终用开放的心态，不断吸收外来文明成果。路上丝绸之路与海上丝绸之路的繁盛承载着我国文明交流的印记。西汉后期佛教的传入，明末清初西方自然科学知识的传入以及鸦片战争后西方文明的全面传播，无一不彰显着海纳百川、博大精深的中华文化对外来文化强大的吸收、融合与创新能力。

北京冬奥精神根植于“迎难而上”的中华民族优秀传统文化。不畏艰险，迎难而上是中国传统文化优秀基因的代表。远古时期，“夸父逐日”“精卫填海”“愚公移山”“女娲补天”等耳熟能详的神话传说，是中华传统文化“自强不息”的具体表现。司马迁在《报任安书》中写到，文王拘而演周易，仲尼厄而作春秋。屈原放逐，乃赋《离骚》。左丘失明，厥有《国语》。孙子膑脚，《兵法》修列。不韦迁蜀，世传《吕览》。韩非囚秦，《说难》《孤愤》。诗三百篇，大抵贤圣发愤之所为作也。先贤们不畏艰险，在困境中迎难而上，坚守使命的拼搏精神激励了一代又一代的仁人志士。有越王勾践“卧薪尝胆”、匡衡“凿壁借光”、伍子胥“人众者胜天”等。而后，自强不息，迎难而上的伟大精神在理论与实践的发展中日渐丰富，在近代中国的救亡图存运动中得以传承。时至今日，成为中华民族重要的民族性格与使命担当。

北京冬奥精神根植于“追求卓越”的中华民族优秀传统文化。精益求精，追求卓越的理想信念，在中华民族优秀传统文化的发展与传承中刻下了深深的烙印。老子曰：“天下大事，必作于细”（道德经·第六十三章），即天下大事皆始于细小微末，成于精益求精。唐代诗人卢延让在《苦吟》中写到吟安一个字，捻断数茎须。诗人吟诗炼句，绞尽脑汁，殚精竭虑，为吟一个字，捻断数根须。朱熹在编著《四书集注》中称熹于《论》《孟》《大学》《中庸》，一生用功，粗有成就，然近日读之，一、二大节目处，犹有谬误，不住修削。穷尽一生，不舍昼夜，朱熹编著《四书集注》时，反复修改，精心打磨的形象跃然纸上，是精益求精、追求卓越的极致体现。

北京冬奥精神根植于“共创未来”的中华民族优秀传统文化。中华民族秉承“大一统”的整体思维模式。老子认为，世界是统一的整体，以“道”为根源。“天人合一”的宇宙观认为，世界是一个“你中有我，我中有你”的整体存在，认识与把握世界应从人类的整体利益出发。儒家的大同思想寄托了古代先贤对人类社会的美好向往，即消除私欲与隔阂，人与人团结协作、和谐共处。社会朝着促进人们的协同合作、共荣共生的方向发展。“以和为贵”“以和邦国”“和而不同，推己及人”等哲学观揭示了唯有“和”才能“共生”。面对当今世界百年未有之大变局，中国肩负起大国的历史担当，积极倡议全世界人民风雨同舟，休戚与共，彼此尊重，携手并进，共同打造紧密联系、欣欣向荣的人类命运共同体。

（三）实践逻辑：源自北京冬奥会、冬残奥会广大参与者的卓越表现

北京冬奥精神经由北京冬奥会、冬残奥会广大参与者优异表现砥砺淬炼而成，是对他们出色表现的高度凝练和概括。

“不谋全局者，不足谋一域。”（《寤言·卷二》）在北京冬奥会、冬残奥会广大参与者在各个岗位上胸怀大局、不畏艰难、砥砺奋进的优异表现是北京冬奥精神的生动诠释。北京冬奥会、冬残奥会期间，志愿者时刻胸怀大局，把办好冬奥盛会作为“国之大者”，珍惜时代机遇，认真履行时代使命，肩负时代重任，一丝不苟、严谨细致地保障赛场组织工作顺利开展。赛会期间，这些志愿者热情服务、认真工作，充分彰显了大国担当和大国风度。参会医护人员胸怀大局，默默守护参赛各国运动员及工作人员生命安全，筑起了牢不可破的生命安全屏障。开闭幕式上的演员们时刻以大局为重，默默奉献，迎难而上，辛勤耕耘，为全球观众奉献了一场无与伦比的视觉盛宴。

如今的中国更加自信开放。不同于2008年北京奥运会开幕式和闭幕式的恢弘大气，2022年北京冬奥会的开闭幕式更加注重温馨氛围的烘托，更关注“世界大同”理念的传播。北京冬残奥会吉祥物“雪容融”的设计者是一名来自吉林艺术学院的“95后”青年。这位“95后”青年秉持“自信开放”理念，兼收并蓄东西方文化精华，成功设计了“雪容融”。和“冰墩墩”一样，“雪容融”深受全球民众喜爱，拥有一大批忠实粉丝。“雪容融”以红灯笼为原型进行设计创作，其头顶有如意环，头部外围有剪纸图案，面部印有不规则形状的雪块；其名称中的“容”寓意着包容，另一个“融”寓意着融合融入。“雪容融”内蕴着丰富的中国传统文化，充分彰显了文化自信；同时其命名还蕴含了“世界大同，天下一家”的开放包容智慧。这位“95后”青年所设计的“雪容融”不仅是观赏性和商

业价值兼具的吉祥物，更是具有突出国际传播战略价值的文化符号。

作为在全党全国各族人民向第二个百年奋斗目标迈进的关键时期举办的重大标志性活动，北京冬奥会、冬残奥会的举办遭遇到不少困难，成功来之不易。2015 年 7 月 31 日下午，国际奥委会第 128 次全会在马来西亚吉隆坡投票决定，北京获得 2022 年冬奥会举办权。7 年间，我国尽锐出战、全力投入。北京携手张家口同国际奥委会、国际残奥委会等国际体育组织不断深化合作，克服了各种困难挑战。在此期间，广大青年迎难而上，冲锋在前，发挥了关键作用，贡献了强大力量。在各方通力合作下，中国如期向世界奉献了一届简约、安全、精彩的奥运盛会，全面兑现了对国际社会的庄严承诺，生动诠释了“迎难而上”的北京冬奥精神。

中国人民追求卓越，坚持以最高标准、最严要求举办奥运。面对国际体育政治化等不利因素，从筹办到举办，北京冬奥会和冬残奥会组委会始终坚持高标准、严要求、精益求精、追求卓越的工作态度，科学规划设计，从严从实做好各项工作，力保北京冬奥会、冬残奥会如期顺利举行，成功兑现了对国际社会的庄严承诺，实现了既定目标，留下了丰厚的冬奥遗产，交出了成功办赛的优异答卷。

北京冬奥会、冬残奥会广大参与者用实际行动生动诠释“共创未来”理念。在广大参与者的不懈努力下，北京冬奥会、冬残奥会取得圆满成功。广大参与者始终秉持“协同合作，共创未来”理念，提供高质量志愿服务，获得外国友人的一致好评和高度认可，对于推动构建人类命运共同体、促进世界各国协同合作、共创未来以及全球民众共荣共存，共赢共生具有积极作用。

二、北京冬奥精神的弘扬路径

（一）加强舆论引导，创新北京冬奥精神传播模式

随着现代传播主体逐渐多元，国际舆论空间逐步宽松，国际舆论焦点

日渐丰富，互动反馈更强的新媒体传播逐渐打破了传统的国际传播格局，形成了众人发声的局面。必须充分肯定主流媒体的传播效能，与此同时也要高度重视短视频、电影、动漫、歌曲等传播形式所蕴含的强大能量。不同于“硬传播”，“软传播”并非生硬的直接宣传，而是渐进的、潜移默化的宣传，其受众接受程度高，更容易在海外广泛传播。要努力革新国际传播理念，让“硬实力”实现“软传播”，产生最强的传播效能，达到最佳的传播效果。

1. 推动北京冬奥精神“软传播”

要通过“软传播”多层次多维度讲好北京冬奥会、冬残奥会故事，传播好北京冬奥精神。首先，推行“软传播”必须充分考虑海外受众情况，采用贴近不同区域、不同国家、不同群体的精准传播方式及策略，着力打造符合受众文化表达、思维逻辑、价值理念的话语表述，尽可能提升受众对北京冬奥精神的接纳程度，增强北京冬奥精神的亲和力，推动北京冬奥精神的“软传播”，实现最佳的北京冬奥精神传播效果。其次，要不断改革传播模式，从以“他塑”为主转为以“我塑”为主，主动摆出有吸引力的北京冬奥议题，积极提出有吸引力的北京冬奥议程。传播时，既要有主流媒体新闻报道这样的“硬传播”形式，也要有贴吧、短视频、电影、动漫、电视剧、小说这样的“软传播”形式，要将“硬传播”和“软传播”有机统筹起来，真正做到“软硬兼施”。必须高度重视短视频、电影、微博等民众喜闻乐见的“软传播”渠道，通过这些渠道讲好北京冬奥会、冬残奥会故事，传播好北京冬奥精神，提升北京冬奥精神的吸引力、鲜活度及受众接受度。除了展现北京冬奥会和冬残奥会风采，还要不断加强当代中国叙事，主动讲好中国故事，传播好中国声音，积极呈现我国在政治、经济、文化、军事、科技等领域发生的翻天覆地的变化以及取得的卓越成就，集中展现我国物质成就、中华文化独特魅力以及中国人民昂扬向上的精神风貌，致力于通过北京冬奥精神“软传播”，不断增强我国的国际影响力、感召力与号召力，主动塑造能充分展现我国优势和特色的国家形象。

2. 加强网络意见领袖的北京冬奥叙事

在互联网时代，人人都能发言，但不是每个人的发言都能获得足够的关注和重视。在互联网中，有一些人或媒体，他们拥有庞大的粉丝群体，享有极强的话语权、极高的知名度和极大的影响力，他们是舆论的焦点，一举一动牵动众人目光。这些人或媒体具有强大的国际舆论引导力和号召力，能有效引领国内外传播风向，影响国内外舆论发展走势。这些人或媒体就是网络意见领袖，他们有些是现实中的公众人物，有些是自媒体用户，有些是官方媒体。网络意见领袖大抵分为四类：公众人物属性的意见领袖、知识分享属性的意见领袖、自媒体属性的意见领袖、非媒体性质的企事业单位官方账号。①

中外运动员的叙事视角更真实真挚、更接地气，对于广大网民而言具有强大说服力与极高可信度。充分利用这些网络意见领袖的舆论引导力和影响力，丰富叙事方式，创新叙事视角，打破传统媒体刻板的议题设置，让北京冬奥故事更加深入人心、引人共鸣，以此优化北京冬奥精神传播效果，提升北京冬奥精神传播效能。

此外，还要充分利用网络意见领袖叙事，做好北京冬奥会、冬残奥会舆情监测及应急处理。面对北京冬奥会、冬残奥会舆情危机，国内官方媒体要充分利用其舆论权威性、影响力和号召力形成社会的广泛共识。此外，国内具有较强影响力的自媒体用户也必须义不容辞地主动发声、快速发声、及时发声，第一时间抢占舆论制高点，传播事实，表达观点，坚决不做西方媒体的舆论搬运工和传话筒，面对西方关于北京冬奥报道中的不实言论，必须旗帜鲜明地发出中国民间声音，提出中国立场和主张，主动回击并击碎这些不实言论，积极引导国内外舆论走势，增强我国的国内外影响力、感召力与号召力，塑造积极正面形象，努力为我国营造和谐友好

---

① 周晶晶. 网络意见领袖的分类、形成与反思［J］. 今传媒，2019，27（05）：42-44.

的国内外舆论氛围。①

除了上述两点，我们还必须始终树立“人才是第一资源”理念，不断加强北京冬奥精神传播人才队伍建设。努力建设一支思想过硬、专业技能突出、家国情怀浓厚、具有深远传播战略格局以及清晰传播战略思维、能深刻把握新时代国际传播规律的传播人才队伍，为北京冬奥精神传播厚植沃土、提供坚强保障，促进北京冬奥精神传播工作提质增效。

（二）加强教育保障，将北京冬奥精神融入思政课堂

弘扬北京冬奥精神工作必须下沉至教育场景，将北京冬奥精神充分融入思政课堂，充分发挥课程思政优势，讲好北京冬奥故事，提升学生对北京冬奥精神的了解和认同。2020 年 5 月，教育部印发了《高等学校课程思政建设指导纲要》，其中明确指出：课程思政要紧紧围绕培养什么人、怎样培养人、为谁培养人这一根本问题展开。思政课是落实立德树人根本任务的关键课程，高校必须高度重视课程思政建设和思政课程培育。2017 年 2 月，中共中央、国务院印发《关于加强和改进新形势下高校思想政治工作的意见》，文件强调：坚持全员全过程全方位育人。把思想价值引领贯穿教育教学全过程和各环节，形成教书育人、科研育人、实践育人、管理育人、服务育人、文化育人、组织育人长效机制。思政课程不仅对高校来说是需要的，对中小学来说更是必不可缺的。习近平总书记深刻指出：“要把统筹推进大中小学思政课一体化建设作为一项重要工程，坚持问题导向和目标导向相结合，坚持守正和创新相统一，推动思政课建设内涵式发展。”②

在中华民族伟大复兴的战略全局和世界百年未有之大变局相互交织、

① 尹铂淳. 推动构建北京冬奥会国际传播话语体系［J］. 山东干部函授大学学报（理论学习），2022（02）：35-39.

② 习近平. 思政课是落实立德树人根本任务的关键课程［J］. 新长征（党建版），2021（03）：4-13.

相互作用、相互激荡的时代大背景下，“大思政”理念及相应课程应运而生。① 现如今，思政课授课主体已由思政课教师拓展为其他学科的教师、学校行政管理人员乃至校外具有显著思政色彩的社会育人力量，形成了社会各界共同奋进、共同解决课程思政难题的良好氛围和“大思政”格局。“大思政”为北京冬奥精神的弘扬提供了新思路、新方法、新渠道，与此同时，北京冬奥精神也为思政课堂带来了新的更大的发展机遇。

1. 在“大思政”时代背景下，应当不断提高教师的政治理论素养，精准定位授课内容中北京冬奥精神的切入点

精准定位授课内容中北京冬奥精神的切入点，是一项综合复杂的工作，教师必须拥有较高的政治素养以及坚定的理想信念。首先，教师必须不断提高自身政治站位，始终高举马克思主义、中国特色社会主义的旗帜，坚持不懈用习近平新时代中国特色社会主义思想武装头脑。不断开展政治学习，举旗铸魂，夯实思想基础，获得精神力量，明晰前进方向，强化政治敏锐性及政治甄别力，避免心态浮躁、利欲熏心、理想信念不坚定，筑牢意识形态安全防火墙。其次，教师必须不断丰富自身北京冬奥知识储备，深入了解在党的坚强领导下，中国人民克服各种困难挑战，再一次共创了一场载入史册的奥运盛会的伟大成就以及背后的艰辛与不易。只有具备这样的知识储备，教师才能在授课过程中游刃有余，随时启用相关知识，讲好北京冬奥故事，弘扬北京冬奥精神，让北京冬奥精神在学生中辐射开来，在学生中形成强大影响力和号召力。此外，教师还必须与时俱进，做到“投学生所好”，即做好做实调研工作，充分了解当代学生的文化表述、思维逻辑和价值理念，在授课内容中嵌入能紧扣当代学生心理特点、思想实际和文化特征的北京冬奥故事，以此尽最大可能提升当代学生对于北京冬奥故事的接纳度，让北京冬奥故事真正入脑入心，在当代学生

① 宫长瑞，张乃亮．“大思政课”的基本内涵、显著特点与发展路径［J］．中国德育，2021（19）：16-20.

群体中形成深远影响、产生巨大促进作用。此外，必须积极建设课程思政团队协作机制，加强团队协同合作能力，打造一支高水平课程思政团队，联合思想政治课程教师，定期开展集体研讨、集体备课，挖掘最典型最合适的北京冬奥思政元素，并以最恰当的方式融入授课内容之中，让北京冬奥精神彻底贯穿于教学各个环节，真正实现润物细无声的优质教育。

2. 在“大思政”时代背景下，应当不断促进教学模式改革，推动构建第二课堂

“大思政”高度重视实践教学，极力倡导开辟第二课堂。第二课堂指在学校教学计划之外引导和组织学生开展的各类课外活动。将北京冬奥精神融入大学英语思政课，要以第二课堂为依托，充分调动学生的学习自主性和积极性，让学生在“做”中“学”，实现知行合一，增强北京冬奥精神的弘扬力度，提升弘扬效果。

一是要与当地体育社会团体共同打造实践教育课程。充分发挥体育社会团体资源优势，积极与其共建实践教育基地，共同打造实践教育课程，将体育资源转化为教育资源，让更多学生亲身体验体育竞技，了解体育竞技，感知体育竞技的魅力，帮助学生切身感受体育竞技精神强大的生命力和感召力。在此基础上，还要积极引导学生主动了解北京冬奥会比赛项目、规则、运动员以及熠熠生辉的北京冬奥精神，鼓励他们在具有较强国内外影响力的各类新媒体平台上，讲好北京冬奥故事，传播好北京冬奥精神，用实际行动为弘扬北京冬奥精神、增强北京冬奥精神的传播效能贡献应有力量。

二是要以虚拟现实技术手段为抓手开辟沉浸式体验课堂。在VR（虚拟现实）产业快速发展的时代背景下，思政教学必须深刻把握当代学生的时代特点，创新思政教学模式，通过VR相关理念及技术，让北京冬奥精神充分融入思政课堂，彻底贯穿于学校立德树人和铸魂育人全过程，有效促进思政教学提质增效，帮助学生在学习课本知识的同时摄取北京冬奥精神养分，提升学生站位格局，着眼于中华民族伟大复兴这一宏伟历史目

标，心怀“国之大者”，坚定信仰，铸牢信念，勇担大任，勇挑大梁，敢于拼搏，砥砺前行。学校要努力开辟第二课堂，充分利用虚拟现实与人机交互技术重构经典历史场景，通过智慧沙盘、红色骑行、交互机柜、观望台等 VR 设备让学生实现从“旁观者”到“参与者”的身份转变，以第一视角沉浸式体验北京冬奥会各个项目以及运动员日常训练，深化对北京冬奥运动员的崇敬之情，切身感受北京冬奥运动员拿奖的艰辛与不易，亲自找寻“北京冬奥会能取得巨大成功”的密钥。

伟大的事业孕育伟大的精神，伟大的精神推进伟大的事业。在新的伟大征程上，我们必须精准领悟北京冬奥精神意蕴内涵，深刻把握北京冬奥精神的生成逻辑及弘扬路径，在全国人民中大力弘扬北京冬奥精神，汇聚磅礴精神力量，激扬全国人民奋斗意志，为推进实现中华民族伟大复兴的中国梦贡献新的更大的力量。北京冬奥会、冬残奥会不仅是一类大型国际体育赛事，更是中国在政治、经济、文化、外交、民生等领域的综合实力体现。未来，还可通过西方媒体关于北京冬奥会、冬残奥会的报道，系统探究当代中国的国际形象，有助于进一步加强中国形象国际传播能力建设，为我国和平发展营造更为友好健康的国内外舆论氛围。

第十五章　当前中国国家形象危机及其应对策略

随着综合国力和国际地位稳步提升，中国对外传播近年来取得了长足发展，但同时又充满挑战，仍然需要解决“有话说不出”“有理讲不清”等被动局面。尤其是近三年来，美国等西方国家基于意识形态偏见和固有霸权思维等原因，持续打压中国媒体，进一步加剧了中国媒体的被动局面。① 当前，百年未有之大变局和新冠肺炎疫情相互交织，以美国为首的一些西方国家在舆论上进一步肆意诽谤、抹黑、标签化、妖魔化我国，其舆论严重损坏了我国国家形象，我国国家形象危机由此产生。这些危机究竟存在哪些特征和表现，应对的方案又有哪些，这些问题引起了我们的研究兴趣，值得深入探究。

一、国家形象的定义及研究现状

（一）国家形象定义

“国家形象”是一个复合结构，由“国家”和“形象”构成，二者为定中关系，即以“国家”限定“形象”。

关于国家的起源，历史上学说纷纭，莫衷一是，有自然说、契约说、

① 李宇．构建主动型对外传播关系、思维和话语［J］．青年记者，2021（06）：15-17.

武力说、私有制说、氏族说等。马克思和恩格斯认为，国家是阶级矛盾不可调和的产物，只有当阶级矛盾达到不可调和时才会出现国家。换句话说，国家不是突如其来的组织形式，而是社会发展到一定阶段会自然产生的一种组织形式。

国家是一定范围内人群所形成的共同体形式。国家由国土、人民和政府三个要素组成。国土是国家主权与主权权力管辖范围内的地域空间；政府指对国家进行统治和管理的机关，是国家表示意志、发布命令和处理事务的机构；人民是在一定区域内生活和工作的社会基本成员。

国家拥有三个主要特征：

一、拥有固定的领土，且其对这些领土拥有独立的、最高的统治权、管理权、制定和执行法律的权力；

二、拥有一系列完整、系统的权力机关以及相应的规章制度；

三、是具有国际组织法律人格的国际法人，在国际上享有相关权利，并需要承担相关义务。①

"形象"是一个复合结构，由"形"和"象"构成，二者为并列关系。《说文解字》曰："形，象形也"，《庄子》曰："物成生理谓之形"，《易传》曰："在天成象，在地成形"。"形"和"象"语义相近，但前者更具体，后者更抽象。"形象"本义为形状、外貌，如《淮南子．兵略》："天化育而无形象，地生长而无计量。"后引申指客体呈现出来的风格、特色。

Boulding 将"国家形象"界定为：国家形象是一个国家对自己的认知以及国际体系中其他行为体对它的认知的结合；它是一系列信息输入和输出产生的结果，是一个结构十分明确的信息资本。② 国内比较有代表性的是孙有中的定义：国家形象是国内公众和国外公众对该国政治、经济、社

---

① 李元书．国家的特征、本质、定义［J］．理论探讨，1990（02）：17-21.

② BOULDING K. The Image［M］. Ann Arbor：University of Michigan Press，1956.

会、文化与地理等方面状况的认识与评价。国家形象可分为国内形象与国际形象，两者之间往往存在很大差异。国家形象在根本上取决于国家综合国力，但并不能简单等同于国家的实际状况，其在某种程度上是可以被塑造的。① 综合上述两个定义，再结合认知语言学相关学说，我们将“国家形象”定义为：国家形象指国内外公众对该国政治、经济、文化、社会、生态等各方面的综合印象与评价，它是主观的，是人们大脑主观加工的产物。国家形象在根本上取决于该国的综合国力，但并不能简单地等同于国家的实际状况，它是被建构出来的，而非客观现实的直接映射，是一种人们的主观印象与评价，是人们对一个国家及其人民的心理预设。

（二）国家形象研究现状

本研究分别以 SU=（“国家形象”），TS=（“country Image” OR “national image”）为检索式（主题检索，检索字段涵盖标题、摘要及关键词），在 CNKI 与 Web of Science（WOS）数据库中进行检索，搜寻到国内研究文献 3361 篇、国外研究文献 1323 篇。

数据显示，国内最早的文献为韩骅于 1991 年发表于《苏联研究》的《苏联大学生心目中的国家形象》，该文介绍了苏联在高教界对“国家形象”进行的民意测验及其结论。国外最早的一批文献出版于 2002 年，基本都源自韩国数据库（Korean Journal Database），多从商业和国家关系视角对国家形象进行探究。

因 CNKI 与 WOS 对学科的分类标准不同，故国内外学科分布并未绝对对应，但仍可看出一些趋势和端倪。数据显示，国内涉及传播学领域的相关研究成果最为丰富，涉及政治学、影视学、语言学和文化学领域的成果紧随其后。国外呈现出不同的学科分布特征：商业经济学、社会科学及其他、人文科学及其他、国际关系等领域的成果较为丰富。

---

① 孙有中．国家形象的内涵及其功能［J］．国际论坛，2002（03）：14-21.

总体而言，国家形象研究时间跨度大，领域多元，主题丰富，成果丰硕，为后续研究打下了坚实的基础。但无论是国内还是国外，国家形象研究大多集中于传播学、政治学、国际关系等领域，且这些研究关注更多的是应用和实施层面，缺乏哲学思辨和理论阐释。再者，如今的国际形势以及世界各国的实力格局发生了根本改变，我国的综合国力和国际地位稳步提升，以美国为首的一些西方国家肆意抹黑打压、妖魔化我国，如今的国家形象研究和过去有着不小的区别，因此有必要针对当下形势从话语角度系统考察我国国家形象危机并基于此研究制订应对策略。

总之，在全球化时代国际竞争中，建构积极正面国家形象事关良好国际环境的创造，事关政局稳定，事关国家安全，事关国家发展，具有重要战略意义。话语既能够反映国家形象，还能建构国家形象，要以话语为抓手，系统探究当今形势下我国国家形象危机及其应对策略。研究问题主要有两个：一、当下我国国家形象危机的特征和表现分别是什么？二、当下我国国家形象危机的应对策略有哪些？

二、当前中国国家形象危机

国家是一个规模庞大、体系复杂的组织形式，国家形象是这一庞大复杂组织形式主观映射的结果。在百年未有之大变局和新冠肺炎疫情相互交织的时代背景下，各国观念激烈碰撞，利益交错纷繁，难免会造成国家形象危机。我们必须高度重视国家形象危机，深入探究国家形象危机的特征和表现，致力于为危机应对策略的研究制订打下基础。

（一）特征

1. 必然性与偶然性的统一。国家形象危机发生的必然性体现在矛盾的普遍性。事物内部矛盾是普遍存在的，是动态变化的。[1] 只要存在矛盾，

---

① 汪彦良．军队形象论［M］．北京：国防大学出版社，2010：287-288.

就存在激活、诱发危机的可能性，因此国家形象危机的产生具有必然性。国家形象危机产生的偶然性体现为挑战出现的时间、规模、场所、影响、“导火线”等因素是难以准确预测的，具备偶然性。总之，我们要深刻认识到国家形象危机的出现是必然的，但其出现的诸个因素是偶然的、不确定的。

2. 渐变性与突变性的统一。渐变与突变是事物发展的两种状态。根据唯物辩证法量变与质变的观点，事物发展首先经历量变，这是一个渐变的过程，在积累到一定程度后发生质变，这是一个突变的过程。国家形象危机会经历一个由量变到质变、由渐变到突变的过程。最开始，国家形象危机的影响力、破坏性比较小，且这种状态会维持一段时间。在累积到一定程度后，如不能对国家形象危机进行及时管控和修复，量变随即导致质变，国家形象危机会急剧恶化，发生突变。

3. 破坏性与建设性的统一。国家形象危机规模有大有小，但不可避免的是，必然会不同程度地对国家形象造成一定的破坏。这种破坏是直接的、长期的，经济利益受损的同时，政治文化利益也会相应受损，特别是国际尊严和国际话语权的受损。但从另一角度来看，国家形象危机的发生有利于促使我们找出内因和外因，克服困难，解决矛盾，消解矛盾，正视危机，利用危机，塑造良好国家话语形象。

（二）表现：被抹黑、标签化甚至妖魔化

近30年的国际秩序格局，最深刻的变化是传统老牌强国的缓慢衰落与新兴经济体和发展中大国的群体性崛起。其中，尤其以我国的发展最令世人瞩目。近年来，美国的威胁判断发生了变化。美国认为其主要战略对手已经由各类非常规对手变为以中俄大国为主的传统对手，美国军事战略因而由“全球反恐”时代进入“大国竞争”时代。① 大国竞争背景下，以美

---

① 吴振齐，韩春阳．大国竞争时代美国陆军现代化建设探析［J］．军事文摘，2020（13）：63-66.

国为首的一些西方大国对我国施行打压、遏制，对我国国家形象造成了极坏影响。以美国为首的一些西方大国抹黑、标签化、妖魔化我国的底层逻辑是“中国威胁论”。“中国威胁论”的内涵已拓展至人们日常生活各个方面，如中国计算机黑客威胁论、中国食品安全威胁论、中国环境威胁论、中国制造威胁论等等，而后甚至直接盯上了一款纯娱乐性质的手机应用 Tik Tok（抖音国际版），直接将其视作“国家安全隐患”，可谓无所不用其极。正如 Tik Tok 的母公司字节跳动的声明所言：“美国政府罔顾事实，不遵循正当法律程序擅自决定协议条款，甚至试图干涉私营企业之间的协商。”基于“中国威胁论”这一底层逻辑，以美国为首的一些西方大国让抹黑、标签化、妖魔化中国“逻辑自洽”“合情合理”。此外，为了打赢新冠肺炎疫情防控阻击战，我国做出了巨大努力和牺牲，为全世界抗击疫情提供了经验和支援，充分展现了大国担当、大国风范和大国气度。而以美国为首的一些西方国家却执迷于政治操弄、罔顾事实、编织谣言、无端指责、恶意诽谤、标签化、妖魔化我国，强行将本次疫情同我国进行话语捆绑，将精密复杂的科学溯源活动直接政治化，他们在多个场合公开发表错误言论，诬陷我国为“疫情源头”，极大损坏了我国国家形象，妄想以此掩盖自己抗疫不力之事实，企图借此转移其国内早已不可调和之矛盾。这是一种极其傲慢、漠视科学、不负责任的做法。以美国为首的这些西方国家肆意抹黑、标签化、妖魔化我国，直接导致了我国国家形象危机。

三、当前中国国家形象危机的应对策略

1. 持续增强我国综合国力

国际话语权指就国家事务和相关国际事务发表意见的权利，国际话语权是国际地位评价的重要参数之一。孙吉胜指出，由于历史经历、发展阶段、意识形态、语言文化差异等多方面因素，我国国际话语权还存在很多短板，在国际话语格局中常处于劣势。我国的国际话语权并没有与我国的

经济实力以及国际贡献的增加同步，国家实力并没有及时转化为国际话语权。① 沈阳认为，目前我国在国际话语权方面仍处于相对弱势，尚未拥有与国家实力相匹配的声量。国际话语权处于劣势让我国在国际话语影响力和感召力上处于弱势，让我国在大国博弈中处于不利局面。②

国际话语权与话语主体的综合实力紧密关联，话语主体的综合实力越强，其话语的影响力、感召力与号召力就越雄厚，享有的话语权就越大。因此，拥有强大的综合国力是修复负面国家形象和建构正面国家形象的基础与保障。在中国共产党的领导下，我国在政治、经济、文化、军事、科技等领域发生了翻天覆地的变化，人民生活水平不断改善，生产力水平显著提高，综合国力明显增强，中国从一个一穷二白的国家一跃成为如今的世界第二大经济体。但仍需清醒认识到，我们依然处于发展阶段，依然是发展中国家，依然存在着种种不足，依然面临着种种挑战，与西方发达国家相比依然存在着不小差距。因此我们要坚定不移地走发展之路，持续增强我国综合国力，进一步提升国际话语权，修复负面国家形象，建构积极正面国家形象。

2. 着力建设新时代“舆情队”“宣传队”

当前，新冠肺炎疫情与百年未有之大变局相互交织，全球政治、经济、文化、科技、军事、外交等领域正在发生复杂且深刻的变化。站在新的历史起点上，外语人要强化自身使命担当意识，培育浓厚的家国情怀，让自身发展更好地融入国家发展，更好地对接国家战略，让自己的专业知识技能更好地服务于国家富强、民族复兴和人民幸福。新时代外语人既要做好本职的教学科研工作，还要积极参与国际舆情的监测、收集、整理、分析和研判工作，并主动承担起讲好中国故事、塑造积极正面中国国家形

① 孙吉胜．中国外交与国际话语权提升的再思考［J］．中央社会主义学院学报，2020（02）：43-52.

② 沈阳．提升国际话语权的三个核心要素［J］．世界社会主义研究，2020，5（01）：82-83.

象的光荣使命。

近30年的国际秩序格局，最深刻的变化是传统老牌强国的缓慢衰落与新兴经济体和发展中大国的群体性崛起。其中，尤其以我国的发展最令世人瞩目。近年来，一些西方大国对我国施行打压、遏制，对我国国家形象造成了极坏影响，海外媒体涉华报道体现得尤为明显。

新时代背景下，外语人要以海外媒体涉华报道为抓手，积极开展舆情监测、收集、整理、分析及研判，努力当好祖国的"舆情队"。首先要深刻把握舆情的话语特征，用好话语分析这把利器，做好海外媒体涉华报道分析，特别是污名化涉华报道分析，努力揭示西方污名化涉华报道的话语逻辑，以此更精准有效地寻求西方污名化话语的破解之道。海外媒体涉华报道蕴含了丰富舆情，舆情中充斥着大量源自外界的态度与评价。积极开展海外媒体涉华报道的话语分析，有助于相关舆情信息的收集和整理、外国涉华态度及评价的研判、舆情危机的挖掘，为后续解决方案的研制奠定了坚强基础。针对可能存在的舆情危机，外语人要弄清并牢牢把握舆情危机的属性特征，充分运用自身专业知识，主动为政府及相关部门提供智库服务，积极研究制订解决方案，致力于帮助我国开展有效的国际舆论引导，粉碎外界谣言，传播事实真相，突破西方既有的评价藩篱，让国际社会了解和认识真实的中国，消除偏见和误解，增强国际社会对我国的认同，形成同我国综合国力和国际地位相匹配的国际话语权，为国家和平发展谋取更为稳定友好的国际舆论环境。

习近平总书记在主持中共中央政治局关于加强国际传播能力建设的集体学习时强调："讲好中国故事，传播好中国声音，展示真实、立体、全面的中国，是加强我国国际传播能力建设的重要任务。要深刻认识新形势下加强和改进国际传播工作的重要性和必要性，下大气力加强国际传播能力建设。"国际传播借由多种传媒形式，采用跨国家、跨文化的传播模式，致力于将一个国家在政治、经济、文化等领域的各类信息传播至世界其他国家，以此增进各国间了解及信任，拉近各国间情感距离，加强各国间沟通合作。一般来说，国际传播对应的学科是新闻传播学，但随着信息传播全球化的提速升级，国际传播的穿透力、辐射力及影响力越来越大，单靠新闻传播学显然已经无法满足新时代国际传播能力建设的要求。外国语言文学与新闻传播学同属文学，具有共同的学科基础。此外，两个学科都旨在培养具有开阔国际视野、强大跨文化传播能力、扎实外语功底的复合型传播人才。再者，国际传播需要紧紧依靠外语翻译，通过外语翻译讲好中国故事，传播好中国声音，展示真实、立体、全面的中国。新形势下，国际传播事业必须引入外语学科，国际传播事业必须有外语人的身影。两个学科要充分利用好自身优势，在传播内容、传播媒介、传播主体、传播受体等方面做好基础工作，共同培育能深刻把握新时代国际传播规律、能构建具有鲜明中国特色战略传播体系的新时代复合型传播人才，为国际传播人才培养工作打开新局面、开辟新战场。站在新的历史起点上，外语学科肩负着建设新时代“宣传队”的光荣使命，承担着为我国国际传播能力建设提供人才保障的重要任务。新时代背景下，外语工作者是我国国际传播的生力军，他们既要拥有扎实的专业功底，还要拥有浓厚的家国情怀、强大的时代使命感、深远的国际战略格局以及清晰的国际战略思维。新时代外语人要有意识地当好祖国的“宣传队”，向世界讲好中国故事，传播好中国声音，展示真实、立体、全面的中国，让国际社会全面了解、客观认识真实的中国，增强国际社会对我国的认同。

当前，世界正处于百年未有之大变局。全球大国的力量结构、权力格局发生了根本性改变，社会主义制度的优越性得以充分彰显，中国处于近代以来最好的发展时期。新时代背景下，外语人要强化自身使命担当意识，培育浓厚家国情怀，心怀“国之大者”，主动肩负起实现民族伟大复兴的历史重任。新时代外语人既要注重专业基础的夯实，又要重视国际舆情监管及危机应对能力、国际传播能力的提升，还要精准定位自身发展与国家经济社会发展的契合点，让自己的发展有效对接国家战略，为国家经济社会发展服务，当好祖国的“舆情队”“宣传队”，为实现新的百年奋斗目标和中华民族伟大复兴的中国梦提供坚强保障、贡献磅礴力量。

3. 推动构建国家形象对外传播话语体系

党的十九大报告指出，要推进国际传播能力建设，讲好中国故事，展现真实、立体、全面的中国形象。中办国办印发的《国家“十三五”时期文化发展改革规划纲要》指出，让全世界都能听到听清听懂中国声音，不断增强中国国际话语权，使当代中国形象在世界上不断树立和闪亮起来。

国家形象对外传播话语体系是国际社会了解和认识我国的重要渠道，是增强我国国际话语权、修复我国负面形象的重要路径。要努力构建国家形象对外传播话语体系，讲好中国故事，传播好中国声音，塑造积极正面中国形象。

话语是一种由语言与言语结合而成的异常丰富和复杂的符号系统，是一种与社会权力关系相互缠绕的言语方式，是一种在人与人互动过程中呈现出来的具有强烈社会性的语符形态。话语体系是交际主体在某一领域通过语言符号构建的动态变化又稳定存在的概念系统，是表述方式、思维逻辑、价值理念的外在表征。国家形象对外传播话语体系是交际主体通过言语符号构建的概念系统，能充分彰显中国特色、中国风格、中国气派、中国担当，能充分展示中国特色社会主义道路、理论、制度、文化的优越性、科学性、完备性、有效性，能集中展现中国建设持久和平、协同合作、共同繁荣、开放包容世界的决心。

构建国家形象对外传播话语体系目的在于加强国际舆论引导，传播真相，粉碎谣言，突破西方既有的评价藩篱，让国际社会了解和认识真实的中国，消除偏见和误解，增强国际社会对我国的认同，形成同我国综合国力和国际地位相匹配的国际话语权，为国家和平发展谋取更为稳定、友好的国际舆论环境，为实现新的百年奋斗目标和中华民族伟大复兴的中国梦提供坚强保障。

构建国家形象对外传播话语体系要始终高举马克思主义、中国特色社会主义的旗帜，坚持不懈用习近平新时代中国特色社会主义思想为国家形象对外传播话语体系的构建提供理论指导、奠定思想基础、贡献精神力量。这是国家形象对外传播话语体系构建成败与否的关键。通过举旗帜为国家形象对外传播话语体系立心固魂，引领国家形象对外传播话语体系的构建，夯实国家形象对外传播话语体系的思维基础，搭建国家形象对外传播话语体系的理论架构，指明国家形象对外传播话语体系建设的方向，增强国家形象对外传播话语体系的说服力、感召力、影响力及公信力。

构建国家形象对外传播话语体系要不断改革对外传播方式：从他塑为主转为我塑为主，主动摆出中国议题，积极提出中国议程。首先，在对外传播时，既要有中国主流媒体新闻报道这样的“硬内容”，也要有小说、短视频、动漫、电影、电视剧这样的“软内容”，要将“硬内容”和“软内容”有机统筹起来，实现“软硬兼施”。其次，国内媒体要积极主动塑造能充分展现我国优势和特色的国家形象。主动讲好中国故事，传播好中国声音，积极呈现我国在政治、经济、文化、军事、科技等领域发生的翻天覆地的变化，集中展现中国物质成就、中华文化独特魅力以及中国人民昂扬向上的精神风貌。再者，在重大突发事件、重大国际关切和热点问题上，国内媒体要主动发声、快速发声、及时发声，第一时间传播事实、表达观点。坚决不做西方媒体的舆论搬运工和传话筒，面对西方涉华报道中的不实言论，必须旗帜鲜明地发出中国声音，提出中国立场和主张，主动回击并击碎这些不实言论，积极引导国际舆论，增强我国的国际影响力、感召力与号召力，修复我国负面国际形象，塑造积极正面国际形象。

进入 21 世纪后，为了与世界接轨，我国开始大量引入西方话语，中国话语逐渐弱化。弃用中国话语相当于放弃了我们的舆论武器，非常不利于我国国际话语权的提升，同时还容易掉入西方的话语逻辑陷阱之中。党的十八大以后，“人类命运共同体”“人类卫生健康共同体”“人与自然生命共同体”等理念相继提出，为我国国际话语权的提升奠定了坚实基础。构建国家形象对外传播话语体系要充分利用这些新概念新范畴新表述，积极宣介中国主张、中国智慧、中国方案，更加鲜明地展现中国思想、弘扬中国精神；构建国家形象对外传播话语体系要主动运用这些新概念新范畴新表述，积极开展国际舆论斗争，争夺更多的国际话语权。

中国对外传播是在“内宣”的基础上发展起来的，传播定位具有较为浓厚的“内宣”色彩，一直奉行“以我为主、以事实为主、以正面宣传为主”的原则，传播效果大打折扣。① 构建国家形象对外传播话语体系要充分考虑受众情况，采用贴近不同区域、不同国家、不同群体受众的精准传播方式，着力打造符合受众表述方式、思维逻辑、价值理念的话语，尽可能提升受众对我国对外传播话语及其塑造的我国国家形象的接纳程度，增强我国国家形象对外传播的亲和力，实现更好的我国国家形象传播效果。

站在新的历史起点上，全体外语人肩负着构建国家形象对外传播话语体系的光荣使命。外语人要以此为契机，努力提高自身政治素养、外语技能、跨文化交际能力、创新能力，有意识地培育自己的批判意识、科学精神和人文情怀。新形势下，外语人既要干好本职的教学科研工作，还要铸牢使命担当意识，当好祖国的宣传队，向世界讲好中国故事，传播好中国声音，塑造积极正面中国形象。

4. 进一步加强国家形象危机预警

加强国家形象危机预警首先要建设政府预警机制。乔旋认为，我国应建立国家形象委员会，专门应对国家形象危机，为塑造积极正面国家形象奠定坚实基础。他还指出，自 2002 年韩日世界杯后，韩国政府专门成立了国家形象委员会，由总理直接管理。我国可根据本国实际情况和需求，整合中共中央宣传部、国务院外交部、文化和旅游部、新闻办公室等部门的优势资源，积极研判国家形象舆论形势，组织开展国家形象危机预警与应对方案的研制，逐步完善应对国家形象危机的法律法规，确保发生相关突发事件时有法可依、有章可循，确保国家形象危机能得到迅速处理和有效

① 李宇．构建主动型对外传播关系、思维和话语［J］．青年记者，2021（06）：15-17.

修复。①

其次，还需要通过各种形式的宣传教育进一步增强国民的国家形象危机意识。国民形象是国家形象的重要组成部分，有好的国民形象才有积极正面的国家形象，帮助全国人民铸牢国民形象危机意识是塑造积极正面国家形象的重要前提和坚实基础。塑造积极正面国家形象既需要政府的积极努力，更需要全国人民万众一心，踊跃参与。“中国式过马路”等带有不好色彩的话语标签，背后蕴含的是外国人印象里中国人的不良形象。再加上外国人对中国固有的政治偏见，外国人自然就加剧了、固化了关于中国人的刻板印象，这样的国民形象严重损害了中国的国际形象。② 因此，应对国家形象危机，需要全体国民不断提高社会责任感，以主人翁意识严格要求自己。此外，政府要做好宣传教育工作，积极引导全国人民增强爱国情怀，提高社会责任感，铸牢使命担当意识，不断强化国民形象危机意识，自觉为积极正面国家形象的塑造作出卓越贡献。

讲好中国故事，传播好中国声音，展示真实、立体、全面的中国，是加强我国国家形象对外传播的重要任务。本研究集中讨论了当前国家形象危机的特征与表现及其应对策略，从理论维度阐释了国家形象危机，从宏观层面研究制订了国家形象危机的应对策略。下一步我们将着重从国家形象的应对策略入手，重点探讨如何将这些宏观层面的对策具体应用，为塑造积极正面国家形象、增强国际社会对我国的认同、营造有利于我国和平发展的国际舆论氛围作出积极贡献。

---

① 乔旋．浅议当前中国国家形象危机的应对［N］．中国社会科学报，2015-07-21（006）．

② 孙树芳．全球公共卫生危机与中国国家形象建构［J］．长江论坛，2020（02）：18-23．

结　语

本章包含了三个部分：本研究主要工作、主要发现、局限及展望，致力于系统梳理本书的主要研究工作、所获的主要结论、存在的不足以及进一步的研究展望。

一、本研究主要工作

本研究在确定了研究对象后，首先对研究对象的已有研究成果进行了述评，发现了可完善之处。基于此，进而提出了研究问题，根据研究问题确定了本研究的理论工具和研究方法，最后解决了研究问题。

具体来说，包括了以下几项工作：第一章详细阐释了政治话语的界定及主要研究议题，力求比较准确全面综合地展示政治话语的研究现状，努力揭示政治话语的研究不足。第二章从修辞、认知和话语策略三个维度重点论述了亲属隐喻，并基于亲属隐喻系统探究了国家形象建构。第三章在认知语言学和话语分析理论的指导下，对中国特色政治话语中的形式转喻和概述进行了界定，并对二者发生的理据进行了阐释，接着对其英译进行了探讨。第四章详细展示了人民话语的定义及特征，并系统阐释了人民话语的构建路径。第五章集中讨论了在铸牢中华民族共同体意识的进程中，语言担当了怎样的角色、发挥了怎样的作用，以及要采用怎样的语言举措铸牢中华民族共同体意识。第六章着重阐释了人类命运共同体要义，并在共情话语实践视域下系统探究了人类命运共同体的构建。第七章重点探究了人与自然生命共同体的话语表征，并集中探讨了人与自然生命共同体的话语构建。第八章立足新形势，系统考察了将意识形态安全话语和应急语言服务话语融入高校语言类教材建设的必要性及融入路径。第九章重点探究了近十年海外英语媒体为长沙塑造了怎样的国际形象，并针对已有国际形象以及海外媒体他塑现状，集中探讨了未来长沙城市形象国际传播策略。第十章从话语分析着手，以张桂梅事迹宣传报道为例，系统探究了平民英雄形象媒体话语建构及启示。第十一章重点探究了军事题材电影《长津湖》的中国军人形象认知话语建构及启示。第十二章基于语料库语言学相关研究方法，对美国航天专业网站 SPACE.COM 关于“嫦娥五号登月”的新闻报道开展了批评认知话语分析，接着概括出该网站涉华新闻报道的特点，并总结出三点对我国国家形象对外传播的启示。第十三章从宗旨和路径两个方面详细探讨了北京冬奥会国际传播话语体系的构建。第十四章着重考察了北京冬奥精神的生成逻辑及弘扬路径。第十五章系统讨论了当前中国国家形象危机的特征与表现，并基于此研制了应对策略。

二、本研究主要发现

政治指政府、政党、个人一切治理国家的行为。话语是一种由语言与言语结合而成的异常丰富和复杂的符号系统，是一种与社会权力关系相互缠绕的言语方式，是一种在人与人互动过程中呈现出来的具有强烈社会性的语符形态。认知语言学遵循“现实-认知-语言”的研究路径，强调人的经验基础、概念结构和认知方式，致力于揭示语言现象背后的认知方式，展现语言现象背后的经验基础和概念结构。政治话语的认知研究，即政治话语的认知语言学研究，致力于展现话语如何构建各类政治理念、价值观念，以及呈现话语蕴含的各种社会结构及其运行方式、认知方式、思维逻辑，并针对具体政治问题，提出语言学的解决方案。

政治话语在当前国际意识形态领域的斗争中发挥着关键作用。加强政治话语研究，深入了解政治话语与意识形态的逻辑关系，一方面能够帮助我们更好地理解国外政治话语中的意识形态、话语控制等问题；另一方面对于创新我国对外政治话语体系以及赢得意识形态领域斗争主动权同样具有重要意义。话语具有多维属性，它不光是一种由语言与言语结合而成的异常丰富和复杂的符号系统，还是一种与社会权力关系相互缠绕的言语方式，也是一种在人与人互动过程中呈现出来的具有强烈社会性的语符形态。政治话语是政党、政府、军队等组织在治理国家、谋求国家利益过程中产生的言语方式。政治话语能够深刻反映时代以及社会的变化发展，是政治世界或现实的话语实践、话语描述或话语映射。政治话语必须和政治主题紧密关联，它既可以是一种机构性言语，也可以是一种非机构性言语。政治话语研究的主要议题有政治话语体系建设、政治话语的批评性分析、政治话语翻译和政治隐喻研究等。

在全球化时代国际竞争中，国家形象是国家利益的一部分，国家形象建构具有重要战略意义。本研究发现，作为一种话语策略，亲属隐喻能帮助塑造积极正面国家形象。亲属隐喻的工作机制为：启用“亲属”关系网络，去塑造中国与其他国家、国内各民族间身份关系，旨在拉近中国与其他国家、国内各民族间心理距离，营造和谐友好高质量交际环境，建构积极正面的国际和国内形象，铸牢全球公众的人类命运共同体意识以及国内公众的中华民族共同体意识。

中国特色政治话语是一种高度概括的术语，是一种凝结了中国共产党人的表述特点、认知特征和行事风格的表达，它的形成受到了隐喻、转喻、概述等认知操作的影响，其形式与概念内容对应程度较低、语言经济性较强、明晰性较弱。中国特色政治话语中的形式转喻是一种基于邻近性用语言单位的一部分代其整体或用一个语言单位代另一语言单位的非直陈认知方式；中国特色政治话语中的概述是一种对概念或形式的数量进行概括并描述的非直陈认知方式。翻译的目的在于更好、更准确地帮助外国读者理解。中国特色政治话语建议采用直译+注释的英译方法。直译是为了尽可能保留原文的认知和文化“味道”，能有效帮助读者充分领略汉语之美、全面了解共产党人表述、认知、行事的风格；作注释是为了帮助读者更好、更准确理解原文。

人民话语是一种交际主体通过语言符号构建的动态变化又稳定存在的关于人民群众的概念系统，是一种能主动构建和谐友好交际环境、努力拉近领导干部与人民群众心理距离的符号表征，是一种人民群众喜闻乐见、修辞性强、生动形象、接地气的表述方式，是一种严谨却不失灵动、感性与理性并举的思维逻辑，是一种始终以人民为中心、坚持人民立场、将人民利益放在第一位的价值理念。人民话语是话语技巧，是概念系统，是思维逻辑，是价值理念。人民话语问题不仅是一个表述问题，还是一个概念问题，更是一个思维逻辑和价值理念问题。构建人民话语能有效拉近领导干部与人民群众的心理距离，促使双方统一思想、凝心聚力、协同合作，共同为实现中华民族伟大复兴的中国梦贡献磅礴力量。构建人民话语要始终高举马克思主义、中国特色社会主义的旗帜，坚持不懈用习近平新时代中国特色社会主义思想为人民话语的构建提供理论指导，奠定思想基础，贡献精神力量；要充分彰显人民性，同时也要兼顾国家性和民族性；要打造符合人民群众表述方式、思维逻辑、价值理念的人民话语。

中华民族共同体意识是国家统一之基、民族团结之本、精神力量之魂。站在新的历史起点上，铸牢中华民族共同体意识成了学界共同关注的重大课题。语言是维护社会稳定的坚强基石，是保障国家安全的关键力量；是维系全国各族人民情感的核心纽带，是促进全国各族人民协同合作的重要桥梁；是增强全国各族人民国家认同感和民族认同感的强大武器，是提升民族凝聚力和向心力的制胜法宝。铸牢中华民族共同体意识宏观层面需要坚定不移推广全国通用语言文字，微观层面可考虑在涉及国内各民族相关表述时合理使用亲属隐喻。

人类命运共同体强调追求本国利益时兼顾他国合理关切，在谋求本国发展中促进各国共同发展。人类命运共同体蕴含了相互依存的国际权力观、共同利益观、可持续发展观以及全球治理观。构建人类命运共同体有助于消除世界各国争端，提升世界各国凝聚力，开创世界各国合作共赢之局面。构建人类命运共同体不仅要以理服人，更要以情动人。交际双方只有彼此共情，才会彼此尊重、彼此认同、彼此理解，才能营造和谐友好的交际氛围，才能真正促成合作，才能真正实现共赢。人类命运共同体的共情话语实践可以从五个方面开展：一、表达深情关切；二、揭示共同困境；三、强调“人类是一家人”；四、表示愿意无条件提供援助；五、呼吁共同打造合作机制。

人与自然生命共同体的话语表征为“绿水青山就是金山银山”。这是一种立意高远、格局宽广的生态文明新理念，是对原有生态观、发展观、执政观全面深刻的革新。始终践行“绿水青山就是金山银山”理念是实现人民对美好生活向往的重要途径，是实现中华民族伟大复兴的牢固基石，是实现人类可持续发展的坚强保障。人与自然生命共同体的话语构建是一种有助于团结世界各国共同构建人与自然生命共同体、共谋人与自然和谐共存之道的话语实践。人与自然生命共同体的话语构建可从三个方面开展：一、传理念，表态度，作承诺；二、呼吁培育合作“土壤”；三、增强舆情研判，制定话语方案。

目前，全球政治、经济、文化、国防等各方面发生了复杂且深刻的变化。新形势带来新变化，语言类教材的建设随之迎来了巨大挑战。将意识形态安全话语和应急语言服务话语融入高校语言类教材建设，实则就是将意识形态安全意识和应急语言服务理念融入高校语言类教材建设，具有重要战略意义。融入的路径主要有五条：一、筑牢意识形态安全防火墙；二、增强学生使命担当意识和语言服务意识；三、提升学生突发公共安全事件应急知识技能储备；四、强化学生应急语言服务能力；五、打造符合学生表述方式、思维逻辑、价值理念的话语体系。

近十年海外英语媒体成功塑造了长沙“积极承办国际体育赛事”“艺术、经济、旅游之都”“与中国许多大城市联系紧密、互动频繁”等国际形象。长沙城市形象的国际传播策略主要有四点：一、打造新时代长沙城市形象国际传播队伍；二、提升长沙综合实力，增强长沙国际影响力；三、深耕长沙特色内容，增强长沙城市品牌辨识度；四、主动设置长沙积极正面议题，优化长沙国际形象；五、构建长沙城市形象国际传播话语体系。

对张桂梅事迹展开宣传报道时，媒体首先调动了关于张桂梅的系列知识结构，接着根据报道目的，采用隐喻、反差叙事、身边人现身说法、引述报道对象讲话等话语策略对所调动的知识结构进行主观认知加工，以此产出最接地气、最符合实际情况、最贴近人民群众的高质量宣传报道，在读者心智中成功塑造出张桂梅共情度高、影响力大、号召力强、令人敬仰的平民英雄形象，让张桂梅的精神引领和激励更多人。媒体必须始终践行“以人民为中心”的思想，始终秉持“情系人民、扎根人民、服务人民”的理念，不断加强平民英雄叙事，讲好平民英雄不平凡的故事，努力制作出接地气、树风气、扬正气、强底气的平民英雄宣传报道，充分发挥新时代宣传报道舆论引导作用，强化人民群众对平民英雄的崇敬之情，为社会树立价值标杆，引领道德风尚。

《长津湖》生动诠释了伟大的抗美援朝精神，并成功建构了多种中国军人形象，且建构的方式不“冰冷生硬”、非常巧妙，它的出现恰逢其时、意义重大。这部电影通过话语成功建构出“誓死捍卫军人荣耀”“拥有无比强大信仰”“具有强大时代使命感和浓厚家国情怀”“尊重对手，尊重生命”“不惹事但也不怕事”“英勇无畏，不惧牺牲”等中国军人形象。认知话语建构的机制为：在接收到影片里中国军人输出的话语后，观影者首先关联自己的知识结构和文化模式，“完形”激活一个关于这段话语的概念框架，其中存在施事、行为、受事、评价、语气等诸多元素。接着，观影者依靠概念框架，凸显其中的评价元素。最终，观影者将评价元素投射至自己关于中国军人的印象之中，在主观世界中建构出中国军人形象。启示主要有两点：一是通过电影等更具亲和力的渠道塑造正面中国军人形象；二是通过电影等“软形式”帮助年轻人铭记历史、崇尚英雄，强化他们的家国情怀。

关于嫦娥五号登月事件，美国知名航天新闻媒体SPACE.COM始终秉持着科学精神至上的理念，客观叙事，科学报道。但中美两国的政治理念、意识形态本质上存在着不小差异，这些差异决定了美国媒体的涉华报道不可能绝对公正，其科学性、客观性、严谨性或多或少会受影响。这间接反映出即便是在追求客观严谨的西方科普媒体中也存在一些不公平不公正、对我国不利的舆情。在国家形象对外传播过程中，我国航天形象扮演了极其重要角色，发挥了关键作用。要高度重视我国航天形象的塑造和传播，致力于通过打造良好航天形象构建积极正面、生动形象、说服力强的我国国家形象，以此营造有利于我国发展的国际舆论氛围，为我国和平发展谋取更为稳定友好的外部舆论环境。

奥运会早已超越了体育竞技本身，其中夹杂着政治、经济、文化、外交等诸多因素，是国家综合实力的集中体现，是国家形象立体化建构及国际传播的重要渠道。要着力构建北京冬奥会国际传播话语体系，提升北京冬奥会吉祥物国际传播效能，让春节文化融入北京冬奥会国际传播叙事，加强外国运动员视角下的新媒体叙事，致力于推动构建人类命运共同体，努力塑造可信、可爱、可敬的中国形象。

准确领悟北京冬奥精神的意蕴内涵，深刻把握北京冬奥精神的生成逻辑和弘扬路径，对于激扬中华民族精气神、实现中华民族伟大复兴具有重大战略价值。北京冬奥精神并非凭空产生，其生成内蕴着基因逻辑“赓续传承了中国共产党的伟大品格”、文化逻辑“根植于中华民族优秀传统文化”和实践逻辑“源自北京冬奥会、冬残奥会广大参与者的卓越表现”。北京冬奥精神弘扬路径主要有两条：一、加强舆论引导，创新北京冬奥精神传播模式；二、加强教育保障，将北京冬奥精神融入思政课堂。

当前，百年未有之大变局和新冠肺炎疫情相互交织，各国观念激烈碰撞，利益交错纷繁，难免会造成国家形象危机。要深刻认识新形势下我国国家形象危机，积极研制应对策略。要持续增强我国综合国力，着重打造外语国际传播人才队伍，加快构建国家形象对外传播话语体系，进一步加强国家形象危机预警，尽全力塑造积极正面中国国际形象，增强国际社会对中国的认同，形成同我国综合国力和国际地位相匹配的国际话语权，营造有利于我国和平发展的国际舆论氛围，为实现新的百年奋斗目标和中华民族伟大复兴的中国梦提供坚强保障。

基于“现实—认知—语言”的认知语言学基本原则，结合本研究对所有语料的描写和分析，概括出政治话语的生成和理解的认知模式，如下图显示。

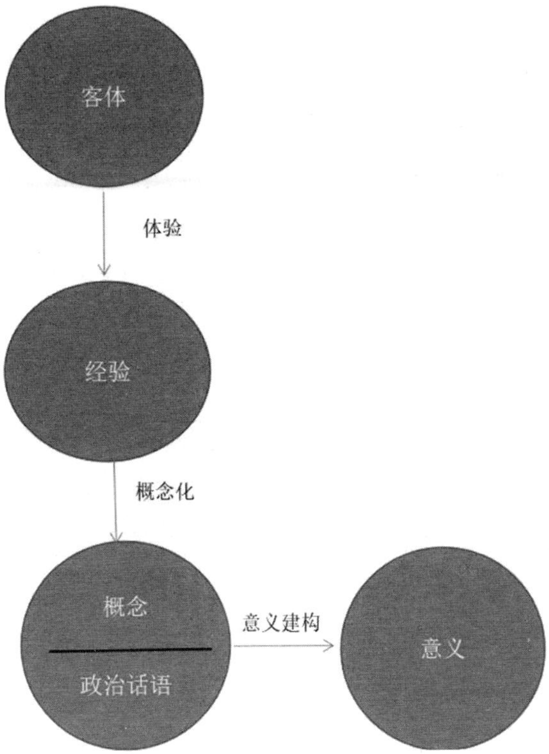

图 1 政治话语生成和理解的认知模式

话语主体在反复体验客体后，产生了事物和事件经验，这些经验接着被直陈或非直陈概念化。直陈概念化时，以概念框架中的核心元素为起点，在保障语言经济性的前提下，尽可能多地凸显概念框架中的核心元素及其他元素。非直陈概念化时，隐略概念框架中的部分元素，或调用自身知识结构和文化模式去转换概念框架中的核心元素及其他元素。接着，再对元素进行词法或句法编码，生成政治话语及其概念。生成过程受到了话语主体主客观凸显、知识结构和文化模式、语境、韵律等因素的影响。理解时，话语受体依靠自己的知识结构和文化模式，辅以认知操作，解码政治话语，建构意义，揭示政治话语蕴含的政治观念、价值理念、逻辑思维等信息。

三、本研究局限及展望

本研究主要存在以下几个方面局限：

1. 语种的局限。本研究主要涉及的语种为汉语和英语，没能加入其他语种，有限的语种务必会对结论的信度和效度造成一定影响。

2. 研究方法的局限。本文的研究方法主要是基于语料的定性分析法，虽然用到了部分语料库方法，但对语料库方法的使用深度和范围仍存在一定局限。总之，本书研究方法具有一定的科学性，但不可避免的是主观性仍比较强，后续需要实证相关数据的进一步佐证。

3. 研究视角的局限。本研究基于认知语言学、话语分析等视角，这些视角很多情况下的确具有一定的科学性和系统性，但本研究较少涉及语言学之外其他学科的研究视角。在有限的知识结构内进行研究，论证与结论必然会存在一定不足。

基于上述局限，本研究主要存在以下几处展望：

1. 进一步扩充语言种类。本研究主要涉及的语种为汉语和英语，没能加入其他语种。后续研究还可加入更多语种，并深度挖掘这些语种，以此进一步提升研究结论的信度和效度。

2. 进一步拓展研究方法。本研究所获结论，日后还可进一步通过神经语言学、语料库语言学、计算语言学中的相关实证手段去加以验证，以进一步增强结论的信度与效度。

3. 进一步丰富研究视角。本研究还可超越语言内部，系统地从哲学、心理学、文学、社会学等角度对政治话语进行更深层地研究，以期获得更多有价值的结论。

4. 让研究主动对接国家战略、充分融入国家战略，积极研究制订服务国家战略的话语方案，尝试解决国家战略层面的核心问题，为我国政治话语体系的构建作出积极贡献。如将研究成果加快转换为政府、军队的相关咨询报告。

参考文献

一、中文文献

［1］安丰存，王铭玉．政治话语体系建构与外译策略研究［J］．外语教学，2019，40（06）：1-6

［2］陈昌来．论现代汉语“工具”成分在话语中的隐现［J］．山西师大学报（社会科学版），1998（1）：57-60，100.

［3］陈金龙．新中国70年国家形象的建构［N］．贵州民族报，2019-09-24（A03）.

［4］蔡守秋，王萌．“人与自然是生命共同体”理念的环境法蕴涵［J］．吉首大学学报（社会科学版），2020，41（04）：30-37.

［5］陈世阳．“国家形象战略”研究综述［J］．南京政治学院学报，2009，25（04）：119-122.

［6］程晓堂，赵笑飞．外语专业语言类教材编写的问题与建议［J］．山东外语教学，2021，42（01）：40-48.

［7］陈锡喜．平易近人——习近平的语言力量［M］．上海：上海交通大学出版社，2015：65.

［8］常翔宇．多模态话语视角下的俄语话语词量化研究［D］．上海外

国语大学，2019.

［9］陈一．“纪录片塑造国家形象”：观念误区与应对之道［J］．中国电视，2019（10）：82-86.

［10］杜丽娟，张健．中国政治话语翻译的“译有所为”［J］．江西师范大学学报（哲学社会科学版），2019，52（05）：133-139.

［11］邓杰．国家形象、政党形象和执政形象之关系论析——政治学视野下的当代中国国家形象理论研究［J］．青海社会科学，2017（04）：57-63.

［12］段鹏．国家形象建构中的传播策略［M］．北京：中国传媒大学出版社，2007.

［13］窦卫霖．政治话语对外翻译传播策略研究——以“中国关键词”英译为例［J］．中国翻译，2016，37（03）：106-112.

［14］房琳琳．对外讲好中国科技创新故事的实践与策略——以科技日报社“国际科技传播联盟”为例［J］．传媒，2020（12）：29-31.

［15］郭松．批评话语分析：批评与进展［J］．北京第二外国语学院学报，2019，041（004）：34-47.

［16］黄春芳．法律英语概念隐喻汉译的具身认知取向［J］．上海翻译，2021（02）：41-45，94.

［17］胡茶娟．疫情之下美国对华政治话语研究［J］．外语研究，2021，38（02）：36-42.

［18］黄楚新．中国形象的“他塑”与“自建”［J］．人民论坛，2020（16）：31-33.

［19］韩骅．苏联大学生心目中的国家形象［J］．苏联研究，1991（03）：44-47.

［20］黄良奇．新时代讲好中国故事：价值引领、议题方略与对外传

播意义［J］. 当代传播，2019（05）：54-60.

［21］贺梦依. 政治话语的分析视角［J］. 贵州师范大学学报（社会科学版），2012（04）：20-24.

［22］黄敏. 隐喻与政治：《人民日报》元旦社论（1979—2004）隐喻框架之考察［J］. 修辞学习，2006（01）：15-23.

［23］黄莹. 我国政治话语体裁中人际意义的变迁——基于《人民日报》元旦社论的个案研究［J］. 广东外语外贸大学学报，2006（02）：42-45.

［24］黄友义，黄长奇，丁洁. 重视党政文献对外翻译，加强对外话语体系建设［J］. 中国翻译，2014，35（03）：5-7.

［25］黄忠. 论十八大后中国国际政治话语体系的构建［J］. 社会科学，2017（08）：31-41.

［26］蒋向勇，邵娟萍. 认知术语学主要理论与术语生成：以新冠肺炎命名为例［J］. 中国科技术语，2020，22（5）：15-23.

［27］贾毓玲. 论对外政治话语体系的创建与翻译——再谈《求是》英译［J］. 中国翻译，2017，38（03）：96-101.

［28］刘涵. 习近平生态文明思想研究［D］. 长沙：湖南师范大学，2019.

［29］吕健，吴文智. 多模态话语分析视角下影片《金陵十三钗》的字幕翻译研究［J］. 上海翻译，2012（04）：36-38.

［30］刘佳，于洋. 基于语料库的媒介批评话语分析——奥运后英媒对中国国家形象的建构［J］. 大连海事大学学报（社会科学版），2014，13（06）：111-115.

［31］龙江华. 武汉城市形象建设与公示语汉英翻译［J］. 长江论坛，2007（01）：27-31.

［32］李晶晶．多模态批评话语分析视角下的口译过程研究［J］．外国语（上海外国语大学学报），2019，42（06）：60-70.

［33］梁婧玉，汪少华．美国两党医保国情咨文（1946—2015）架构隐喻的历时对比研究［J］．外语研究，2018，35（01）：19-26.

［34］梁娜．英语教材出版的新挑战与新路径［J］．出版广角，2021（05）：88-90.

［35］李培超．构建人与自然生命共同体的理论意义和实践价值［N］．中国社会科学报，2021-05-27（003）.

［36］林书武．国外隐喻研究综述［J］．外语教学与研究，1997（01）：14-22.

［37］李涛．中国政治话语中的评价修饰语英译研究［D］．上海：上海交通大学，2016.

［38］刘卫红．政治隐喻与国家形象的话语建构——《平易近人——习近平的语言力量》评介［J］．中原工学院学报，2017，28（02）：39-41，90.

［39］刘小燕．关于传媒塑造国家形象的思考［J］．国际新闻界，2002（02）：61-66.

［40］梁晓波．国家形象的概念隐喻塑造研究［J］．湖北大学学报（哲学社会科学版），2013，40（02）：113-117.

［41］梁晓波，武啸剑，曾广．话语体系与国家安全［J］．国防科技，2018，39（03）：17-26.

［42］梁晓晖．多模态隐喻在英语写作教学中的应用——以比较性文章为例［J］．外语研究，2013（05）：24-31.

［43］李宇．构建主动型对外传播关系、思维和话语［J］．青年记者，2021（06）：15-17.

[44] 李宇明．“应急语言服务”不能忽视［N］．人民日报，2020-04-08（005）．

[45] 李宇明．语言学研究：问题的“问题化”［J］．东北师大学报（哲学社会科学版），2020（05）：21-29，192．

[46] 李宇明．扶贫先扶志 扶志须通语［N］．人民政协报，2020-09-07（010）．

[47] 李宇明．推广国家通用语言文字 促进民族地区发展［N］．中国民族报，2021-07-13（005）．

[48] 李元书．国家的特征、本质、定义［J］．理论探讨，1990（02）：17-21．

[49] 梁艳智．多模态话语分析视角下的英美影视剧字幕翻译［J］．当代电视，2016（12）：80-81．

[50] 李志丹．试谈外交话语体系建设［N］．中国社会科学报，2019-06-25（003）．

[51] 马倩，文秋芳．合作型/对立型外交话语的话语空间拓展框架构建——对 Chilton 话语空间理论的调适［J］．西安外国语大学学报，2021，29（03）：8-12，38．

[52] 彭文钊．哲学阐释学视域下的政治语言学：哲学基础、语言观与政治观问题［J］．外语与外语教学，2017（02）：26-37，147．

[53] 乔旋．浅议当前中国国家形象危机的应对［N］．中国社会科学报，2015-07-21（006）．

[54] 权宗田．政治话语的意识形态逻辑［J］．武汉理工大学学报（社会科学版），2016，29（05）：776-781．

[55] 孙吉胜．中国外交与国际话语权提升的再思考［J］．中央社会主义学院学报，2020（02）：43-52．

[56] 随利芳．现代汉语的工具成分［J］．解放军外国语学院学报，2002（03）：49-53.

[57] 孙淑芳，孙福庆．俄汉政治话语腐败概念隐喻模式探究［J］．外语学刊，2019（02）：56-63.

[58] 孙树芳．全球公共卫生危机与中国国家形象建构［J］．长江论坛，2020（02）：18-23.

[59] 单文盛，甘甜．符号学视阈下湖南城市形象宣传片视觉传播策略分析［J］．湖南师范大学社会科学学报，2016，45（03）：145-153.

[60] 施旭．究竟什么是"话语"和"话语研究"？［N］．社会科学报，2008-02-14（005）.

[61] 司显柱，曾剑平．对外政治话语翻译：原则、策略、成效——以《习近平谈治国理政》的英译为例［J］．上海翻译，2021（02）：18-24.

[62] 沈阳．提升国际话语权的三个核心要素［J］．世界社会主义研究，2020，5（01）：82-83.

[63] 孙玉华，彭文钊，刘宏．语言的政治 VS. 政治的语言——政治语言学的理论与方法［J］．外语与外语教学，2015（01）：1-7.

[64] 孙有中．国家形象的内涵及其功能［J］．国际论坛，2002（03）：14-21.

[65] 佘正荣．拓展生态伦理学的文化境域［J］．自然辩证法研究，1999（02）：57-61.

[66] 王春辉．突发公共事件中的语言应急与社会治理［J］．社会治理，2020（03）：42-49.

[67] 王春辉．论语言与国家治理［J］．云南师范大学学报（哲学社会科学版），2020，52（03）：29-37.

［68］王春辉．关于语言文字治理现代化的若干思考［J］．语言战略研究，2020，5（06）：29-36.

［69］王国勤．国家与社会关系的话语建构：从哲学话语到政治话语［J］．浙江社会科学，2021（08）：37-45，157.

［70］王海滨．做好新时代意识形态工作的四个着力点［J］．中国党政干部论坛，2019（03）：50-53.

［71］魏江楠．话语分析理论及方法概述［J］．新闻研究导刊，2018，9（02）：162-163.

［72］王柳芳，孙伟．井冈山时期毛泽东如何用活语言艺术［N］．学习时报，2020-06-26（005）.

［73］王青．新时代人与自然和谐共生观的哲学意蕴［J］．山东社会科学，2021（01）：103-110.

［74］汪少华，张薇．美国政治话语的隐喻架构模式建构研究——以布什和奥巴马的环保演讲为例［J］．中国外语，2017，14（02）：54-59.

［75］王维民，黄娅．从概念隐喻看政府的意识形态与执政理念——以国务院《政府工作报告》（1978～2011）为例［J］．西南交通大学学报（社会科学版），2012，13（3）：40-45.

［76］王旭．央视七套军事栏目国家形象塑造研究［D］．乌鲁木齐：新疆大学，2013.

［77］文旭．政治话语与政治隐喻［J］．当代外语研究，2014（09）：11-16.

［78］王寅．语言的体验性——从体验哲学和认知语言学看语言体验观［J］．外语教学与研究，2005（01）：37-43.

［79］王寅．有机教育与语言科研［J］．当代外语研究，2017（03）：8-13，110.

［80］王寅，王天翼．基于体认语言学的英语语法教学［J］．外语界，2019（1）：44-52.

［81］王彦．政治语篇翻译的批评性话语分析［J］．上海翻译，2009（03）：23-27.

［82］汪宜丹．政务微博与城市形象的塑造［J］．新闻与写作，2014（04）：88-90.

［83］王永贵，路媛．新时代宣传思想工作的意识形态逻辑——学习习近平在全国宣传思想工作会议上的重要讲话［J］．当代世界与社会主义，2018（06）：10-17.

［84］汪彦良．军队形象论［M］．北京：国防大学出版社，2010.

［85］辛斌，刘辰．Van Dijk 的社会——认知话语分析［J］．外语学刊，2017（05）：14-19.

［86］谢莉，王银泉．中国国际形象建构视域下的政治话语翻译研究［J］．外语教学，2018，39（05）：7-11.

［87］许静．中美外交新闻发布会话语中模糊限制语的对比研究——批评性话语分析路径［D］．南京：南京师范大学，2017.

［88］徐锦芬，朱茜，杨萌．德国英语教材思辨能力的体现及对我国英语专业教材编写的启示［J］．外语教学，2015，36（06）：44-48.

［89］肖泳冰．毛泽东对中国现代政治话语体系的贡献及其当代启示［J］．马克思主义研究，2013（12）：41-47.

［90］尹铂淳，廖光蓉．事件概念形式表征的语内和语际对比研究［J］．外国语文，2020，36（01）：107-116.

［91］尹铂淳．概念非直陈形式表征研究［D］．长沙：湖南师范大学，2020.

［92］尹铂淳．中华民族共同体和人类命运共同体要义及话语建构

[J]. 理论与当代, 2020 (09): 10-11.

[93] 尹铂淳, 曾宇琪. 用话语筑造良好城市形象 [N]. 语言文字报, 2021-02-03 (002).

[94] 尹铂淳. 构建中国特色外宣翻译话语体系 [J]. 公共外交季刊, 2021 (01): 78-84, 123.

[95] 尹铂淳. 由"他塑"转为"自塑" [N]. 社会科学报, 2021-03-25 (006).

[96] 尹铂淳. 突发公共事件新闻报道的应急话语策略 [J]. 青年记者, 2021 (08): 70-71.

[97] 尹铂淳. 从话语构建角度看"中国共产党为什么能" [N]. 语言文字报, 2021-07-14 (002).

[98] 尹铂淳, 张露. 重视语言研究的政治维度 [N]. 语言文字报, 2021-09-08 (002).

[99] 尹铂淳, 雷野. 英语定中式名名复合词限定成分转喻研究 [J]. 外语与翻译, 2021, 28 (03): 52-57.

[100] 袁凤识. 英语专业大学生概念隐喻归纳能力研究 [J]. 外语教学, 2014, 35 (05): 35-39.

[101] 余劲草, 楚军, 张扬. 国家形象的研究新视角——批判性话语分析 [J]. 电子科技大学学报 (社科版), 2016, 18 (05): 62-66.

[102] 叶俊梅. 生态翻译学视角下中国特色政治词汇的英译 [D]. 成都: 西华大学, 2020.

[103] 杨美玲. 顺应论视角下《习近平谈治国理政》中中国特色政治词汇英译研究 [D]. 兰州: 西北师范大学, 2018.

[104] 杨盛春. 知识表征研究述评 [J]. 科技情报开发与经济, 2012, 22 (19): 145-147.

[105] 杨雪燕．系统功能语言学视角下的话语分析［J］．外语教学，2012，33（02）：31-36.

[106] 杨照航．功能加忠诚原则下政论文本中中国特色词汇翻译［D］．湘潭：湖南科技大学，2015.

[107] 尤泽顺，陈建平．政治话语的批判性分析研究及其对中国的启示［J］．解放军外国语学院学报，2008（05）：1-6.

[108] 尤泽顺．批评性语篇分析：具有人文主义倾向的语言研究［J］．中国社会语言学，2013（02）：59-70.

[109] 周凡凡．系统功能语言学视角下国家形象构建研究［J］．汉字文化，2018（S1）：1-2.

[110] 张虹．社会文化语言学"指示原则"与国家形象构建——以习近平联大演讲为例［J］．外语学刊，2017（03）：17-21.

[111] 张进军．中国国家形象构建中的话语体系研究［D］．泉州：华侨大学，2017.

[112] 郑继江．论人与自然和谐共生的现代化生成机理［J］．理论学刊，2020（06）：122-131.

[113] 张昆．理想与现实：40年来中国国家形象变迁［J］．人民论坛·学术前沿，2018（23）：84-91.

[114] 朱凯兵，成曦．论中国国际形象的定位、塑造与展示［J］．南京政治学院学报，2006（06）：48-51.

[115] 张恰．教材出版落实立德树人机制构建与路径探索［J］．中国出版，2021（01）：38-42.

[116] 朱绍禹．语言教材文化的建设和理论研究［J］．课程·教材·教法，1995（06）：21-24.

[117] 钟天娥．文化自信视域下中国特色社会主义话语体系建设路径

研究［J］. 重庆邮电大学学报（社会科学版），2018，30（03）：1-7.

［118］张薇. 政治话语的批评架构分析——以美媒对“一带一路”的报道话语为例［J］. 贵州社会科学，2019（06）：94-101.

［119］赵文斌. 建设广阳岛人与自然和谐共生的最优价值生命共同体［N］. 中国自然资源报，2021-06-17（006）.

［120］张晓瑞. 道教生态思想下的人居环境构建研究［D］. 西安：西安建筑科技大学，2012.

［121］支永碧. 政治话语虚假语用预设的批评性分析［J］. 社会科学家，2011（09）：154-158.

［122］支永碧. 政治话语名词化语用预设的批评性分析［J］. 社会科学家，2013（09）：141-147.

［123］赵艳明，魏铭辰. 合拍纪录片对外传播叙事的积极实践——以《中国：变革故事》为例［J］. 中国电视，2020（06）：62-67.

［124］查朱和. 教材出版领域的意识形态建设探析［J］. 中国编辑，2015（02）：23-26.

二、外文文献

［1］BOULDING K. The Image［M］. MI：University of Michigan Press，1956.

［2］CHOI J. The Representation of North Korean National Image in National Newspapers in the United States［J］. Public Relations Review，2010，36（04）：392-394.

［3］CHILTON P，SCHAFFNER C. Discourse and Politics［C］//VAN DIJK T A. In Discourse as Social Interaction. London：Sage Publications Ltd，1997：206-230.

[4] CHILTON P. Analysing Political Discourse: Theory and Practice [M]. London: Routledge, 2002.

[5] CHILTON P, SCHAFFNER C. Politics as Text and Talk: Analytical Approaches to Political Discourse [M]. Amsterdam: Benjamins, 2004.

[6] EVANS V, GREEN M. Cognitive Linguistics: An Introduction [M]. Edinburgh: Edinburgh University Press, 2006.

[7] FILLMORE C. Frame semantics [C] //Linguistic Society of Korea. Linguistics in the Morning Calm. Seoul: Hanshin Publishing Co, 1982: 111-137.

[8] FORCEVILLE C, URIOS-APARISI E. Multimodal Metaphor [M]. Berlin: Mouton de Gruyter, 2009.

[9] FAUCONNIER G. Mental Spaces [M]. Cambridge: Cambridge University Press, 1994.

[10] FAUCONNIER G. Mappings in Thought and Language [M]. Cambridge: Cambridge University Press, 1997.

[11] FAUCONNIER G, TURNER M. Conceptual Integration Networks [J]. Cognitive Science, 1998 (2): 133-187.

[12] FAIRCLOUGH N. Critical Discourse Analysis: The Critical Study of Language [M]. London: Longman, 1995.

[13] HONG S. The Image of City in Lee Sang's Literature [J]. Literary Criticism, 2009 (33): 453-481.

[14] JAWORSKI A, THURLOW C. Semiotic Landscapes: Language, Image, Space [M]. New York: Continuum, 2010.

[15] KIRSTEN B. The Search for a National Image: The Language of Style in Late Nineteenth-century Germany [J]. History of European Ideas, 1993

(04-06): 363-369.

[16] KRESS G. Sociolinguistics and social semiotics [C] //COBLEY, P. The Routledge Companion to Semiotics and Linguistics. London and New York: Routledge, 2001.

[17] LAKOFF G, JOHNSON M. Metaphors We Live By [J]. Ethics, 1980, 19 (02): 426-435.

[18] LAKOFF G. Talking Power: The Politics of Language in Our Lives [M]. New York: BasicBooks, 1990.

[19] LANGACKER R. Reference-point Constructions [J]. Cognitive linguistics, 1993 (04): 1-38.

[20] LANGACKER R. Foundations of Cognitive Grammar, Volume 1: Theoretical prerequisites [M]. Beijing: Peking University Press, 2004.

[21] LANGACKER R W. Foundations of Cognitive Grammar, Volume I: Theoretical Prerequisites [M]. Beijing: Peking University Press, 2005.

[22] MODEBADZE I. The National Language Image of the World and the Processes of Cultural Globalization [J]. Socialiniu Mokslu Studijos, 2013 (05): 10.

[23] OSTERMANN A, DOWDY J, LINDEMANN S, et al. Patterns in Self-reported Illness Experiences: Letters to a TMJ Support Group [J]. Language & Communication, 1999, 19 (02): 127-147.

[24] PENNYCOOK A. Linguistic Landscapes and the Transgressive Semiotics of Graffiti [M]. London: Routledge, 2009.

[25] SCHWARZBACH F. "Terra Incognita" ——An Image of the City in English Literature, 1820-1855 [J]. Prose Studies, 1982, 5 (01): 61-84.

[26] UNGERER F, SCHMID H. An Introduction to Cognitive Linguistics [M]. Beijing: Foreign Language Teaching and Research Press, 2001.

[27] VICENTINI A. The economy principle in language [J]. Mots Palabras Words, 2003 (03): 37-57.

[28] VANDIJK T. Ideology: A Multidisciplinary Approach [M]. Newbury Park: Sage Publications Inc, 1998.

[29] VANDIJK T. Discourse and Context: A Socio-cognitive Approach [M]. Cambridge: Cambridge University Press, 2008.

[30] ZIPF G. Human Behaviour and Principle of Least Effort [M]. Cambridge Mass: Addison-Wesley Press, 1949: 306.

后　记

2020年上半年，全国多地暴发新冠疫情。响应党和国家的号召，全国人民众志成城，自觉居家隔离。这段时间，除了思索博士毕业之事，剩下的时间我都在思考自己能为疫情防控做些什么。于是，我开始尝试在主流媒体上发表一些比较直白的疫情防控评论文章，从几百字到一千字，从难以下笔到有话可写。几个月的时间，在不断探索下，我基本摸清了评论文章的写法。对于这种稍显直白的评论文章我并不满意，但也不知该如何进一步提升。2020年6月博士毕业后，我进入国防科技大学从事博士后研究。为了适应新环境、满足新要求，我开始接触政治学并进行相关思考。学习过程中，我尝试在评论文章中融入政治学和传播学相关理论学说，并在学习强国、中国社会科学网、光明网、人民论坛网、中国理论网、中国网、共产党员网、红网等权威媒体上发表数十篇相关理论文章。这段经历让我有了初步将政治学与语言学融合的想法。经过一段时间的思考及沉淀，最终决定从事政治话语研究。结合博士硕士期间主攻的认知语言学研究，便有了现在的政治话语认知研究。

本书的出版首先要感谢我的博士后合作导师国防科技大学梁晓波教授。跟着梁教授做博后，我学到了很多，大到宏观的研究理念，小到具体的研究架构。梁教授开阔了我的研究视野，丰富了我的研究思路、提升了我的研究格局。可以说，梁教授为我从事政治话语研究奠定了坚实的理念及格局基础。

由衷感谢我博士阶段的导师廖光蓉教授。廖教授专攻认知语言学，在该领域建树颇丰，取得了令学界瞩目的成绩。在我攻读博士学位期间，廖教授对我严格要求，帮助我构建了比较扎实的认知语言学理论体系，为本书的撰写奠定了比较坚实的认知语言学理论基础。

由衷感谢湖南师范大学白解红教授、秦裕祥教授、邓云华教授、唐燕玲教授、陈敏哲教授、曾永红教授、陈忠平副教授、李洪坤博士等母校恩师的悉心栽培。

由衷感谢长沙学院各级行政领导对我各项工作的鼎力支持，特别感谢外国语学院刘芬院长、刘秋菊书记、谢志辉副院长、姚金安副书记、李海军教授、王飞副教授、法小虎主任、袁昕主任等领导同事对我的悉心呵护与无微不至的关爱。

由衷感谢国防科技大学文理学院军事外语系马晓雷教授、庞超伟教授、葛军副教授、王忠奎副教授、刘明副教授等领导同事对我博士后研究工作的耐心指导及大力支持。

衷心感谢四川外国语大学董洪川教授、王寅教授、熊沐清教授、肖谊教授、姜孟教授、刘玉梅教授、胡安江教授、华中科技大学程邦雄教授、谢晓明教授、中国社会科学院王冬梅教授、中南大学李清平教授、范武邱教授、南京师范大学刘宇红教授、广东外语外贸大学孙毅教授、复旦大学康志峰教授、河南大学牛保义教授、湖南科技大学刘金明教授等学界前辈。前辈们站位高、格局大、学富五车、治学严谨，他们高屋建瓴的指导对我学术能力、学术品格、知识体系的塑造起到了至关重要的作用。

衷心感谢陈靖博士、刘嵩博士生、罗健京博士生、黎辉燕博士生、邢秋红博士生、易姝博士生等博士同门，以及肖蓉博士、邓祯博士、贺梦真博士、武萧剑博士生、张露硕士、李雪莹硕士生、涂维硕士生等博士后同门。其中要特别感谢师妹张露。本书第一章的初稿为师妹所撰写，感谢她为第一章的撰写工作所付出的辛勤劳动。

最后，也是最重要的，衷心感谢我的家人。他们朴实真挚、通情达理，信任我做的每一个决定，支持我做的每一个选择，为我的研究工作提供了无比坚强的信心保障；他们高度重视教育，哪怕在生活最拮据时，也努力为我提供最好的教育资源和环境；他们的意志品质不是物质财富，却是无比珍贵、滋养深厚的精神财富，令我终身受益；他们在我求学过程中一直默默支持我，任劳任怨，无怨无悔，承担了绝大部分家务，为我的研究工作提供了至关重要的后勤保障，作出了重大贡献和巨大牺牲。

攻读博士和硕士学位期间，我主要从事认知语言学研究，当时几乎没有接触过政治学，更没有进行过相关思考。现在从事的政治话语研究对我来说无疑是一个巨大的挑战，我深知自己学识方面的不足，深知本书必然存在较大缺陷，深知质疑的声音可能会盖过支持的声音，但我坚信这条路是适合我的，这个选择是正确的；我坚信这条道路是曲折的，但前途是光明的！在政治话语领域，我是一个小学生，还望各位前辈师长、亲朋挚友能不吝赐教，帮助我在政治话语研究这条道路上越走越顺、越走越远。

尹铂淳

湖南长沙

2021 年 10 月 1 日